朴勝彬 著

朝鮮語學 全

朝鮮語學研究會 發行

林勝彫騷學凡

序 言

一 各民族은 各其 發展된 歷史에 따라서 各히 다른 習俗을 가지고 잇다 그 習俗의 主要한 것을 드러 말할더면 言語、禮儀、衣、食、住 等이라 그러나 習俗은 時代의 進行에 따라서 變易되는 것이라 故로 現時에 行하는 朝鮮人의 禮儀、衣、食、住 等의 狀態는 上古時代 우리의 祖上의 習俗의 遺傳物이라고 말하기 어렵다 그러나 言語에 니르러서는 그 發音이며 內容에 若干의 變換 增減이 이슬더라도 大體로 現代의 朝鮮人의 言語가 古代에 그 祖上의 頭腦로 組織된 遺傳物임은 論辯을 要하디 아니 하는 明白한 事項이라 이와 같히 言語는 그 民族의 形成에 가장 重要한 關係를 가진 遺傳物이니 그 後孫은 반드시 敬虔의 態度로써 이에 臨함이 可함이라

一 한 民族의 言語는 그 民族과 盛衰를 함쒜 하는 것이라 文化가 노픈 民族은 發達된 合理的 言語를 가젓고 未開한 民族은 幼稚한 言語를 使用하며 武勇한 民族은 그 言語가 健實하고 文弱한 民族은 그 言語가 浮虛하며 平等制度를 尙하는 民族은 그 言語가 普遍的으로 成立되고 階級制度를 尙하는 民族은 그 言語가 差別的으로 組織됨이라 이와 같히 言語는 그 社會의 實質的 事物을 外形에 表現하는 것이며 오히려 그 싼 안이라 言語는 그 社會의 實質的 事物을 誘導하며 牽制하는 效能이 이스니 發達된 言語는 文化의 增進을 促하고 幼稚한 言語는 이를 妨碍하며 健實한 言語는 武勇의 性格을 涵養하고 浮虛한 言語는 이를 妨碍하며 普遍的 言語

1

는 平等思想을 誘導하고 差別的 言語는 이를 妨碍하는 것이라 以上과 같히 社會의 實質的

事物과 言語와는 互相으로 表裏가 되야서 그 社會의 盛衰에 互相으로 原因과 結果가 되는 것

이니 言語는 民族的 生活에 至極히 重要한 關係를 가진 것이라 이러한 關係에 依하야서 또한

敬虔의 態度로 써 이에 臨함이 可함이라

一 近來에 外國語를 배호는 數量이 자못 만하서 따라서 文法으로도 外國語의 文法을 曉解하는

사람이 그 數가 적다 아니 한 關係와 朝鮮語의 文法에 當하야서는 아직 그 規範이 闡明되야야 잇

더 못한 關係에 因하야서 朝鮮語의 文法은 外國語의 文法에 比較하야 不整齊한 組織으로 되

야 잇는 줄로 臆測하는 사람이 적다 아니 하다 이것은 왕청스된 誤解이라 朝鮮語 文法에도 部

分으로 短處가 업슬 수는 업겟더마는 大體로 말하면 그 組織의 整齊함과 理論의 徹底함은

世界 各 民族의 言語에 그 싹이 드믄 優越한 言語이라

一 朝鮮語를 曉解하는 사람은 다 朝鮮語 文法을 曉解하는 사람이라 言語學의 硏究에 屬한 分類

分析、命名、說明等 여러 가지의 考察은 專門 硏究者의 任務에 屬한 것이다마는 言語가 文法에

마자쓰며 틀려쓰며의 結果는 常識的 直判으로 普通 사람도 다 認識하는 바이라 故로 朝鮮人이

朝鮮語 文法의 說明을 듣는 것은 알디 못 하는 새 事物을 배호는 것이 안이오 이믜 그 結果는

아라 잇는 事物에 當하야 그 理由에 當한 文法學上의 說明을 드름에 그치는 바이니 決코 特

異한 難解의 事物이 안이라 또 苟히 知識階級에 잇는 朝鮮人으로서는 비록 朝鮮語의 文法學에

는 通曉하디 못 할디라도 朝鮮語의 文法 自體에 曖昧할 수는 업는 바이오 言語와 그 記寫에

當하야 直判的으로 그 正邪를 區別할 智能을 具備하야 이슴이라 그러한데 近來에 朝鮮語의 文

法에 關한 異論에 對하야 知識階級에 處한 多數의 人士가 無關焉의 態度로 不知者로 自處함은

全然 誤謬의 觀念이로다

一 著者는 英語의 文法과 日本語의 文法의 糟粕을 解得한 關係로 聯想的으로 朝鮮語 文法에 關

한 思考가 頭腦의 一部分에 侵入하야씀은 距今 二十六年前브터이앗다 한번 侵入한 그 思考는

頭腦로브터 써나디 아니 하고 時日의 經過에 따라서 漸漸 그 量과 度가 加重되야 드듸여 頭

腦의 全部를 專占한 狀態를 이루엇다 八年前에 니르러서 著者는 多年間 苦心으로 審究한 收穫

物을 酒滅에 歸하게 함을 앗갑게 생각하야 이를 蒐集 編製하야 斯學 研究者의 參考에 供하고자

하야 드듸여 붓을 잡기로 하야서 爾來 八年間에 辛苦를 繼續하야 겨우 이 粗略한 稿를 마첫

노라 도라보건대 滿二十六年의 歲月은 實로 長久하야 쓰며 著者의 熱心도 坐한 그 度가 낮디

아니하얏도다 그러나 才智 元來 菲薄하고 研究의 對象物이 坐한 煩瑣하야 到底히 完美를 期

하디 못 함을 붓그리워하며 說明의 柄繫과 文章의 澁滯에 當하야서는 讀者의 諒解力에 미듬을

두노라 著者는 今後에도 繼續하야 斯學의 研鑽에 從事하랴 하노니 願컨대 賢明하신 讀者

는 이 著述의 內容에 關하야 鄭重한 斥敎를 베푸르시면 幸甚이로다

癸酉九月 日

朴 勝 彬 識

朝鮮語學 目次

朝鮮語學

朴 勝 彬 著

第一編 緒論

第一章 言語와文字

人類가 다른 사람의 聽覺에 對하야 聲音으로 써 意思를 表示하는 것은 言語(狹義)이오 다른 사람의 視覺에 對하야 劃定한 記號로 써 意思를 表示하는 것은 文字이라 그러함으로 言語와 文字는 同一한 事物로서 서루 表裡가 되는 것임

그러한데 言語는 먼저 成立하고 文字는 그 이믜 成立하야서 存在한 言語를 記寫하기 爲하야 後에 作成된 것이라 그러한 故로 言語의 法則을 研究 整理함에 當하야 文字에 拘泥하야 言語에 對한 觀察에 妨碍를 이루임은 本末을 顚倒하는 것이니 恒常 坦平한 觀察로 써 言語를 對象으로 하야 考察함이 可함

一 言語는 聲音의 集合이니 言語를 構成한 聲音上 單位는 各 發音 卽 音節이라(訓民正音에 「凡字ー必合而成音하느니」라고 說示한 「音」의 뜯은 이 音節을 意味한 것이라) 한 音節은 音質과

音韻의 結合으로 成立된 것이니 音節의 成分은 音質 音韻等으로 分解되는 것이라 또 言語를

文典上으로 觀察하는 單位는 單語이니 單語는 一個의 音節이 又는 複數의 音節이 連合하야서

一定한 意義를 가진 말이 된 것이라

【註】朝鮮語 助詞中에는 獨立하야서 音節이 成立되다 못하는 것 少數가 이슴 助詞는 恒常

主成語에 添附하야서만 使用되는 것임에 因하야 그러한 言語가 成立된 바이라

朝鮮文의 制度는 右記한 言語의 原理에 隨應하야 音節을 表示하는 音節 文字가 記寫法의 單位

로 되고(例로 가,몬) 한 音節文字의 內容은 各 發聲音字와 中聲音字 即 字母가 이서서(例로

ㄱ、ㅏ、ㅁ、ㄴ) 그것이 結合하야서 한 字를 組織하는 것이오 또 一個의 音節文字가 又는 複

數의 音節文字가 連合하야서 單語가 되는 것이라(例로 콩(大豆)、보리(麥)、아니(不)、시므(植)、

나(?))

【參考】英文 記寫法에는 한 單語를 構成한 音字는 全部를 連續하야 綴字하는 故로 거긔에도

內容을 考察하면 各 音節의 區分이 잇다마는 外形으로 보히는 音節文字의 制度는 업

슴 日本文字는 字母가 업고 文字 自體가 音節文字로 생겨잇는 故로 거긔에도 論理

上으로는 各 音質과 音韻이 잇다마는 字形上으로는 그것이 나타나디 못함 朝鮮文

記寫法의 制度는 그 두 가지ㅅ 方法이 兼備된 것이라

그러한데 言語는 各 音質과 音韻의 作用이 하나씩 하나씩 連續하야 順序的으로 그 作用을 하는

것이오 朝鮮文 音節文字의 形象과 같히 어떠한 音은 左右로 어떠한 音은 上下보 그 位置가

排定되야야 잇는 것은 안이오 또 어떠한 두 音字가 同時에 그 作用을 하는 것도 안이라 朝鮮文

音節文字와 같히 左右 上下로 排置된 字形은 各 音字로 써 音節文字를 組織함에 當하야 文字

의 外形上으로 考定한 한 方便일 뿐이라 또 數個의 音節文字로 써 한 單語를 記寫하는 境遇에

는 그 各 音節文字의 內容이 되야잇는 各 音字의 連續的으로 連合한 發音이 무슨 單語의 意義

를 나타나히는 것인 바 그것을 音節로 區分하야 記寫하는 것이오 그 各 音節로 區分된

한 덩어리씩이 固定的으로 別立하야서 文典上으로 무슨 意味가 잇는 것은 안이라(各히 意味가

잇는 數個의 語音이 連合하야 成立된 單語는 論外이라) 그러함으로 써 그 各 音節文字가 한

音節로 發音됨을 要함은 勿論이디마는 發音될 수 잇는 限度內에서는 그 各 字가 絶對的으로 그

固定不變되는 것은 안이라 故로 語音의 促略으로 因하야 音節에 變動이 생기는 境遇에는 그

記寫되는 字形에도 또한 變動이 생기는 것이라(例로「아니가오—안가오、가디마는—가디만、

콩을 시므고—콩을 십고、가고시프다—가고싶다—가고싶다」)

右에 論述한 바와 같히 音節文字의 字形은 各 音字를 配合함에 當한 한 方便일 뿐이며 한 單

語가 記寫된 各 音節文字의 區分은 그 發音에 조차서 各 音節로 區分하야 記寫하는 한 制度이

라 故로 言語의 組織된 內容 그것을 研究함에는 그 文字의 外形에 拘泥되디 아니 하고 言語

의 發音을 對家으로 하야서 그 法則을 闡明함이 可함이라

二　우리의 語音을 記寫하는 文字 卽 諺文의 音字는 果然 우리의 言語의 發音을 記寫함에 適合

한가 否한가를 詳細히 考察하야 만일 語音과 文字가 서루 適合하디 못한 點이 이스면 또한

그 文字에 拘泥하디 말고 言語에 適合되도록 記寫의 方便을 考慮함이 必要함

우리의 가진 文字가 語音을 記寫함에 適合한가 否한가를 考察함에는 自然 두 方法의 考察에 歸

할디라

其一은 우리의 語音을 記寫함에 必要하다 아니 한 文字가 잇는가를 考察함이니 이와 가튼 것

이 이스면 이는 不必要한 剩餘의 文字이니 當然히 淘汰할 것이라 (外國 語音을 記寫할 必要에

因하야 某形式의 音標를 存置함은 別論이라) 이와 가튼 事實은 旣徃에 自然的으로 實現되얏다

古代에 語音을 記寫하기 爲하야 製造되얏든 몃 가지의 音字는 現代에 使用되는 우리의 語音을

記寫함에는 必要가 업는 剩餘의 文字가 되야서 드드여 淘汰를 當한 것이 이스며 (例로 △、ᅙ

等) 또 諺文 作成 當時에 漢字의 音을 中國의 어떠한 音에 依據하야 發音하기 爲하야 使用하

얏든 文字의 形象도 同一한 理由의 아래에서 드드여 廢止되야버렷다 (例로 蚪ퟲᅙ字쭝、洪뽕ㄱ

字쭝 等) 右와 가튼 剩餘 文字의 廢止는 性質上 自然淘汰가 되는 바인 故로 人爲的의 努力을

기다리디 아니 하고 그 效果를 나타나게 된 것이라

其二는 우리의 語音을 記寫함에 必要한 記寫 方法의 不備가 잇는가를 考察함이니 이와 가튼

것이 이스면 이는 文字의 缺陷이 이슴이니 그 記寫의 方法을 어떠하게든디 增補하디 아니 하

면 아니 될 바이라(例로 激音調의 符號……ㄱ、ㄹ의 硬音……ㅆ 等) 그러한데 이와 갈히 새로

어떠한 記寫方法을 設定함은 實로 難重한 일인 故로 그 實現이 甚히 困難한 바이라 그러하나

言語의 本質을 研究하는 者로서는 그러하다고 現存한 文字에 拘泥하야 言語의 本質的 音理를

沒却할 수는 업는 바이라

第二章 學理와 記寫法의 處理

文典을 研究함에는 먼저 言語에 常하야 그 學理的 研究를 遂하고 그 確立된 學理的 見解를 基

礎로 하야가지고 그 後에 記寫 方法의 處理를 考察함이 可함

一 言語는 文字가 作成되기 前에 이믜 一定한 法則에 依하야 組織된 것이니 그 言語를 記寫할

것이며 만일 그 學理的 考察이 明確히 分解되기 前에 그 記寫方法의 處理에 손을 다흐려고

하면 그 結果는 한갓 枝末의 形式에 붓들려서 學理에 맞디 아니 하는 왕청人된 錯誤를 나힘

에 니르를디라

二 言語에 對한 學理的 見解와 그 記寫法의 處理와는 서루 써나디 못 할 密接한 關係를 가져잇

는 것임은 勿論이라 그러나 二者는 各別히 觀察할 事項이고 混合하야 一個의 事項으로 觀察

할 것은 안이라 그러하야 學理的 見解가 明確히 된 後에 그 學理를 根據로 하야서 다시 그

處理 方法을 考察함을 要함이라

記寫 方法의 處理를 考察함에는 學理的 分解를 研究함과 같히 單純한 理論만으로는 進行되기

어려울 것이오 實際 使用의 便宜, 從來의 習慣 其他 여러 가지의 方面에 顧慮하야 決定하며

아니 하면 아니 될 바이라 그러함으로 그 處理方法은 學理的 見解와 같히 絕對的이 안이라

따라서 그 方法이 반드시 唯一無二한 것이 안일다라

第三章 文法整理와言語와의 違異

文法 整理의 硏究는 이믜 存在한 言語에 當하야 그 種類의 區分과 活用의 狀態를 合理的으로 說

明할 法則을 探究함에 잇는 것이고 새로히 規則을 設定하야가지고 旣存한 言語를 그 規則에 符

合되도록 改廢하거나 創造함은 決ㅅ고 容許되디 못하는 바이라 故로 만일 어느 學說이든디 그

規則이 旣存한 言語와 符合되디 아니 하는 境遇에는 곧 그 學說의 錯誤되야씀을 證明하는 것이

고 決ㅅ고 言語의 不合理됨을 云爲하야 그 改廢를 圖하랴 할 수는 업는 것이라

그러나 言語의 發音은 어떠한 理由에 因하야서 音의 潛寂 또는 倂合이 생기는 境遇가 이슴 그

러한 境遇에 그 本來의 語音을 考察하야 記寫를 整頓함은 必要한 事項이라 例로 發音……「暗어

둔 밤、好든 집、空빈 집、爲해서、出내고」를 「어드운 밤、됴흔 집、부인 집、하야서、나히고」로

記寫를 整頓함과 가트이라

第四章 朝鮮語文典과聲音原理

朝鮮語의 文典을 硏究함에는 聲音原理에 當한 硏究를 重視함을 要함

文典學과 聲音學은 그 部分이 서루 다른 것이라 그러나 朝鮮語는 아직 그 文典의 解決이 完成되디 못 하야쓸 뿐 안이라 그 記寫의 方法싸지가 未決의 問題로 되야잇는 故로 朝鮮語에 當하야서는 그 文典의 解決을 攻究하는 同時에 그 記寫方法의 解決에 必要한 聲音의 原理를 아오싸 硏究하야 써 그 記寫의 方法을 決定하디 아니 하면 아니 될 事勢이라

또 朝鮮語에는 아직 完全히 決定된 辭書가 업슴으로 써 그 言語의 音은 아직도 浮動하는 狀態에 이서서 一定하게 準據할 바를 알디 못 하는 것이 만흐다 故로 文典을 整理하랴 함에는 도한 그것에 必要한 音理를 硏究하야 그 單語의 音과 밋 그 記寫法을 決定하디 아니 하면 完全한 解決을 엇디 못 할 바이라

第五章 新記寫方法의 使用

朝鮮語音을 合理的으로 記寫하며 說明하기에 必要가 이슴으로 因하야 從來에 使用되디 아니 하든 後記 三種의 새 記寫方法을 使用함

第一節 硬音調의 符號

硬音調의 記寫에 「ㅅ」을 硬音調의 符號 即 硬音標(된인음표)로 定하야 音理 說明上 「ㅅ」(發聲音字)과 混同됨을 避하기 爲하야 必要한 곳에 이를 使用함

硬音調는 硬音을 表現하는 한 音調이니 어떠한 音質이나 音韻의 音이 안이라 故로 「ㅅ」는 發聲音字나 中聲音字에 該當하는 것이 안이고 硬音調의 符號(Mark)이라

硬音調가 語音에 出現되는 狀態는 두 가지로 區別됨

一은 固有한 硬音 發聲音 例로 쑴(夢) 딸(女)

二는 各立한 硬音調 例로 나무ㅅ가지(樹枝)……發音 나무까지

봄ㅅ바람(春風)……發音 봄빠람

從來에 硬音調를 記寫하는 方法으로는 訓民正音 製定 當時에는 主로 「ㅅ」을 使用하얏고 若干 「ㅂ」도 使用하야쓰며 그 後에 漸次로 「ㅅ」으로 統一되야 現今 通用되는 바이라 그리하야 硬音인 初聲을 表示함에는 그 平音 初聲의 左側에 「ㅅ」을 加하고 이를 된시옷이라고 널커므며……例로 「가」의 硬音을 「까」로、「보」의 硬音을 「쏘」로 씀 硬音調가 各立하야 活用되는 境遇에는 「ㅅ」만을 따로 써서 그 音調를 表示함……例로 「나무ㅅ가지、봄ㅅ바람」

그러한데 「ㅅ」이 發聲音으로와 硬音調의 符號로와 두 가지ㅅ 資格으로 使用됨으로써 音理 考

察上에 그 混同에 因한 眩惑이 생기는 일이 이슴 그와 가튼 眩惑을 避하기 爲하야 「ㅅ」을 硬

音調의 符號로 따로 定하야 音理 說明上 必要한 境遇에 이를 使用함

그러나 硬音調의 一般的 記寫法으로는 從來에 使用하야온 「ㅅ」이 이슴으로 우리의 言語를 記

寫함에 缺陷이 이슴은 안이니 그것을 硬音調의 符號로 認識만 하면 可함이오 歷史上 慣習을

尊重하야 「ㅅ」을 襲用함이 穩當한 일이라 右와 가튼 趣旨에 依하야 이 글의 記寫에는 特히

그 音理를 說明하기에 必要한 곳에 限하야 「ㅅ」를 使用하고 一般的 記寫에는 「ㅅ」을 使用함

【附記】硬言調에 關한 詳論은 後에 讓함

第二節 激音調의 符號

激音調를 記寫하기 爲하야 「ㄱ」를 激音調의 符號 即 激音標로 使用함

激音調는 激音을 表現하는 한 音調이니 어떠한 音質이나 音韻의 音이 안이라 故로 「ㄱ」는 發

聲音字나 中聲音字에 該當하는 것이 안이고 激音調의 符號이라

固有한 激音 發聲音에는 別로히 音字가 製定되야이슴(例로 「ㄱ」의 激音은 「ㅋ」、「ㅂ」의 激音은

「ㅍ」) 그러하야 그 音을 記寫할 때에는 바로 그 音字를 使用하게 된 故로 硬音의 境遇와 갓히

平音에 어떠한 符號를 加하야 記寫할 必要가 업슴이라 따라서 激音調의 符號도 使用할 必要가

업슴이라

激音調가 獨立하야 活用되는 境遇가 이스니 이 境遇에는 激音調의 다음에 잇는 平音 初聲이

激音으로 發音되게 하나니——例로「안(內)ㄱ 밭(外)」의 發音「안팥」,「조(粟)ㄱ 밥(飯)」의 發

音「조팝」,「可ㅎ다」의 促略音「可ㄱ다」의 發音「可타」——그 發音의 狀態를 表示하는 音調의 發

記寫方法으로「ㄱ」의 符號를 使用함이라

從來에는 激音調를 따로 記寫하는 方法이 設定된 것이 업고 激音調의 다음에 이서서 激音調의

作用에 因하야 變動되는 音을 바로 激音 初聲의 音字로 記寫하야버리는더라(例로「可ㅎ다」의

略音「可ㄱ다」를「可타」로 씀) 그러나 文典的 考察에 依하야 보면 그 激音調는 獨立하야 써

로 存在한 것이오 그 아래ㅅ 單語에 부터잇는 것이 안임이 分明한 것이라 故로 그것을 各別

로 記寫할 方法을 要求하게 됨으로 써 이 符號를 使用함이라

【註】「ㄱ」의 字形은「ㄱ、ㄷ、ㅈ」가「ㅋ、ㅌ、ㅊ」로 되는「ㅎ」에 依據한 것임

【附記】激音調에 關한 詳論은 後에 讓함

第三節 發聲音ㄹ의 硬音「ㅼ」

라라行의 初聲인 發聲音「ㄹ」의 硬音을 記寫하기 爲하야「ㅼ」를 使用함

이 音은 英語에「L」의 音과 恰似한 것이라 從來에 이 音을 表示하는 音字는 使用한 일이 업

고 朝鮮語에는 그러한 發音이 存在하다 아니 함으로 觀察되야왓다 그러나 우리의 語音을 詳

細히 考察하야보면 그 音의 存在를 否認할 수가 업는더라 例를 드러 말하면 「부르(呼)」며、부

셔서」와 「짜르(短)」며、짜라서」等의 語音은 即 그 音의 表現되는 것이라 故로 그러한 語音에 當

하야 合理的으로 解決을 하랴 하면 그 音을 認定하고 그 記寫法을 使用함이 必要함이라

從來에 그러한 語音을 記寫할 境遇에는 「불르며、불러서、쌀르며、쌀라서」의 方法으로 記寫하야

온 것이라 그러나 그 音理를 詳細하게 考察하야보면 거기에 發聲音 「ㄹ」둘이 거듭 잇는 것

이 안이고 「ㄹ」의 音과 類似하며 그 보담 强한 音 하나가 이서서 그 發音의 作用을 하는 것

이라

「부르며」(又는 「불르며」)가 「부르며」로도 發音되나니 그러함은 「불르며」에서 發聲音 「ㄹ」하

나가 쌔여버리는 것이 안이고 「부르며」의 「르」의 音質이 조금 弱하게 發音되야서 「르」의 音과

같히 表現되는 것이라

【附記】ㄹ 系統 發聲音에 關한 詳論은 後에 讓함

第一編　緒論

一三

第二編 音理及記寫法

緒 言

여기에 論述하랴 하는 것은 聲音 原理에 關한 內容의 全部에 亘하야 順序的이며 排列的으로 그 全編을 記述하랴 함이 안이고 또 朝鮮語의 記寫方法에 當하야서도 그 全部에 亘하야 順序的이며 排列的으로 그 全編을 記述하랴 함도 안이오 오직 現今 朝鮮語 法則 整理上에 빗겨잇는 여러 가지 疑問되며 論爭되는 部分에 當하야 考察하며 硏究함에 必要한 參考가 될 것으로 認定되는 몇 가지의 講論을 單行的으로 記述하랴 함이라

第一章 一般的音理

第一節 聲音의 不定數와 各民族의 標準音

人類의 聲音은 理論的으로 像想할더면 그 數는 不定數로 만흔 것이라 이와 가튼 多數한 音人 가온대에서 各 民族은 各各 그 語音으로 使用하는 몇 가지의 標準音이 作定되야이슴이라

元來 聲音은 天然的으로 얼마되는 數의 어떠한 標準音이 決定되야잇는 것이 안이라 그 音의

種類를 純然한 理論的으로 像想할다면 千差萬別하야 그 數는 헤여 다하다 못할 不定數로 만

혼 것이라

그와 같히 不定數로 存在하야잇는 音ㅅ 가온대에서 各 民族이 各히 그 言語를 使用함에 當하

야 各各 그 標準音이 定하야더서 그 標準音을 中心으로 하고 그 標準音에 接近된 某 範圍外

지의 안에 잇는 音은 그 標準音으로 看做하야 處理하는 것이라

그러한 故로 甲民族의 標準音이 乙民族의 標準音과 그 數이며 그 中心이 一致될 理가 업슴은

勿論이며 同一한 民族이 同一한 標準音으로하야 發音하는 境遇에도 그 音의 內容은 반드시 똑

가튼이 안이오 오직 그 標準音의 範圍內에 이슬 샌이라

例를 드러서 說明할다면 朝鮮語音의 「가」와 日本語音의 「カ」와는 그 中心이 서루 다르다 그

러나 「カ」는 朝鮮語音의 標準音인 「가」音의 範圍內에 잇는 音인 故로 朝鮮人은 그 「カ」音

을 「가」의 音으로 看做하야 處理하는 것이라

도 朝鮮人이 「가」의 標準音에 依하야 發音한 것이라도 그 사람의 男女에 依하며 老少에 依하

며 聲帶의 銳鈍에 依하며 發音狀態의 緩促에 依하야 그 音은 반드시 똑 가트다 아니 함이라

그러나 그 發音은 모도 「가」의 標準音의 範圍內에 이슴으로써 말금 다 同一한 「가」의 音으로

認定하는 것이라

以上 編述한 語音의 狀態를 圖式으로써 보힘을 試하노라 그 例로 「가」와 「カ」의 音을 取함

다시 거듭거듭 그 中間音을 像想할지라

가點은 가音의 中心

카點은 카音의 中心

가點을 包圍한 圈線은 가音의 範圍

카點을 包圍한 圈線은 카音의 範圍

A點은 가音과 카音과의 中間音의 中心

B點은 가音과 A音과의 中間音의 中心

C點은 카音과 A音과의 中間音의 中心

D點은 A音과 B音과의 中間音의 中心

E點은 A音과 C音과의 中間音의 中心

右의 圖示에 依하야 보면 가音으로브터 카音에 니르기까지의 一線의 우에서 벌서 音이 不定數로 存在한 狀態를 推察함을 어들더며 쏘 그 多數로 存在한 音 中에서 朝鮮語音에는 (가)點을 中心으로 한 音과 (카)點을 中心으로 한 音을 標準音으로 하야 使用하는 狀態를 推察함을 어드리로다

다시 現實로 使用되는 外國語音을 對照物로 하야서 各 音의 中心과 範圍에 關한 狀態를 圖式으로써 보힘을 試하노라

(A)
가　カ　ka　카

(B)
가　カ　ka　카

(C)
가　カ　ka　카

(D)
가　カ　ka　카

A點은 가音의 中心

A線은 가音의 範圍

B點은 カ音의 中心

B線은 カ音의 範圍

C點은 ka音의 中心

C線은 ka音의 範圍

D點은 카音의 中心

D線은 카音의 範圍

右의 圖示와 가튼 狀態에 因하야 外國語 音譯上에 左와 가튼 結果가 나타남

가 ＝ カ

カ ＝ カ

カ ＝ ka

ka ＝ カ

前者의 相同함은 그 音의 中心은 서루 다르나 그 範圍內에 잇는 故이오 後者의 相異함은 그 音의 範圍內에 드러잇다 아니한 故이라

그러하야서 Card(kard)의 音譯에 $\begin{cases} 英語音　直輸入된 말은 ＝ 카ㅡ드 \\ 日本語音　經由된 말은 ＝ 가ㅡ도 \end{cases}$

$\begin{cases} 가 ＝ ka \\ カ ＋ 카 \\ 가 ＋ 카 \end{cases}$

第二節　各發聲音의 獨立性과 單一性

人類의 語音中에 發音되는 各 發聲音의 音은 다 獨立한 音이며 單一의 音이라

【註】「發聲音」은 訓民正音에 各 初聲으로 쓰게 된 音字의 音을 가르치는 말이니 英語엣 父音 (Consonant)과 類似한 것이라

各 發聲音의 音質은 前節에 論述한 바와 가튼 多數한 聲音 中에 各히 어느 한 點을 占領하야 잇는 것이니 어떠한 發音을 가진 發聲音이든다 다 各各 自己의 位置를 가진 獨立한 音이며 單一의 音이라

音質에는 그 種類에 依하야 分類될 系統이 이서서 어느 한 發聲音과 다른 한 發聲音과는 同一한 系統에 屬한 것으로서 그 音의 强弱淸濁等에 依하야 區別된 것이 이슴 이와 갇히 同一한 系統에 屬한 音들일더라도 그 各音의 本質은 다 各各 自己의 固有한 點을 가진 獨立한 單一의 音이라

各 民族이 各 發聲音을 記寫함에 當하야 或 한 發聲音의 音字에 무슨 符號를 加하야서 다른 한 發聲音의 音을 記寫하기도 하며 或 發聲音의 音字 둘을 合하야서 한 別個의 發聲音의 音을 記寫하기도 함이 이슴 그러나 그것은 各 民族이 가져잇는 發聲音의 音字로 써 各 發聲音의 音聲을 記寫함에 當하야 한 方便으로 그와 가튼 記寫法을 使用함에 지나디 아니 함이고 發聲音의 本質이 元來 무슨 符號를 써인 것이거나 쏘는 어떠한 複數의 音을 가진 것은 안이라 決斷ㄱ고 그 發聲音의 例를 드러 말하면

朝鮮語의 「가、카」 日本語의 「カ、ガ」 英語의 "ga, ka" 와

朝鮮語의 「다、따、타」 日本語의 「タ、ダ」 英語의 "da, ta, tha" 等은 同一한 系統에 屬한 音이

며 그 記寫의 方法은 右와 같히 或 무슨 符號를 使用하며 또 複數의 發聲音字를 使用하야쓸

이 이合(例로 外, 뱌, 갸, 쟈, tha) 그러나 그 各 發聲音의 本質은 다 各各 獨立한 單一의 音

이라(前節의 論述과 및 그 尾附 各 圖解를 參考로 하야 反覆 吟味하면 이에 關한 音理가 明瞭

히 되리로다)

第二章　朝鮮語의 字母

第一節　字母의 創造와 其性質

朝鮮語音을 記寫할 文字는 李朝 世宗大王의 偉業으로 創製된 訓民正音으로 써 始作되야쓰니 그

音字의 製定은 距今 四百九十年前 癸亥(西曆 一四四三年)이오 그 頒布는 三年後 丙寅年이라

그 글 即 朝鮮 字母(Korean alphabet)의 固有名詞로는 「諺文」「正音」두 名稱이 付與되얏는데

그後에 一般으로 「諺文」의 名稱이 通用되야쓸

訓民正音에 製定된 音字 原形은 二十八字임

發聲音字 十七字 ——音의 質을 表示함 例로 「ㄱ、ㅁ、ㅇ、ㅍ、ㅎ」等

中聲音字 十一字 ——音의 韻을 表示함 例로 「一、丶、ㅗ、ㅏ、ㅓ」等

【註】右記「音韻」에는 바림은 包含되다 아니 한 것임

發聲音이 한 音節의 發音의 始作에 이슬 때엣 稱號는 初聲이라고 니쯔며 發音의 終止에 이슬

때엣 稱號는 終聲이라고 니슴

音質의 種類는 牙音、舌音、唇音、齒音、喉音으로 分類하고 또 半舌音、半齒音等의 說明이 이슴

各 初聲音의 內容(音의 質)은 漢字를 너으러서 「如某字初發聲」이라고 說示하야슴

그 排列의 順序(橫看)와 引用한 漢字는 左와 가틈

牙音	舌音	唇音	齒音	喉音	半舌音	半齒音
ㄱ君	ㄷ斗	ㅂ彆	ㅈ即	ㆆ挹	ㄹ閭	△穰
ㅋ快	ㅌ呑	ㅍ漂	ㅊ侵	ㅎ虛		
ㆁ業	ㄴ那	ㅁ彌	ㅅ戌	ㅇ欲		

各 中聲音의 內容(音의 韻)은 漢字를 너으러서 「如某字中聲」이라고 說示하야슴

그 排列의 順序와 引用한 漢字는 左와 가틈

、	ㅡ	ㅣ	ㅗ	ㅏ	ㅜ	ㅓ	ㅛ	ㅑ	ㅠ	ㅕ
呑	即	侵	洪	覃	君	業	欲	穰	戌	彆

第二節 朝鮮式發聲中聲과西洋式父音母音과의制度의差異

聲音에 對한 朝鮮式(東洋式이라) 觀念과 西洋式의 그 觀念과는 同一하다 아니 함 因하야 朝鮮

式 發聲音 中聲音의 制度는 西洋式 父音(Consonant) 母音(Vowel)의 制度와 內容이 一致되다 아

니 함 即 朝鮮의 發聲音은 Consonant 와 彷彿하나 同一하다 아니 하며 中聲音은 Vowel 과 彷

彿하나 同一하다 아니 함

近代는 모든 學術을 다 西洋으로브터 배화오는 時代이라 因하야 文典學이나 聲音學도 坐한 西

洋의 言語와 音字에 當한 講論과 解釋을 基礎로 하게 되얏는디라

그러하야서 朝鮮에서 朝鮮語音을 記寫하기 爲하야 創造되야 使用되는 朝鮮音字를 觀察하는 때

에도 문득 西洋音字에 當한 分類法과 그 分類된 名稱과 그 名稱에 含有된 性質과를 다 그대

로 가지고 이를 論述하며 解決하랴고 하는 形勢가 되야잇다 그러하야서 父音(Consonant)과

母音(Vowel)과의 名稱과 및 그 內容으로 朝鮮 文字를 料理하랴 하는 形勢가 되야이슴

그러하야서 發聲音(初聲 終聲 並)은 英語의 父音으로、中聲音은 그 母音으로 얼른 斷定하야버

리고 英語 父音의 音理에 關한 解說을 그대로 朝鮮語의 發聲音에 應用하며 母音의 音理에 關

한 解說을 그대로 中聲音에 應用하랴 하며 朝鮮語의 初聲이나 終聲에 關하야 生하는

疑問이 이스면 그 父音에 關한 解說로 써 이를 解決함을 圖謀하며 中聲에 關하야 生하는 疑

問이 이스면 그 母音에 關한 解說로 써 이를 解決함을 圖謀하랴 하는 形勢이라

그러나 訓民正音 製定者의 語音에 對한 觀察은 西洋의 羅馬字로 組織된 語音에 對한 觀察과는

根本的 觀念이 서루 다ᄅᆞ며 音字 製定에 當하야서 그 制度와 性質과 活用方法이 서루

一致되디 아니 하게 된 바이라 故로 朝鮮語의 發聲音과 英語의 父音과이며 朝鮮語의 中聲音

과 英語의 母音과가 그 本質과 內容이 서루 符合되디 아니 하는 것이라

그러한 故로 朝鮮文의 音理를 硏究함에 즈음하야 英語의 父音 母音에 關한 解說들을 對照 材

料로 하야 參考에 供함은 必要하겟디마는 그 解說을 그대로 가져다가 朝鮮文의 音理의 解說

로 應用하랴 하면 그 結果는 錯誤에 錯誤를 加하는 不當한 見解에 도라갈더니 깁히 注意함을

要할 事項이라

【附記】西洋式 父音 母音의 制度를 論함에는 英語를 引用함 萬國聲音學會의 論旨와로 서루

다ᄅᆞᆷ이 업슴이라

이제 그 二者의 서루 다ᄅᆞᆫ 內容을 略述함

一 訓民正音은 語音의 成分을 音質과 音韻으로 分析하야 音質의 區別을 表示하는 發聲音字를

지어 初聲이라고 이름하며 音韻의 區別을 表示하는 中聲音字를 지어 中聲이라고 이름하고 그

둘이 合하는 點에서 一定한 發音이 決定됨으로 觀察한 것이라

英語는 母音을 한 單位의 發音(發音을 組成할 材料만이 안임)으로 定하고 母音 以外의 發音의

種類에 屬한 音質은 다 父音이라 하야서 이것들을 各種의 發音의 材料로 하야 母音에 어떠한

父音이 添加(合함과 區別함)되면 그것에 該當하는 發音이 生함으로 規定된 것이라

例를 드러가지고 말을 밧과서 다시 說明할던댄 訓民正音의 制度는 初聲「ㄱ」은 가갸行의 音

質을 表示하는 音字이고 中聲「ㅗ」는 오段(고노도로段)의 音韻(「오」音이 안이고 그 段의 音韻

이라)을 表示하는 音字이니 이 둘이 合하면 「고」의 發音이 됨이라고 함이오 英語의 制度는

父音「G」를 머리에 쓴(冠) 母音「O」의 發音이 "Go"이라고 함이라

二 朝鮮文 音字에는 初聲「ㅇ」가 이서서 아야行의 音質을 表示하며 中聲은 獨立하야서는 發音

이 되다 아니 함

英語에는 母音만으로 써 아야行의 어느 發音 即 그 音質과 音韻을 아오써 表示하는 制度인 故

로 다시 그 發聲의 種類를 表示할 父音을 따로 둘 必要가 업게 된 것이라

朝鮮文에는 發音의 모든 種類의 音質을 죄다 初聲의 音字로 表示하는 制度인 故로 아야行

의 音에도 그 音質을 表示하는 初聲「ㅇ」가 制定되야잇고(訓民正音에「ㆆ는喉音이니如挹字初發

聲ᄒ니라」와 「ㅇ는喉音이니如欲字初發聲ᄒ니라」의 規定이 이슴) 中聲은 무슨 音質로 發音되는

째엣 그 音韻만을 表示하는 것이오 中聲만이 獨立하야서는 發音이 되다 아니 하는 것임(訓民

正音에「凡字ㅣ必合而成音」의 規定이 이슴) 故로 아行音이 一個의 音節로 發音되는 째에는 반

드시 그 發音의 音質「ㅇ」의 初聲을 要함이오 만일 「ㅇ」를 쓰디 아니 하면 아조 錯誤의 結果

를 生하는 것임 左記의 例에 就하야 考察할디어다

歌舞 가무＝ㄱㅏㅁㅜ
甘雨 감우＝ㄱㅏㅁㅜ
　　감ㅜ＝ㄱㅏㅁㅜ（不可）

果園 과원＝ㄱㅘㅇㅓㄴ
孤兒院 고아원＝ㄱㅗㅏㅇㅓㄴ
　　고ㅏ권＝ㄱㅗㅏㄱㅓㄴ（不可）

【注意】아行音에 對한 觀察로 그 發音에 含有되야잇는 音質과 音韻의 두 方面을 觀察하야 認識함과 아行音을 發할 때엣 人體의 作用이 單一이라고 니씀과는 서루 抵觸되디 아니하는 말이고 各히 別個의 說明이라 아行과 가튼 喉音에 屬한 發音은 調音機關의 아모 作用이 업고（人類가 語音을 發할 때에는 聲音管이 열림을 常態로 함으로써 聲音管을 特히 調音機關의 作用으로 보디 아니 하는 것임）喉頭로브터 平坦한 聲音管을 通過하야 口外에 나가는 것으로서 그 作用은 單一이라（하行의 音도 그 音質은 아行과 다쯔나 아行의 音과 같이 單一作用으로 됨은 한가지임）이는 그 音을 發할 때엣 人體의 作用을 論議하는 것이오 그 音聲을 對象으로 하야 觀察하는 때에는 아行音도 한 完全한 音聲인 以上 그 音의 質이 이슬 것임은 勿論이라（質이 업는 音聲은 像想할 수 업는 것임）

三　英文字母에는 "W, Y"가 音頭에 이슬 때에는 이를 父音으로 觀察하야 WA（워, 와）의 音은 父音 W 母音 A, YO（요）의 音은 父音 Y 母音 O 의 發音으로 處理됨이라 그러나 朝鮮文 字母로 보면 「워, 요」의 發音들은 다 아行音에 屬하야 初聲「ㅇ」으로써 表示하는 것이

오——英文으로 밧과 말하면 父音업는 母音만의 發音——그 音韻이 前者는「ㅜ」와「ㅓ」、後者

는「ㅡ」와「ㅗ」의 中聲의 成分이 合하야서 成立된 것으로 解釋하는 바이라

四　朝鮮文의 音字에는 온갖 發聲의 音質을 말금 初聲으로써 表示하게 되야쓰며 各 音質을 그 本質에 依하야 類別하야 牙、舌、脣、齒、喉의 音으로 區別하야쓤 그러하야 發聲의 本質上 系統 이 서루 가튼 牙行音과 하行音의 初聲(ㅇ、ㆆ 並)을 同一한 系統에 屬한 音으로 處理하야 同一 히 喉音이라고 註釋하고 그 音字의 形象도 同一히「ㅇ」를 基本으로 하야 作成하고 그 編述의 次序도 喉音의 部類에 類聚하야 記載하야쓤

【註】喉音이라 함은 聲音이 喉頭를 通過하야 口外에 放出되는 즈음에 調音機關(牙舌脣齒等) 의 障碍를 바듬이 업시 平坦한 聲音管(喉頭로브터 입술까지의 管을 니쯤)을 通過함을 意味함이라

英文의 音字는 聲音의 第一 分類를 母音과 父音과로 區分하얏는 故로 아行音은 母音으로 分 類되고 아行音 以外의 音質을 表示하는 모든 音字는 죄다 父音으로 分類되야서 하行音을 나 히는 ㅂ(아)도 父音中의 하나로 되야버려서 母音과 形式上 아조 各히 다른 分類에 歸屬되고 따라서 二者가 그 發音의 本質로 同一한 種類에 屬한 것임을 얼른 看取하기도 어렵게 되야이슴

【參考】希臘語 字母에는「A=우, O=오, A=워, O=호」이와 같히 아行音과 하行 音이라

에 한가지로 그 音質을 表示하는 音字가 업고 母音으로 製定된 同一한 音字에다가 符

號를 加하야 使用하는 制度이라 이에 人類의 聲音을 觀察하며 字母를 製定함에 當한

各히 서루 다른 着想을 吟味함은 자못 滋味스러운 事項임

(1) 朝鮮文

아 ㄷ ㅜ

二者의 發音을 갈히 두 音字로 表記함　發音을 音質과 音韻으로 觀

察하는 制度에 因함이라　二者의 音質이 가든 系統에 屬한 것임에

依하야서 그 字形은 「ㅇ」에 符號 「ㅗ」가 添加된 「ㆆ」로 記寫함

(2) 希臘文

A

A

A

二者의 發音을 갈히 한 音字로 表記함 單一의 作用으로 成立되는 即調

音機關의 作用이 업는 音임을 象徵함에 因함이라　二者의 音質은 符號

만으로써 區別함　그러하야서 하行音은 母音의 一種으로 處理된 것임

(3) 英文

A

HA

單一의 作用으로 成立되는 發音으로서　平然한 發音을 母音인 한 音字

로써 表記하고　母音 以外의 發音은(母音과 가든 系統에 屬한 發音도)

다 그 音質을 表示하는 父音을 添加하야 記寫하는 制度에 依함

五　英文의 母音은 有聲音(聲帶의 振動이 이슴을 니름)됨이 그 不可缺의 要素임으로 解釋되야이

습　그러하야서 母音이 잇는 곧에는 반드시 有聲音이 나는 法則이나

朝鮮文의 中聲은 各히 그 音韻을 指示하야 그 指示한 音韻에 該當한 發音이 날 뿐이고 그 發

音이 有聲으로 나든디 無聲으로 나든디는 무를 바가 안이라 그러하야서 中聲이 잇는 곳에는

發音의 性質上 自然히 만흔 境遇에 有聲音이 나다마는 無聲音이 나는 境遇도 또한 적디 아니

함이라 따라서 朝鮮文의 中聲은 반드시 有聲音됨을 要件으로 하디 아니 하는 것이라

中聲이 이스며 無聲音으로 發音되는 境遇의 例를 보힘

(1) 英語 Bat 는 朝鮮語音으로 「쌜」이라고도 發音되더만 「쌔트」로도 發音

하는 境遇엣 「트」에는 中聲 「ㅡ」가 이슴 그러나 그 音은 英語에는 母音이 업는 音이오 따

라서 有聲音이 안이라

英語 Strong 은 朝鮮語音으로 「스트롱」이라고 發音됨 「스트롱」中에 잇는 「스」와 「트」에는

中聲 「ㅡ」가 이스나 無聲音이라

(2) 朝鮮語 「됴타」를 歎賞語로 使用할 때에 「됴」의 音을 느리게 發하고 「타」의 音을 促急히 發

하는 일이 만흠 이 境遇엣 「타」의 音은 有聲音으로 發音되디 아니 함이라

朝鮮語 「가고시프다」의 말을 促急히 發音하는 때에 「프」의 音은 有聲音으로 發音되디 아니함

故로 조곰 더 促急하게 發音할 때에는 中聲 「ㅡ」가 省略되야버리고 略音 「싶다」로 表現됨

朝鮮語 中聲과 英語 母音과의 同異는 右記와 가튼 故로 朝鮮語와 英語와 互相間에 音譯을 하

는 때에 그 發音의 有聲과 無聲인 點이 꼭 一致되디 아니 함은 當然한 事勢이라

由來에 東洋에서 音을 觀察하야온 法則은 다 訓民正音과 同一한 바이니 訓民正音은 東洋式 聲

音 觀察法에 依하야 制定된 것이라

漢文字典에 字音을 表示하야온 方法(反切法)을 考察하면 東洋式 聲音 觀察의 制度가 곧 明瞭하

게 아라디는 것이라

康熙字典에 記載된 例를 드러서 보힘

　土他魯切　木莫卜切　阿於何切　暗烏紺切

【註】某字某字切에　上字는　音質을　指示함이오　下字는　音韻을　指示함이라（이　音韻은　終聲外

아行音인 「阿、暗」에도　그　音質을　表示하기　爲하야　「於、烏」의　字를　使用한　關係는　訓民

正音에　아行音의　初聲　「ㅇ」을　設定함과　一致되는　法則이고　英語에　아行音에는　父音이

업는　關係와는　같다　아니　함이라

　右記　反切法의　制度는　略　二千年前　東漢時代로브터　使用되야온　것임

參考로　日本語音에　關하야　一言을　더함　日本語音과　및　그　文字(假名)의　制度는　朝鮮의　初聲中

聲과　그　趣向이　가른　것이오　英語의　父音　母音의　制度와는　그　趣向이　같다　아니　한　것이라　이

는　東洋式에서　成立한　當然한　結果이라.

日本文은　字形으로는　音質을　表示하는　音字와　音韻을　表示하는　音字를　따로　맨들디　아니　하얏

는　故로　얼른　보면　初聲　中聲이나　父音　母音의　音理와　對照할　수가　업는　것　가트더마는　그것

온 字形으로 보는 皮相的 觀察일 섄이라 그 語音의 本質과 및 假名 組織의 內容을 審究하야 보면

서루 對照 硏究하기에 조곰도 틀림이 업는 것이라

日本語에 關한 事項을 張皇하게 論述함은 脫線의 嫌이 잇는 故로 거거에 더 나아가디 아니 하개

쓰며 오직 簡略한 몃 句節을 벌려(列)서 讀者의 思考 材料에 供함

(1) 假名 「カ」는 カ行 音質 ア段 音韻을 表示한 字이오 「ア」字에 カ行 音質이 添加된 것으로

觀察되는 것이 안이라

故로 「カ」를 分解하면 그 音質과 그 音韻이 나타날 것을 像想할 것이라

그와 가튼 音韻은 「ア」字 中에도 包含되야이슬 것이라

故로 「ア」에도 그 音韻과 함쇄(共) 「ア」音을 組織한 ア行 音質이 이슴을 推察할 바이라

(2) 假名에는(ン을 除한 外에) 다 中聲이 부터이슴 그러나 그 假名로 記載한 語音이 다 有

聲音으로만 發音되는 것은 안이라

以上 論述한 바를 綜合하야 朝鮮語의 發聲 中聲과 英語의 父音 母音과의 內容을 對照하야 보면

左와 가틈

朝鮮語의 發聲音은 英語의 父音에 母音의 音質 即 아行의 音質을 加하고 父音中 W. Y(朝鮮

語에는 「ㅜ、ㅣ」는 中聲이디마는 英語에는 그것이 音頭에 잇는 境遇에는 父音으로 認함)를 減

한 것이라

英語의 父音은 朝鮮語의 發聲音中 아行의 音質「ㅇ」을 減하고 中聲中「ㅜ、ㅣ」(父音 W, Y)의

音韻 英語에는 音頭에 잇는 W, Y 를 父音으로 認하다마는 朝鮮語에는 이를 音韻으로 認함)을

加한 것이라

朝鮮語의 中聲音은 英語의 母音에 그 音質 卽 아行의 音質을 減한 音韻이며 發音의 有聲이며

無聲임은 不問하는 것이라

英語의 母音은 朝鮮語의 中聲에 아行의 音質을 加한 發音이며 有聲音임을 必要로 하는 것이

라

右記한 二者의 對照를 數學式을 應用하야서 써 보히면 左와 가튼

1 ｛朝鮮語 發聲音＝｝Consonant ＋（Vowel）의 音韻＝（W, Y）

英語 Consonant＝（發聲音—喉音音韻 ㅇ）＋中聲音＝（ㅜ、ㅣ）

2 ｛朝鮮語 中聲音＝Vowel－ㄱ音韻; 有聲無聲 不關

英語 Vowel＝ㅓ音 ＋ 아行音韻; 要有聲

以上 論述한 바와 같히 前者는 音韻만을 表示하는 것이오 後者는

朝鮮語에 中聲과 아行音과는

發音이 되는 것임으로 그 內容이 서루 다른 것이라 그러나 實際에 우리가 語音을 發할 때에 엣 狀

態를 살펴보면 發音이 連續되는 때에 그 二者가 同一한 發音으로 나타남이 만흔더라 그 理由

는 人類가 語音을 發音할 때에는 聲音管(喉頭로브터 입술外지)을 平然한 狀態로 여러노흠을 原則

으로 하고　調音機關의　屈折作用은　特別한　作用으로　認識함이며　中聲의　配合된　音을　發하는　때
에는　聲音管　內엣　狀態가　그　原則의　狀態로　되는　것이며　牙行音은　喉音인　故로　그　原則의　狀
態에　變更을　줌이　업시　平然한　音을　發하면　그　音이　發音됨인　까닭에　因함이라　그러하야서　連
發音의　境遇에　한　發聲音에　中聲이　配合되야　그　音을　나히는　發音과　그　中聲의　音韻에　該當한
牙行音을　나히는　發音과가　同一한　發音으로　되는　일이　만흔　바이라(아래에　實例를　보힘)　盖　英語
에　母音　制度(音韻을　表示하는　音字로　써　同時에　牙行音의　音質을　表示하게　된　것)가　成立된　所
以는　右述한　發音　作用의　狀態가　그　理由가　된　것일더라

　　例示　「마시(飲)오」의　連發音은　「맛이오」의　連發音과　가틈

　　　「밭(田)이」의　連發音은　「바티」의　連發音과　가틈

　　　「시므(植)고」의　連發音은　「심으고」의　連發音과　가틈

이러한　關係에　因하야서　東洋式　音理에　通曉하디　못하고　西洋式　音理로만　觀察하는　때에는　아
行音의　初聲인　「ㅇ」를　空이라고　너뜸이라

【附記】著者도　十餘年前꺼지　西洋式　制度　盲從에　因하야서　그와　가튼　論旨로　論述한　일도　이
서告　그　錯誤를　謝하며　그　論述을　取消함

第三節　音字의　分類와　排列

一　訓民正音의　順序를　基本으로　하야서　類를　난화서　排列함

(1) 發聲音의 排列 （便宜上 中聲 ㅏ 를 配合하야 記入함）

	平音	硬音	激音	間音	特別音	備考
牙音	ㄱ 가	ㄲ 까	ㅋ 카			
	ㆁ 아					
舌音	ㄷ 다	ㄸ 따	ㅌ 타			
	ㄴ 나					
	ㄹ 라				ㄹ 라	ㄹ 는 半舌音
唇音	ㅂ 바	ㅃ 빠	ㅍ 파		ㅸ 바	ㅸ 는 唇輕音
	ㅁ 마			ㅁ 마	ㅱ 마	ㅱ 는 唇輕音
齒音	ㅈ 자	ㅉ 짜	ㅊ 차			
	ㅅ 사	ㅆ 싸		사	ㅿ 사	ㅿ 는 半齒音
喉音	ㆆ 하	ㆅ 하	ㅎ 하			
	ㅇ 아				ᅇ 아	

訓民正音時代에 使用된（各書籍에） 發聲音 全部를 列記한 것임

各行의 區分은 音의 系統에 依한 것이니 同一한 行에 記載된 音은 同一한 系統에 屬한 音이라 ㅈ 와 ㅅ、ㆆ 와 ㅇ 는 同系統의 音인 바 各히 그 硬音 特別音 等의 關係가 分立되야 ㅇ으로써 別行으로 記載된 것임

ㅱ 는 終聲으로만 使用되얏고 初聲에 쓰힌 例는 업슴

上記 以外에 ㅹ 가 이슴 特別音의 一種이며 激音과 間音의 音質을 아오라 含有한 것임

訓民正音에

硬音은 漢字音 例示（「如某字初發聲」의 說示를 니름）가 업슴。實用例가 이슴……固有朝鮮에만

硬音의 記寫는 主로 「ㅅ」을 쓰고 또 「ㅂ」도 使用하야씀

問音中 「ㅸ」의 音은 漢字音 例示가 업슴。實用例가 이슴……固有朝鮮語에만(「ㅸ」가 訓民

正音에는 漢字의 音에 使用된 例가 업스나 다른 古書에는 그 例가 이슴)

特別音中

ㄲ、ㄸ、ㅃ、ㅉ、ㅆ、ㆅ 의 音은 漢字音 例示가 이슴。實用例가 이슴……漢字의 音에만

【註】訓民正音에는 右記 特別音을 固有朝鮮語에 使用한 例가 업스나 다른 古書에는 매우

稀貴하더마는 그 例가 이슴 但 그 音은 特殊한 關係가 잇는 語音에 이를 應用한 것

이오 硬音을 記寫함에 應用한 것은 안임

ㄸ、ㆀ 의 音은 漢字音 例示가 업슴。實用例가 이슴……固有朝鮮語에만

其後에 左와 갈히 變改되야씀

特別音은 一般으로 施行되되 못하고 淘汰되야씀 그 音은 元來에 朝鮮語音에 잘 맛디 아

니 하는 音임에 因하야 곧 消失되야버린 것이라

「ㅸ」、「ㅿ」는 語音의 變遷에 因하야 淘汰되야씀

「ㆆ」와 「ㅇ」는 合倂되고 字形 「ㆆ」는 淘汰되야씀

初聲 「ㆁ」는 淘汰되야 「ㅇ」에 吸收되고 「ㅇ(終聲用)」과 「ㅇ(아行 初聲)」의 字形은 混同되

야씀

硬音의 記寫에 「ㅂ」은 除去되고 「ㅅ」으로 統一되야씀

(2) 中聲音의 分類와 排列 (數字는 編述의 順序임)

太極音	淡 音	準濃音	淡 音	濃 音
、	陽 ㅡ 1	ㅗ 2	ㅛ 4	ㅏ 5
ㅣ	陰 ↓ 3	ㅜ 8	ㅠ 6	ㅑ 9
				ㅓ 7
				ㅕ 10 11

二 「ㅣ」는 陽音의 基本音, 「ㅡ」는 陰音의 基本音이라
淡音、濃音의 區別은 朝鮮語 中聲調和法則의 基礎이라
「ㅡ」는 元來는 濃音이야써 쓰나 「、」가 合倂된 結果 準濃音이 된 것임

其後에 反切이라고 널컫는 諺文一覽表 가튼 것이 作成되야서 一般的으로 流行되야씀
그 內容에는 訓民正音에 使用되얏든 發聲音의 淘汰된 것과 또 그 使用이 制限된 것이 만흐더
發聲音과 中聲音의 順序가 全體로 變換되야씀

그와 가티 變更되야온 沿革을 考査하건대

(1)
訓蒙字會에 나타난 現象이 左와 가틈
【註】訓蒙字會는 距今 四百七年前에 崔世珍氏가 著作하야 御裁를 經하야 頒布한 冊이라

發聲音 「ㆆ」는 「ㅇ」와 合倂되고 字形 「ㆆ」는 淘汰되야씀
初聲 「ㅇ」音은 「ㆁ」와 混同되야서 「ㅇ」에 吸收되야씀 (그 說明、實用例、「異凝」의 名稱 參照)
特別音 全部와 間音 「ㅸ」가 淘汰되야씀

硬音은 亦是 主로 「ㅅ」을 쓰고 或 「ㅂ」도 使用되야씀

發聲音의 順序는 「ㄱ ㄴ ㄷ ㄹ ㅁ ㅂ ㅅ ㅇ ㅎ」로 排列되야고 그 中

「ㄱ」以下 여듧字는 初聲終聲通用八字로、「ㅋ」以下 여듧字는 初聲獨用八字로 되야씀

ㅛ聲音의 順序는 「ㅏ ㅑ ㅓ ㅕ ㅗ ㅛ ㅜ ㅠ ㅡ ㅣ ㆍ」로 排列되야씀

各 音字의 稱號가 左와 같이 說示되야씀

ㄱ 其役、ㄴ 尼隱、ㄷ 池⊗、ㄹ 梨乙、ㅁ 眉音、ㅂ 非邑、ㅅ 時⊗、ㆁ 異凝、ㅋ ⊗、ㅌ 治、

ㅍ 皮、ㅈ 之、ㅊ 齒、ㅿ 而、ㅇ 伊、ㅎ 屎

右記 漢字에 圈을 加한 것은 그 訓을 씀이라

ㅏ 阿、ㅑ 也、ㅓ 於、ㅕ 余、ㅗ 吾、ㅛ 要、ㅜ 牛、ㅠ 由、ㅡ 應 終聲不用、ㅣ 伊 中聲只用、ㆍ 思 初聲不用

(2) 其後에 또 變改된 結果가 左와 가틈

發聲音 「ㅿ」가 淘汰되야씀

「ㆁ（終聲用）」과 「ㅇ（아行 初聲）」의 字形이 混同되야씀

硬音 記寫엣 「ㅂ」은 「ㅅ」으로 統一되야씀

「ㄷ」바팀이 「ㅅ」으로 統一되야씀

發聲音의 順序는 「ㄱ ㄴ ㄷ ㄹ ㅁ ㅂ ㅅ ㅇ ㅈ ㅊ ㅋ ㅌ ㅍ ㅎ」로 排列되야씀

右記中 「ㅇ」는 初聲에는 喉音이오 終聲에는 牙音으로 使用되는 것임

그러하야 이 狀態가 現今쌔지 一般的으로 通用되는 것이라

이재 그 結果에 依하야 그 各 發聲音과 및 그 中聲音을 反切式의 觀察과 및 그 排列의 順序를 基據로 하고 音의 種別을 싸라서 이를 分類하야 排列하건대 左와 가틈

(1) 發聲音의 分類와 排列 (數字는 列記의 順序임)

	平音	濁音	硬音	激音
牙音 ㄱ	가 1		까	카 11
舌音 ㄴ	나 2			
舌音 ㄷ	다 3		따	타 12
舌音 ㄹ	라 4			
脣音 ㅁ	마 5			
脣音 ㅂ	바 6		빠	파 13
齒音 ㅅ	사 7		싸	
齒音 ㅈ		자 9	싸	차 10
喉音 ㅇ	아 8			
喉音 ㅎ				하 14

牙音의 終聲으로만 使用하는 「ㆁ」가 이슴 그 字形은 喉音 「ㅇ」와 混同되야서 區別이 업슴

이 排列表를 前記 訓民正音式에 依한 排列表와 對照하야 注意할 點이 左와 가틈

(A) 間音中 「ㅿ」와 「ㅸ」의 音字는 廢止되야버리고 「ㄹ」은 平音으로 處理하야 間音欄이 업서던 일

(B) 特別音 全部가 淘汰되야서 그 欄이 업서던 일

(C) 아行音과 하行音이 合倂된 結果로 그 音字中 하나를 淘汰함에 當하야 「ㅇ」를 存續하야 그 平音으로 處理하고 「ㆆ」가 除去된 일

「ㅇ」과 「ㆆ」의 字形이 混同되야서 同一한 字形이 「ㅇ」의 初聲과 「ㅇ」의 終聲되는 發音 作用을 가지게 된 일

(D) 사行音과 자行音 中에 사行音을 基本音으로 認하야 그 不音으로 處理하고 자行音을 그 變態音으로 處理한 일

(E) 硬音 初聲의 符號가 「ㅅ」으로 統一된 일

(F) 全體의 順序에 喉音 以外의 音(調音機關의 調節作用이 잇는 音)의 平音을 列記하고 그

(G) 다음에 喉音의 平音인 아行音을 記載하고 쏘 그 다음에 喉音 以外의 音의 變態音인 濁音과 激音을 列記하고 그 다음에 喉音의 變態音인 하行音을 記載한 일

中聲音의 分類와 排列 (數字는 列記의 順序임)

(2)

	低母音(開口音)		中母音(半開口音)		高母音(閉口音)	
陽	ㅏ 1	ㅓ 3	ㅗ 5	ㅜ 7	ㅡ 9	ㆍ 11
陰	ㅑ 2	ㅕ 4	ㅛ 6	ㅠ 8	ㅣ 10	太極

【注意】各 陰音(拗音)을 그 音韻의 陽音에 니어서 記載하야씀

各 音의 順序는 近代 聲音學上의 術語로 低母音으로브터 高母音 即 開口音으로브터 閉口音으로 向하야 記載하는 方針을 取하야씀

三 이제 實用上의 便宜를 조차서 前記 反切의 音字 排列法을 取하야 그것을 基本으로 하고 다

시 文典 說明上의 便宜와 必要에 因하야 그 發聲音의 分類表에 若 의 修訂을 加하야 左記와

가튼 分類表로써 排列함

中聲音의 順序는 反切엣 排列法이 一般的으로 通行되야잇는 故로 便宜上 그것을 襲用함

修訂反切에 依한 發聲音의 分類와 排列

音	字	平音	硬音	激音
牙音	ㄱ	가	까	카
舌音	ㄴ	나		
	ㄷ 다	다	따	타
	ㄹ 라		싸	
唇音	ㅁ	마		
	ㅂ 바	바	빠	파
齒音	ㅅ 사	사	싸	
	ㅈ 자	자	짜	차
喉音	ㅇ 아	아		하

牙音의 終聲으로만 使用하는 「ㅇ」가 이슴 그 字形은 喉音 「ㅇ」와 混同되야서 區別이 업슴

【註】反切의 記載方法에 조차서 라行音을 平音으로 處理함 그러하고 그 音의 系統에 屬한

調節性이 强한 싸行音을 그 音의 硬音으로 記入함

사行音과 자行音을 對立시켜서 平音으로 處理함 그러나 音理上 兩者가 同一系統에 屬

한 音임은 勿論이라

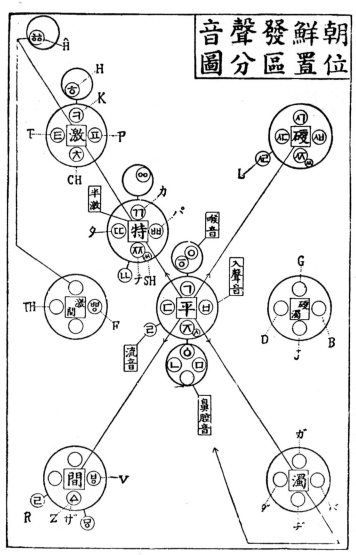

左에 圖式으로써 各 發聲音의 音質의 位置(互相間의 關係)의 槪要를 보힘

朝鮮發聲音
位置區分圖

【附記】人類의 聲音은 그 것을 나히는 데 關與하는 機關이 甚히 複雜하며 巧妙함에 따라서 그

表現이 坯한 甚히 複雜하며 巧妙한디라 故로 聲音의 分類와 밋 그 位置를 文書 又는 圖

解로 써 完全하며 精密하게 表示함은 不可能에 屬한 일이라 右 圖解는 各 發聲音의 種

別의 槪要를 表示하야 써 音理의 吟味에 參考로 하고자 함이라

「平」(方形內)은 平音의 略記이오 「平」에 두르힌 圓圈內에 記入된 音字와 그 圈과 連絡

된 圈內에 記入된 音字는 平音임을 表示한 것임 硬音、激音等에 關한 것도 坯한 가틀

平音으로브터 上右、上左、下右、下左로 硬音、激音、濁音、間音에 번힌 線은 各 音質의 互相

間의 關係에 依하야 그 方向을 表示한 것임 即 硬音과 間音、激音과 濁音은 各히 서루

反對의 方向에 잇는 音이오 「硬濁」은 硬音과 濁音의、「激間」은 激音과 間音의 中間의

位置에 이서서 各히 그 두 種類의 音質을 아오싸 含有한 것이라

羅馬字의 音質은 英語의 發音을 標準으로 한 것임 但믄는 에쓰[페란로]의 發音임

各 民族은 各히 다른 標準音을 가져잇는 故로 朝鮮語의 音質을 排布하는 圖解의 우에다

가 英語、日本語의 發音의 썍 的確한 位置를 斷定하야 對照함은 至難의 일일더라 그러나

參考하기 爲하야 가장 照合되는 位置에 羅馬字와 假名字를 記入한 것임

西洋에서 聲音을 區別함에는 有聲音(濁音) 無聲音(淸音)을 標準하야서 說明함이 原則임

그 區分法에 依하면 特別音으로브터 上左로 記載한 音(ㅇㅇ、ㄴ를 除함)과 激間音 짜지는

清音이오　平音中　喉音、鼻腔音、流音과　硬濁音과　濁音과　間音싸지는　濁音이　됨　그러나

平音中　入聲音(바팀에　入聲되는　音)과　밋　그　音의　硬音은　그　區分法으로는　的確하게　가

싸디디　아니　하고　말의　境遇에　싸라서　或　淸하게　或　濁하게　表現되는　바임　朝鮮語音을

西洋式　區分法으로　억지로　가르랴　함은　賢明하디　아니　한　措置이고　싸라서　아모　實益도

업고　한갓　수구러울　섇이라

古費(洪武正韻等)에　記載된「淸音、濁音」의　術語의　內容은　前記　近世式　그　術語의　內容

과는　意義가　아조　다르니　注意함이　可함

第三章　朝鮮語의 音理와 記寫

第一節　바팀되는 發聲音의 餘音不發의 法則

第一款　餘音과 餘音不發의 意義

朝鮮語에는　바팀되는　發聲音에　그　餘音을　나리디　못　하는　法則이라

한　發聲音이　그　前部作用으로써　中聲音에　바팀이　된　뒤에　聲音을　아조　거듸버리디　아니　하고

그　바팀을　하기　爲하야　構成되얏든　調音機關의　屈折狀態를　풀면　거긔에　輕微하게　그　後部作用

의　音響이　放出되야서　그　發聲音이　初聲으로　된　으段(原則으로　으段)音과　가튼　音이　나나니

그　音을　發聲音의　餘音이라고　이름한　것이라

英語를 너요려서 例를 말할더면 Bat(ㅂㅐㄱㅌ)의 發音을 「ㅃㅌ」이라고만 하디 아니 하고 「ㅃㅌ」

로 發音하는 境遇에 그 後者의 音에서 前者의 音을 減하면 그 나마지 音은 t 의 餘音이라

朝鮮語에는 發聲音에 餘音을 나히는 法이 업고 만일 餘音이 잇는 때에는 그 發聲音을 바팀으

로 보다 아니 하고 그 發聲音의 初聲에 한 中聲이 配合된 完全音(한 音節이 成立된 音)으로

處理하는 規則이라 前例에 就하야 보면

【註】英語에는 父音에 餘音을 나힘이 原則으로 되야이슴

英語 Bat 의 發音을 「ㅃ트」로 發하는 때에는 「ㄷ」에 中聲 「ㅡ」가 配合된 音으로 處理하야 이

境遇 「트」는 한 바팀으로 보다 못 하는 것이라

한 發聲音이 初聲으로 使用되는 境遇에는 그 다음의 中聲音과 配合되야서 完全音이 되야버리

는 것이고 또 한 發聲音이 바팀으로 使用되는 境遇에도 그 다음에 連續하는 말이 그 單語와

文法的으로 從屬的 關係를 가진 單語이고 그 音質이 아行音인 때에는 그 發聲音과 다음에 連

續하는 아行音(連發音의 關係로 아行音이 中聲音과 同一한 發音의 結果가 生함)과가 配合되야

서 그 發音의 狀態는 그 發聲音의 初聲으로 完全音을 發하는 때와 다름이 업슴이라 故로 그

러한 境遇에는 餘音을 論議할 餘地가 업슴 이에 論述하는 바는 한 發聲音이 바팀이 되고 發

音이 全然히 終止되는 境遇 坯는 그 다음에 아行 以外의 音이 連續되는 境遇이나 文法的으로

從屬的 關係가 업는 아行音이 連續되는 境遇에 그 바팀된 發聲音에 餘音이 나디 못 하는 法則

을 論述함이라

第二款 餘音不發의 結果

바팀되는 發聲音에 餘音을 나히디 못하는 大法則이 이슴에 因하야 그 結果로 以下와 가튼 重要한 發音上의 特徵이 나타남이라

一 數個의 서루 다른 發聲音의 바팀으로서 그 前部作用의 狀態가 서루 가튼 것들은 그 後部作用이 서루 다믐에 不拘하고 同一한 發音이 됨 이는 餘音을 나히디 아니 하는 辨音으로는 그 後部作用에 因하야 나타나는 各各 그 音의 本色을 區別하야 表現함이 不能함에 因한 現象이라」

左에 例를 보힘

	後部作用의 區別잇는 音			後部作用의 區別업는 音
	從屬的 發音의 表現	終止	아行音連續 表現	아行音 이외 獨立的 아行音連續 發音의 表現
鎌 낫이	나시	그낫	낫보담	낫아홉개	낫
午 낮이	나지	한낫	낫보담	낫오	난
花 꽃을	꼬츨	이꽃	꽃보담	꽃울타리	꼳
意 쁟을	쁟들	큰쁟	쁟과	쁟업는	쁟
田 밭을	바틀	콩밭	밭과	밭아래	받
家 집에	지배	이집	집도	집열간	집
藁 짚에	지퍼	저짚	짚도	짚열단	집

【附記】近代엣 朝鮮語 記寫法인 「ㄷ、ㅌ」와 「ㅅ、ㅆ、ㅈ、ㅉ、ㅊ」의 바팀에 다 「ㅅ」을 쓰며 「ㅂ、ㅍ」의 바팀에 다 「ㅂ」을 쓰는 等의 規例도 前述한 發音 狀態에 依據한 한 方便으로 慣例가 成立된 것이라 但 「ㄷ」이 代表音으로 使用될 境遇에 記寫의 便易에 因하야 「ㅅ」이 代身되야씀이라

二　數個의 서루 다른 發聲音의 바팀의 發音이 그 다음에 連續하는 發聲音의 音質에 따라서 그 音響이 混同되야서 서루 區別되디 못하는 發音이 나타남이 이슴 例를 드러서 말하면 「ㄱ」의 系統(ㄱ、ㅅ、ㅋ)에 屬한 發聲音이 바팀이 되고 그 다음에 「나、마」行의 音이 連續하는 境遇엣 發音은 그와 同一한 境遇에 「ㅇ」이 바팀된 發音과 混同되는 類임

左에 圖式으로 써 그 狀態를 보힘

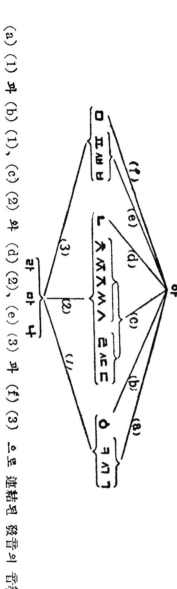

(a) (1) 와 (b) (1), (c) (2) 와 (d) (2), (e) (3) 와 (f) (3) 으로 連結된 發音의 音響이 混同됨을 보힘이라

【參考】右의 音理를 吟味함에 當하야 參考될 事項을 左에 記述함

(1) 圖示中

　(a)(c)(e) 線의 아래에 連結된 바림은 入聲音(促音)임

　(b)(d)(f) 線의 아래에 連結된 바림은 鼻腔音임

　(1)(2)(3) 線의 아래에 連結된 發音의 初聲은 鼻腔音임……라 行音은 鼻腔音

　이 안이나 ㄴ行音과 混同됨에 因하야 鼻腔音과 같히 處理됨임

(2) 訓民正音 漢字音 記寫中에 보면 現今에 一般으로 硬音調「ㅅ」를 쓰겟는 境遇에 訓民正音에는 그 우에 잇는 音에 따라서 各히 다른 音字를 것늘音(渡音)으로 記寫한

例가 이슴 그 規例는 左와 가름

　바림「ㅇ」아래에는「ㄱ」……「ㅇ,ㄱ」은 前圖(1)線에 包括된 것

　바림「ㄴ」아래에는「ㄷ」……「ㄴ,ㄷ」은 前圖(2)線에 包括된 것

　바림「ㅁ」아래에는「ㅂ」……「ㅁ,ㅂ」은 前圖(3)線에 包括된 것

그 實例를 보함

　ㅇ 下에 ㄱ……洪뽕ㄱ字、穰샹ㄱ字 　(右를 前記 圖解와 對照하야 ㄱ 과 ㅇ、ㄷ 과
　ㄴ 下에 ㄷ……君군ㄷ字、吞튼ㄷ字 ｝ ㄴ、ㅂ 과 ㅁ 이 音理上 互相間에 特殊한
　ㅁ 下에 ㅂ……覃땀ㅂ字、侵침ㅂ字 　(同種類) 關係가 이슴을 吟味함이 可함

【註】ㄱ 과 ㅇ、ㄷ 과 ㄴ、ㅂ 과 ㅁ 의 發音은 各其 前者는 鼻腔을 閉塞하고 나히는 音이

오 後者는 鼻腔에 氣流를 通하야 鼻腔의 共鳴이 生하는 音임의 다〻음이 이슬 뿐이고

其外의 調音機關의 作用은 各各 同一한 것이라

前記 論述과 및 圖示와 같히 發音의 音響이 混同되는 現象에 當하야 近者 朝鮮語學者 여러 人士

들이 「音의 밧고힘」이라고 하야 朝鮮語音에는 그 (a)線 音은 (b)線 音으로、(c)線 音은 (d)線 音

으로、(e)線 音은 (f)線 音으로 變換되는 法（理由의 說明이 업슴）이라고 論述하고 그 「音의 밧

고힘」에 關한 規例를 各 發音의 境遇로 分別하야서 多端한 例로 說明한 바가 이슴 그러나 그

論法은 朝鮮語에는 바팀에 餘音을 不許하는 그 總括的 法則이 이슴에 着眼하다 못 하야서 그

總括的 法則으로브터 前記 圖示와 가튼 發音의 狀態가 當然히 생기는 音理를 曉得하다 못 함

에 因한 것이라

쏘 前記 圖示엣 (a)線과 (b)線、(c)線과 (d)線、(e)線과 (f)線의 發音은 그 音響이 서루 恰似하야서

區別하기 어려움에 因한 混同이 이슬 뿐이고 決ㄱ고 (a)線 音이 (b)線 音으로、(c)線 音이 (d)線

音으로、(e)線 音이 (f)線 音으로 變換되는 것은 안이라 만일 그 音이 밧고힌 줄로 생각되거든

精神차려서 그 音을 밧고디 말고 한番 發音하야 볼디라 그리하야도 마찬가지ㅅ 發音이 될디

니 그러면 그것은 그 音의 本音인 줄이 明白한 事理이라

쏘 그 두 가지의 發音은 그 音響이 恰似하야 드듸여 混同되야서 듣는 者는 그 音의 區別을 하기

이녀운 것이다마는 말하는 者는 그 中 어느 音을 發함을 確實히 認識하는 것이라 例로써 말

하면　朴牧師와　方牧師가　各히　自己를　稱號할　때에　그　말하는　者의　意識으로는　確實히　前者는

「박」의　發音、後者는　「방」의　發音을　하는　것이라　決斷「고」「박」의　發音은　「방」으로　變換됨을

認定하고　朴牧師가　방牧師이라고　發音함은　안이라

第二節　中聲「一」

朝鮮語에는　「으」段의　音韻을　表示하는　中聲「一」의　音字가　이슴

朝鮮語에는　으段의　發音이　이스며　그　發音을　記寫하는　中聲인　「一」가　잇다　그러하야　各　初聲

에　그　中聲을　記寫하면　各其　音質의　으段音이　되는　것이라

例로　으、그、느、뜨、쓰、즈、크、프、흐

이제　外國語에　就하야　그　狀態를　對照하야　考察함

一　英語　對照　英語(羅馬字의　字母로　記寫하는　民族의　言文은　大槪　類似함)에는　母音에　으段

의　音韻을　表示하는　音字가　업슴　그러하야　母音　「으」이며　또　各　父音의　으段音을　記寫할　方

法이　업슴

語音을　對照　說明하기　爲하야　는　를　그　音字로　定하야　使用함

例　ü. bü. kü. sü. tü＝으, 브, 그, 스, 트

다시　그　語音을　살펴붙더면　으段의　音韻으로　된　브、크、스、트　와　가튼　音이　表現되는데　그

音은 어느 母音이 配合된 것이 안이고 各各 그 父音만으로 그와 가튼 音을 나힘이니 이것은

即 그 父音의 餘音으로 發生된 것이라

例 make 의 發音 makŭ……ㅁㅔㅋㅡ
eat 의 發音 batŭ……ㅂㅔㅌㅡ

父音의 餘音으로 右와 가튼 音이 發生되는 規例에서 다시 한 거름 더 나아가서 父音의 前部
作用이 活用되다 아니 하는 境遇에 잇는(母音의 다음에 니어서 잇다 아니한 때) 獨立한 父音
으로도 그와 同一한 音을 表現하는 規例가 되야이슴

例 bring 의 發音 bŭring……ㅂㅡㄹㅣㅇ
ask 의 發音 asŭkŭ……ㅇㅏㅅㅡㅋㅡ
strong 의 發音 sŭtŭrong……ㅅㅡㅌㅡㄹㅗㅇ。

右와 가튼 發音을 朝鮮語音으로 記寫하라면 다 中聲「ㅡ」를 配合시겨야만 되는 것이라

以上 論述한 바와 갓히 朝鮮語와 英語에는 그 記寫法의 다름이 잇는데 그것에 對한 觀察은
朝鮮語의 規則과 英語의 規則과가 發音에 對한 觀察 及 音의 分類에 關하야 根本的으로서
루 差異가 잇는 바이라

英語의 法則으로써 前記한 例엣 發音을 觀察하면 父音뿐이오 母音의 配合이 업는(字形으로만
이 안이라 音의 本質로) 것이라 英語엣 母音은 有聲音을 要하는 바인데 前記의 音들은 有
聲音이 안임이 原則이라 故로 母音이 업는 것이라

朝鮮語의 法則으로써 前記한 例엣 發音을 觀察하면 中聲의 配合이 잇는 것이라 朝鮮語엣 中

聲은 各 發音의 音韻만을 表示하는 것이고 그 音의 有聲이며 無聲임은 묻는 바가 안이라 그

러한데 前記의 音들은 으段의 音韻으로 發表되는 것인 故로 반드시 그 中聲의 配合이 잇는 것

이라

以上 論述한 바와 같히 英語에서는 어느 한 父音만으로써 表示하게 되는 으段音을 朝鮮語에

서는 그 發聲音에 中聲「ᅳ」가 配合된 音으로써 處理하는 바이며 英語에는 「ㅂ、ㅅ、ㄱ、ㄷ」만

으로 「브、스、크、트」의 音을 發하는 狀態이라

二 日本語 對照　日本語에는 原則으로 中聲이 配合되다 안이 한 發聲音만을 發하야 ㅂ티음으로

使用하는 發音이 업슴 또 語音을 記寫하는 文字의 字形은 音質과 音韻과를 各各 分離할 수 업

는 單一의 形象으로써 한 音節을 表示하는 假名 文字가 使用됨

例　カ=(ㄱ+ㅏ)、(k+a)、　マ=(ㅁ+ㅏ)、(m+a)、
　　キ=(ㄱ+ㅣ)、(k+i)、　ミ=(ㅁ+ㅣ)、(m+i)、

中聲이 配合되다 안이 한 音字「ん」이 하나 이슴 그러나 그것은 な行과 ま行과 が行의 音質

의 混合된 것이며 그 中어느 音質에도 該當하디 안이 하는 것인 變則의 것이라 그러하야 그

音字는 바팀에만 쓰는 것인데 な行中에、ぬ 又는 ま行中 み、む 의 代身에 그 略音으로 使用되

며 그 發音은 그 다음에 잇는 音의 音質에 따라서 な行의 音質인「ㄴ」、ま行의 音質인「ㅁ」、

が行(東京 發音)의 音質인「ㅇ」等의 音으로 發現되는 것이라

【參考】右記中 ぬ、に 의 略音으로 ん 이 使用되는 狀態는 朝鮮語에 「ㄴ」의 略音으로 「ㄴ」이

使用되는 狀態와 酷似함

그러하고 日本語의 語音에는 音韻으로 ㅇ段音을 나히는 發音이 업슴 그러하야 外國語 對照上

ㅇ段音이 發하겟는 境遇에 原則으로 우段音을 發하게 되얏고 그러하야 그 音의 記寫도 우段

音의 文字로 써 하게 되야씀

例一

朝鮮語	英文記寫	日本語音及文
防 마구니	maguni	マグニ
抱 아느며	anùmjö	アヌミオ
撞 시므고	simùgo	シムゴ

【註】本書中 朝鮮語音을 羅馬字로 記寫하는 境遇에 羅馬字의 配當은 一九三一年二月 普成

專門學校 教員會 決定「朝鮮語를 羅馬字로 記寫함의 規例」에 依함

例二

英語	發音內容		朝鮮文記寫		日本語音及文	
	餘音有	餘音無	餘音有	餘音無	餘音有	餘音無
māke	makù	mak	ㅁㅔㅋ一	ㅁㅔㅋ	メイク	メク
Ham	hamù	ham	ㅎㅏㅁ一	ㅎㅏㅁ	イム	ム

日本語에는 原則으로 바팀되는 語音이 업스며 文字는 音質과 音韻을 아오짜서 한 音節을 表示

하는 假名가 使用되고 例外로 바팀에 쓰히는 發聲音字 가튼 「ん」이 存在할 쑨이라 함을 우에

論述하야씀 그러나 日本語의 發音에 보면 「ん」을 使用하는 境遇 以外에도 發聲音의 바팀된

音을 發音하는 境遇가 적디 아니 하게 存在하다 그러한데 그 文字에는 그러한 發音을 表示할

音字가 업는 故로 그 發音의 記寫方法은 音質과 音韻이 配合되야잇는 假名 文字를 使用하고

그 假名의 音質만을 取하야서 그 바팀되는 發音을 나히는 規例가 되얏는디라 左에 그 例를

보힘

例三

日本文	英文記寫	朝鮮文記寫			
學校 (原音) ガクコウ	Gaku ko	가	구	고	
(略音) ガッコウ	Gak ko	가	ㄱ	고	
私 (原音) ワタクシ	Wataku shi	와	다	구	시
(略音) ワタクシ	Watak shi	와	다	ㄱ	시
發展 (原音) ハツテン	Hatsu ten	하	쯔(두)	메	ㄴ
(略音) ハッテン	Hat teh	하	ㄷ	메	ㄴ

右와 갇히 바팀으로 發音되는 것이 이스나 그것은 그 言語의 固有한 原音의 發音이 안이

고 各히 그 音質의 우段音에 屬한 完全音이 促略되야 發音되는 略音이라

日本語에는 으段音이 입는 故로 우段音이 朝鮮語 으段音의 任務를 하는 것이라 그러하야 朝鮮語에 한 發聲音의 으段音이 그 發聲音의 바림만 되는 音과 發音上 共通되는 音理가 日本語 音에는 우段音에 그 狀態가 表現되는디라 左에 例를 보힘

例四

朝鮮語	音	日本語音
(原音) 마그니	Maguni	マグニ = Makuni マクニ
(略音) 마ㄱ고	Maggo	マッゴ = Makko マッコ
(原音) 아느라	Anura	アヌラ
抱 (略音) 아ㄴ다	An→da	アヌ(ン)タ = Anta アンタ

「Maguji」와「Makiji」에 g와 k의 다름은 日本語音을 羅馬字로 記寫하는 規例에는 か行이 k 로 되야ㅅ고 朝鮮語音을 羅馬字로 記寫하는 規例에는 ㄱ音= g、ㅋ=k로 되야잇는 故이라

朝鮮語에 對照하야보면 日本語에는「グ」의 代身인「ク」가「グ」音으로、「ヌ」의 代身인「ヌ」가「ㄴ」音으로 通用되는 狀態이라

以上 論述한 바를 一括하야 音理上으로 對照하야보면 朝鮮語音에 한 發聲音에 으段 音韻이 配合되야잇는 것이 그 音이 促略되야 發할 境遇에 그 發聲音의 바림만이 되는 關係는 英語에 한 父音의 音이 느지러리게 發音되야 餘音이 나는 發音과 促急하게 그 發音되야 餘音이 아니 나는 發音과에 該當하며 日本語에 한 우段音이 그 音의 促略音으로 그 發聲音의 바림만의 音으로 發音되는 關係와 同一한 것이라 即 各 言語가 各히 그 記寫方法은 서루 다르나 發音上에 나타나는 音理는 가튼 것이라 左에 例를 드러 對照함

A. 1. 朝辭音			A. 2. 英文記寫	A. 3. 日本文記寫
防 마ㄱ	原音	마그니	maguni	マ グ ニ
	略音	마ㄱ고	maggo	マ ッ ゴ

B. 1. 英語音			B. 2. 朝辭文記寫	B. 3. 日本文記寫
Back	餘音有	Bakü	빽	バ ク
	餘音無	Bak	빽	バ ク

C. 1. 日本語音			C. 2. 朝辭文記寫	C. 3. 英文記寫
學 ガク	原音	ガクモン	가ㄱ몬	Gaku mon
	略音	ガ、ッ、ゴ	가ㄱ고	Gak ko

A (1)에 ㄱ, ㄱ; (2)에 g니, g; (3)에 ㄱ, ㄱ

B (1)에 kü, k; (2)에 ㄱ, ㅋ; (3)에 ㄱ, ㅋ

C (1)에 ㄱ, ㄱ; (2)에 구, ㄱ, ㄱ; (3)에 ku, k 가 석ㄹ 共通됨의

第三節　中聲「ᆞ」

中聲 「ᆞ」와 本來의 音은 現時 使用되는 中聲 「ㅣ」의 內容에 包含될 것이며　그 音은 各 中聲의 音理를 反覆 吟味하야

音韻의 發源音이라

「ㆍ」가 各 中聲의 發源音이라 하는 意義를 吟味하기 爲하야 左에 여러 가지로 形容語를 使用

하야 參考에 供함

「ㆍ」는 (1) 各 中聲의 太極音이라 (2) 各 中聲의 中心音이라 (3) 各 中聲의 共通性을 가진 音

이라 (4) 各 中聲中에 가장 弱한 音이라 (5) 그 音韻의 位置가 確固하다 못 한 音(曖昧音)이라」

「ㆍ」의 發音의 表現에 當하야서는 從來에 여러 가지로 觀察되야아는 것이라 近日 通俗的으로

는 「ㆍ」와 「ㅏ」를 同一한 音으로 使用한다 그러나 그 二者의 原音이 同一한 것이 안임은 訓

民正音에 두 字形을 各各 制定하고 各各 서로 다른 漢字로써 註釋(ㆍ 如吞字中聲, ㅏ 如覃字中

聲)하야씀에 徵하야 明白한 事項이라 그러면 그 原音은 어떠한 것이야 썻나? 하는 疑問에 當

하야 從來에 여러 人士가 或 「ㅏ」와 가튼 音韻이오 音勢가 弱한 것이라, 或 「ㅣ」의 間音이

라, 或 「ㅣ」의 拗音이라, 或 「ㅏ, ㅗ」의 間音이라 하는 說明을 試하야씀 余는 「ㆍ」의 原音은

音勢가 가장 弱한 「ㅣ」音을 얼마간 「ㅏ」音에 向하야 發하는 音으로、 밧과 말하면 閉口의 「ㅏ」

音이고 音勢의 가장 弱한 音임으로 推測함

形式的으로 說明하건대 「ㆍ」의 發音의 狀態는 어느 한 特定된 中聲의 音韻을 認識하야 指定하

다 아니 하고 無心하게 音을 發하면 그 中聲의 音이 될 것으로 봄이 可함 實例로써 說明

하야불더면 英語 發音法에 依하야 父音의 餘音이 나는 境遇에 그 發音은 中聲中 어느 段의

音韻을 發할 目的으로써 한 것은 안이라 그 發音의 結果는 으段과 恰似한 音이 냐는

것이 原則이라 이 境遇엣 音을 訓民正音의 見解에 依하야 記寫하랴 하면 그 父音에 中聲「ㆍ」

가 配合된 것이 될 것이라 오직 訓民正音 ㄷ 英語의 餘音을 發하는 때보담 稍히 輕淸한 音(淡

音)으로 조곰 아段의 音韻에 向하랴는 氣分으로 發音할 것으로 認識하야씀과 가름

中聲「ㅣ」는 「ㆍ」와 가장 音韻이 接近하며 「ㆍ」보담은 强한 音이라 그러한데 「ㆍ」는 너무 弱하

야서 그 存立을 維持하기 어려움과 「ㅣ」의 發音과 恰似하야 區別되기 어려운 理由에 依하야 드

드여 二者의 發音은 合併되야버려서 現時에 使用되는 「ㅣ」는 古代音「ㆍ」를 包含한 것이라

이와 같히 「ㆍ」의 音이 淘汰를 當하매 古代音에 그 中聲으로 記寫하든 語音은 渙散되야서 大部

分은 「ㅣ」와 「ㅏ」의 音으로 歸屬되야 버렷는더라

古代「ㆍ」音의 現代 語音에 歸屬된 狀態를 考察하면 左와 가름

一　語音의 規例에 關係가 잇는 音(音韻의 類를 따르는 法則이 잇는 音)은 「ㅣ」에 歸屬되야씀

例一

原語	現行	原語	現行
如 ㄱ틀 (訓)	가틀	들	든
高 노픈 (訓)	노픈	ㄷ	든
飜 자ㅂ시니 (龍)	자ㅂ시니	곧	골
放 노호샤 (龍)	노호샤	ㄹ	를

「訓」은 訓民正音의 略記,

「龍」은 龍飛御天歌의 略記임

【註】龍飛御天歌는 訓民正音의 製定과 同一한 時期에(ㄱㄱ音 字母 製定後 二年 訓民正音 完成頒佈前 一年인 乙丑年에 作成되야씀) 同一한 機關에서(世宗大王의 袖下에서 訓民正音 作成에 關與한 諸臣이 撰述하야씀) 製作된 글로서 正音을 應用한 最先의 古書이니 그 記寫實例는 訓民正音과 同一한 證憑力이 잇는 글이라 故로 그 用例를 考證에 引用함

二　漢字의 音 其他 語音의 規例에 關係가 엽는 音은 大部分이 아段音에 歸屬되야씀

例二

原語	現行	原語	現行
字ㅈ	(訓) 자	ㅅ사룸	(訓) 사람
比ㅊ	(訓) 차	風ㅂㄹ	(龍) 바람
似ㅅ	(訓) 수	如ㅅㄷ나	(訓) 가ㄷ니라
존ㄷ	(訓) 판	飛ㄴㄷ나	(龍) 나ᄅ샤

漢字의 音에는 「字」는 「ㅉ」, 「此」는 「ㅊ」, 「使」는 「ㅇ」로 記載되야쓰나 그 初聲의 記寫와 「ㅇ」의 終聲은 여기에 論述하는 事項과는 關係가 엽는 것이기로 「ㅈ、ㅊ、ㅅ」로 記寫한 것임

【參考】그 音韻을 가진 漢字의 音은 近來까지도 字形은 「ㆍ」를 쓰고 發音은 「ㅏ」와 混同된 音을 나힘

中聲 「ㆍ」로 成立된(바림엽는) 漢字는 漢字 韻冊에 「爻」韻에 屬하야이슴 이 種類의

漢字의 音은 日本語音에는 原則으로 「イ」段으로 發音되야이슴

三 其外에 나마지 若干은 語音이 固定되디 못하고 數個의 中聲의 發音으로 使用되는 것이 이

合

例三

原語	現　行		
語 말씀(訓)	말씀	말쌈	
只 수믈(訓)	여름	여럼	
天 하늘(龍)	하늘	하늘	하날
針 바늘(蒙)	바늘	바늘	바날
胸 가슴(蒙)	가슴	가심	가삼

「蒙」은 訓蒙字會의 略記임

第四節　喉音과 喉音以外의 音

第一款　喉音과 喉音以外의 音의 性質

訓民正音이 發聲音을 牙音、舌音、唇音、齒音、喉音의 五種類로 分類하야씀은 이믜 論述한 바이라

그러한데 發聲音을 그 性質에 依하야 大別하면 喉音과 喉音 以外의 音과의 두 가지로 分類됨이

喉音은 聲音이 聲音管을 通過하는 사이에 調音機關의 調節作用에 因한 障碍를 바듬이 업시 平坦

라

한 聲音管을 通하야 口外에 放出되는 것이오 喉音 以外의 音은 聲音管을 通過하는 사이에 各

調音機關의 調節作用에 因한 障碍를 바다서 各히 다른 音質을 形成하는 것임

무릇 聲音은 肺臟內에 貯藏되야잇는 수음이 聲門을 지나서 口外에 나가는 사이에 各調音

關(牙、舌、唇、齒 等)의 調節作用의 有無와 밋 調節作用의 差異에 因하야서 種種의 音質의 서루

다른 聲音을 形成함이라

【註】聲音의 通過하는 길 即 喉頭로브터 兩唇間까지는 聲音管이라 니르며 聲音管에서 聲音

을 調節하기 爲하야 屈折狀態를 지어서 聲音에 障碍를 주는 機關을 調音機關이라고 니

름 그와 가튼 調音機關의 作用을 調節作用이라고 니름 그 調節作用에 因하야 形成되

는 音을 調節音이라고 니르며 그 調節作用이 업는 音(喉音)을 朗音이라고 니름

喉音 以外의 音의 音質을 構成하는 狀態는 喉頭 以外에 잇는 調音機關의 作用으로써 함이라」

調節作用은 初聲과 바팀과의 두 가지로 表現됨

【註】「바팀」은 普通으로는 訓民正音엣 終聲이라는 말와 同一한 意義로 使用됨 그러나 訓民

正音엣 終聲은 그 音의 終止되는 狀態를 意味하야서 그 우에 잇는 音에 發音上 變更이

업는 것도 包含되야 씀이라——漢字의 音을 記寫함에 아行音의 音質 「ㅇ」를 終聲으로 使

用함과 例로 「之징、故공」、 그 以外에도 「ㄹ」의 終聲에 「ㆆ」를 合하야 並書함과 例로 「不

붏、音배(할바가)」가튼 것——그러한데 現今 普通으로 「바팀」이라고 말하는 觀念에는 반

드시 그 우에 잇는 音에 變更이 이슴을 要함인 故로 二者의 意義는 싹 一致되디 아니함

(1) 調音機關이 調節作用을 니르켜서 바야흐로 어떠한 發聲音을 發하랴 하는 形狀을 짓고 그
形狀을 中聲의 發音으로 써 풀면 그 調節 作用과 發音과의 二者가 서루 合하야서 그
發聲의 音質을 가진 한 音을 形成함 이때엣 그 音質의 表現은 訓民正音에 初聲이라 니른 것
이니 例로 「가, 브」의 音엣 「ㄱ, ㅂ」과 가른 것이라 이러한 境遇에는 이믜 進行되야 잇는 調
節作用의 풀림(解消)이 그 發音을 表現하는 것이니 이를 發聲音의 後部作用이라고 니름

(2) 우에 中聲音이 發한 때에 連續하야 調音機關이 어떠한 調節作用을 니르켜서 그 作用을 完
結하야 發音을 終了하는 때에는 그 우에 잇는 平然한 音聲에 어떠한 障碍를 쳐서 그 發音
이 變更됨 이때에 그 音의 表現은 바탐이라 니르는 것이니 例로 「악, 굽」의 音엣 「ㄱ, ㅂ」과
가른 것이라 이러한 境遇에는 調節作用의 始作으로브터 完結까지에 進行하는 點이 그 發音
을 表現하는 것이니 이를 發聲音의 前部作用이라고 니름

그러하야 喉音 以外의 音의 音質은 右述한 調節作用의 各히 다름에 因하야 各히 서루 다름

喉音의 音質을 構成하는 狀態는(即 喉音 初聲의 發音 狀態) 調音機關의 作用이 업고 平坦한

發音으로 表現되는 것이라

聲音管에 聲音을 放出하는 作用만으로 形成되는 것이니 그 發音은 單一의 作用으로 形成되는

것임

喉音에 屬한 數個의 音質의 區別은 調音機關의 作用에 因함이 안이고 聲音을 放出하는 方法의

差異에 因하야서 各히 서루 다른 數個의 音質로 表現되는 것임 (1) 聲音을 放出하는 때에 수음

이 平然하며 穩和한 狀態로 聲帶를 通過하면 聲音의 振動 狀態가 생겨서 그 音質은 喉音의

振動音인 아行音이 되며 (2) 聲音을 放出하는 때에 수음이 急激하게 쏘다더서 聲帶에 뿜기며

나오는 狀態로 聲帶를 通過하면 聲帶에는 摩擦作用이 생겨서 그 音質은 喉音의 摩擦音인 하

行音이 되는 것이라

喉音은 調音機關의 作用이 업는 것이고 바람은 放出되는 聲音에 障碍를 주는 調節作用에 依하

야 形成되는 것인 故로 喉音은 바람으로는 되디 못하는 것이라

【註】訓民正音에는 喉音에 屬한 音質이 「ㅇ、ㆁ、ㅇ、ㆆ、ㆅ」의 다섯 가지가 表示되야씀 그러나

現今에는 「ㅇ、ㆁ」가 標準音으로 使用될 뿐이고 그 以外의 것들은 다 淘汰되야씀

英語式엣 聲音의 區別에 關한 制度는 根本的으로 朝鮮語엣 制度와 差異가 이슴은 第二章第二節

에 論述하야씀

英語에는 聲音의 第一 分類를 母音과 父音과로 하야씀으로 喉音中에도 母音과 音質이 다른

發音 「Ha, Ho」의 音質을 表示하는 「H」는 父音에 編入되는 바이라 그러나 英語의 父音 母音의 制

度에도 調音機關의 作用이 父音의 가장 主要한 內容이 되야이슴으로 觀察되며 따라서 H는 形

式的으로 父音이디마는 「Ha, Ho」의 發音은 그 音質의 本質로는 母音과 類似한 것이라고 니씀이

可함으로 思料함　그러하야서 그 音은 音의 本質로는　父音性(調音機關의 調節作用을 가진 音質

을 니름)이 업는 것이오　母音의 音質의 變態音이라고 觀察함이 可함　다시 父音　母音의 分類를

基本으로 하고　形式的으로 說明할디면　英語에는 音이 母音과 父音과로 分類되고　父音中에는 (1)

調節作用이 잇는 것(喉音 以外의 音의 音質을 가진 것)과 (2) 調節作用이 업는 것(喉音의 音質을

가진 父音)과가 이슴이라고 論함이 可함

【參考】希臘語의 字母는 亦是 英語와 가튼　母音의 制度(아行 音質과 音韻을 兼한 音字를 使用함)

로 되야쓰나　하行音에는 따로　父音(H와 가튼)이 업고　母音에 符號를 施하야서 그 音

을 區別함　母音 父音을 使用하는 制度로서는 그 方法이 聲音을 觀察하는 純理에 갓가

온 것임　例　Ä=(아=A);　Ä=(하=Ha),

第二款 ᅙ

하行의 初聲에 使用하는 音字 「ᅙ」는　訓民正音의 音質 分類에 依하면 喉音의 一種이오　近時 聲

音學上의 分類에 依하면 摩擦音의 一種이니　아行音과 同系統인 喉音의 摩擦音이라

英語의 制度로 말하면 父音의 하나이라　그러나 그 本質은　母音의 音質과 類似한 母音의 變態音

이오　形式的으로 父音에 歸屬되야잇는 것이라

【註】「ᅙ」는 喉音의 하나인 故로 그 喉音된 性質에 關한 說明은 前 第一款의 論述을 引用함

「ㆆ」가 初聲으로 發音되는 때엣 狀態를 考察하면 喉音 以外의 發聲音이 그 後部作用으로써 發

音되는 때의 狀態와는 性質上 自然히 그 趣向이 다른 것임

一 喉音 以外의 音은 中聲과 配合되야 音을 發音하랴는 때에 그 後部作用의 準備로 먼저 그 前

部作用을 하고(調音機關의 屈折을 푸르(解)는 때엣 發音의 準備로 屈折 狀態를 지음이라)

그 다음에 어느 中聲으로 音을 發하는 것이니 그 調節作用이 먼저에 잇고 中聲의 發音이 뒤

에 옴이 分明함 例로 「바」의 音을 發하는 때에는 먼저 調音機關으로써 無音의 「ㅂ」을 짓고

(두 입술을 合하야서 聲音管을 마금) 그 다음에 「아」音을 發하면 同時에 그 調音機關의 屈折

狀態가 풀리며 그 後部作用이 中聲과 配合되야서 「바」의 音을 形成함이라 그러하야 만일 「바」

외 音이 한 中聲音의 다음에 連發되는 境遇에는 右記 前部作用이 그 우의 音에 바팀이 되고

다음에 「아」의 音을 發함과 同一한 發音이 나는 것이라

二 하行音은 喉音인 故로 聲音을 放出하기 前에는 何等의 準備 作用이 업고 發音의 때에 當하

야서 聲音의 放出하는 方法의 差異로 아行音과 區別되는 하行音이 形成되는 것이라

【註】聲音을 하行音으로 나하는 때에는 摩擦作用을 니르켜서 振動音인 아行音과 區別되는 關

係는 前에 論述한 바임

右에 論述함과 가튼 狀態인 故로 喉音 以外의 音과 中聲音과 配合되야 發하는 音은 그 두 作

用이 順序的으로 活動함에 因하야 形成되는 바이며, 하行音의 發音은 聲音을 放出하는 때엣 그

聲音 放出의 狀態로 써 形成하는 바이니 即 單一의 作用으로 發하는 音이라

【註】하行音도 그 音에 對한 觀察로는 그 音質과 그 音韻과의 두 方面으로 觀察하야 區別되는 것이라(訓
民正音의 制度는 아行音에 對하야서도 그와 가튼 두 方面으로 觀察하야 處理한 것이라) 그
러나 그 發音을 나히는 作用은 單一의 動作으로 成立되는 것이라

하行音은 發音上에 特殊한 現狀이 이슴 하行音은 以上 論述한 바와 같히 特殊한 性質을 가진 것
인 故로 그 音의 活用에 左記와 가튼 特殊한 現狀이 이슴이라

一 하行音은 言語 實用上 아行音과 混同됨이 만흠

이는 우리가 日常 使用하는 言語中에 흠뻑 만히 實驗되는 바이라

例 일이 만흐며
　　銃을 노하라 } 가 { 만으며
　　　　　　　　　　　노아라 } 로,

거름을 徐徐히
옷은을 단단히 } 가 { 徐徐이
　　　　　　　　　　단단이 } 로 發音됨

二 하行音은 한 音을 繼續하야 길게 發音함을 어듬

喉音 以外의 音은 中聲이 配合되야서 發音하는 境遇에 그 音이 發하는 瞬間에 即 中聲이 配合
되는 同時에 그 發聲音의 作用은 終了되는(調音機關의 屈折이 풀림) 것인 故로 그 音質이 合
하야잇는 그 音을 길게 繼續함은 性質上 不能함 例로 말하면 「가」의 音을 길게 發音하면 그 中
發音의 始作되는 瞬間에 「가」의 音이 나고 그 다음은 「아」의 音만이 繼續되는 것임 또 그 中
聲이 配合되는 즈음에 聲帶의 振動 作用을 니르키디 말고 所謂 속살거림(囁)으로 發音을 하

는 때에라도 同一함 그러나 하行音은 全然히 그 趣向이 다따서 聲門에서 수움의 摩擦 作用을

繼續하는 때에는 그 音은 길게 繼續하야 發音됨 마치 치운 날 손ㅅ가락ㅅ 끝에 더운 수움을

부러줄 즈음에 「하」나 「호」의 音이 길게 發音과 가름이라

【註】이와 가튼 狀態는 摩擦音에 잇는 作用이니 다른 摩擦音에도 若干 이러한 現象이 나라남

이라 例로 「ㅅ」의 「시, 스」의 發音, 「ㅸ(英語 V)」의 「ㅂ, 부」의 發音과 가튼 것이라 그

러나 「ㅅ, ㅸ」와 가튼 音은 調音機關의 作用이 이슨 後에 거긔에 摩擦을 하는 것

인 故로 거긔에 配合되는 中聲音의 發音 狀態가 그 調節 作用의 形相과 反對되는 音인

때에는 그 音을 繼續할 수가 업는 것임 例로 「사, 바」와 가름이라 하行音은 調音機關

의 作用이 업슴이 아行音과 同一한 故로 어느 音이든 아行音과 갓히 繼續됨이라

「ㅎ」는 바림으로 使用되디 못함

一 「ㅎ」는 音理上 바림될 性質이 업슴 喉音의 性質과 하行音이 喉音에 屬한 것임과 「ㅎ」가

初聲으로 發音되는 境遇엣 狀態와에 關한 以上의 論述에 依하야 「ㅎ」는 一般的 音理로 바림되

다 못할 性質임은 自明의 理致이라 허물며 바림에 餘音을 不許하는 朝鮮語에 이서서는 더욱

「ㅎ」의 바림의 發音을 像想할 수 업는 바이라

【附記】「ㅎ」가 바림되디 못 함에 關한 論議는 激音에 關한 論述과 用言 語尾 活用에 關한 論

述과 互相으로 連絡되는 事項인 바 編述上 各히 그 主眼되는 方面에 따라서 各히 그

題目下에 난화서　論述하고　重複하야　說明하디　아니　하노니　讀者는　그　各　部分에　論

旨를　綜合하야서　理會할디어다

英語에는　父音에　餘音이　나는　法則인　故로　調音機關의　調節作用의　不完全한　父音　例로 F, Th

와 가튼 것도 이로 뻑 뜰 父音에 使用하고 그 發音은 한 中聲이 配合된 音과 가튼 音을 發함 例

로 ᄦ 쓰는 「ᄣ」, Th 는 「뜨」와 가튼 音을 發함 이와 가튼 父音은 摩擦音에 屬한 音

으로서 調音機關의 調節作用이 不完全함에 因하야 그 父音의 前部作用을 使用하야 餘音을

바림만을 하기는 不當한 故로 그 音은 結局 前記와 갓히 中聲을 씌인 發音으로 表現되는 것이

라 그러나 此等의 音은 調音機關의 調節作用에 依하야 形成된 音이니 全然히 調音機關의 作

用이 업는 喉音의 一種인 H 와는 그 本質이 다른 것이라 故로 뜰 父音을 使用하는 慣習이

英語와 가튼 語音에도 H 는 이로써 뜰 父音으로 하야 그 發音이 되디 못하는 바임

이제 다시 假說論으로 右述한 英語엣 慣習을 더 한 거름 擴張하야서 「ᅙ」를 뜰 父音으로 하

야서도 고 發音을 求하야보자 할디면 그 結果는 左의 두 가지의 現象으로 終了될 것을 像想할

수가 이스리로다

其一　「ᅙ」는 「ㅎ」의 音으로 나타나는 無聲音(聲帶의 振動이 업는 音)이 될 일

例一　「ᅙ앙」는 「앟」,「ᅙ웅」는 「웋」로

其二　「ᅙ」는 그 우에 잇는 母音과 가튼 音韻의 하行音으로 나타나는 無聲音이 될 일

【註】例一은　一般的　音理에　依한　것이고　例二는　母音　調和로브터　生하는　音理에　依한　것임

右記　假說論엣　「ㆆ」의　發音은　右에　論述함과　갈히　「ㆆ」에　한　中聲이　配合된　音으로　表現될　것

이오　全혀　中聲을　除去하고　「ㅇ」만의　音을　發함은　音理上　不能한　일이라　그　關係는　아行音에서

그　中聲을　除去하고　「ㆆ」만의　音이　發音될　수　업슴과　同一한　狀態이라　盖　하行音은　그　音을

發하는　때에　調音機關의　作用이　업고　聲音管이　平坦한　狀態로　이슴이　아行音을　發할　때와　조

곰도　다름이　업스며　오직　二者의　서루　다른　點은　하行音을　發하는　때에는　그　聲音을　放出하

는　즈음에　摩擦　作用을　니르킴에　이슬　쑨이니　하行音에서　中聲을　除去하고　그　音質　「ㆆ」만의

作用을　要求함은　곧　수음을　부러나히디　말고　수음의　摩擦　作用을　나히라　함이　되야서　到底

히　可能의　일이　안임으로　써이라

一般的　音理에　비추여보드라도　以上　論述한　바와　가튼　結果이라　허물며　바림에　餘音을　못나

히는　法則을　가진　朝鮮語에서　「ㆆ」가　바림의　作用을　할　수가　업슴은　勿論이라　前記　假說論의

結果와　갈히　「왛」가,　「아흫」　又는　「아흫」의　音으로　發한다　하드라도　이는　朝鮮語에서　보면　中

聲이　配合된　音이오　한　바림으로　觀察하는　音이　안이라

二　訓民正音은　「ㆆ」의　終聲을　否認하야告　訓民正音의　趣旨를　考察하야보건대　「ㆆ」가　終聲되

다　못하는　音理가　敎示되야이슴

(1) 記寫 實例　　訓民正音과 龍飛御天歌를 考閱하면 「ㆆ」를 終聲으로 使用한 記寫例는 하나도 업슴 그러하고 近來에 「ㆆ」를 바팀으로 씀을 主張하는 學說에 依하면 「ㆆ」가 바팀으로 되야이슬 자리엿 記寫例는 「ㆆ」를 쓰디 아니 하고 그 다음의 音에 그 激音의 發聲音을 記寫하야씀　左에 그 記寫例를 보힘

訓民正音、龍飛御天歌記寫實例	ㆆ바팀을 主張하는 記寫方法	그 말 의 뜻	出 處
便安킈	便安ㅎ긔	便安하긔(ㅎ게=게)	訓 六
다ᄂ니라	닿 ᄂᆞ니라	다ᄒᆞ(抵)ᄂᆞ니라	訓 二九
됴코	둏고	됴ᄒᆞ고	龍 二
避 커시늘	避ᇹ 거시늘	避하거시늘	龍 三三
……라 커늘	……ᇙ 거늘	……라 하거늘	龍 七七
賢 커신마ᄅᆞᆫ	賢ㅎ 거신마ᄅᆞᆫ	賢하시것마ᄂᆞᆫ	龍 八四
올타	옳 다	올흐다	龍 一〇六
외다 ᄐᆞ시니	외닿 더시니	외(그름)다 하더시니	龍 一〇七
爲 커시니	爲ㅎ 거시니	爲하시거니	龍 一一二
離間 커든	離間ㅎ 거든	離間하거든 ,	龍 一一九

「訓六」은 訓民正音 第六頁、「龍二」는 龍飛御天歌 第二章의 略記이라

【註】右記 訓、龍의 記寫例는 「ㅎ、ㆆ」의 音이 略되고 激音調가 發生된 音을 表音으로 記寫

하야 그 다음의 初聲을 激音 音字로 記寫한 것임

右記 例示中 「다ㄴㄴ너라」의 記寫는 ㄴ行 初聲에는 激音 音字가 업스며、雙書는 若干 激

音의 音質을 가진 것임으로 그 例에 조차서 「ㄴ」로써 記寫한 것이니 「ㅎ」의 略音에

因하야 生하는 激音調는 그 다음에 잇는 音에 影響을 주는 것이오 그 우에 잇는 音

에 影響을 주는 바림으로 됨이 안임을(例 「됴ㅎ고」의 略音 「됴ㆆ고=됴코」) 一貫하

야 表記한 것임

(2) 終聲 「ㅇ」와의 關係　　訓民正音에는 「ㅇ」를 終聲으로 記寫한 例가 이슴 그 例는 漢字의

音을 記寫함에 잇고 固有朝鮮語의 音을 記寫함에는 그와 가튼 用例가 업슴

英文의 母音式으로써 觀察하면 勿論이오 朝鮮語에도 普通으로 말하는 바림의 觀念으로써

이것을 觀察하면 「ㅇ」를 바림으로 씀은 아모 效果가 업는 無意味의 것이라 그러나 訓民正

音의 初聲、中聲、終聲의 式에 依하야 考察할더면 이것을 單純히 無意味의 記寫이라고 斷定함

은 不可함이라

訓民正音이 「ㅇ」를 終聲으로 記寫한 本意는 한 音(바림업는 音)을 發하야 終了하며 發音을

거두는 때에 聲音管의 그 狀態는 「ㅇ」를 初聲으로 하야 發音하는 아行音이 發하는 때와 갓히

調音機關의 調節作用이 업고 聲音管을 平然하게 開放하는 狀態임을 表示한 것일더라 만일

그 音이 아조 거둬디기 前에 調音機關의 動作이 이서서 聲音管의 狀態가 變更되면 그 音에

障碍를 줘서 바팀이 생기갯는 故로 써이라

右述과 같히 訓民正音에 「ㅇ」를 終聲으로 使用하디 못할 性質의 것임 그 理由는 하行音은 調節作用이 업는 狀態가 아行音과 同一하

고 오직 그 發音의 즈음엣 摩擦作用이 이슴이 다를 쑨인즉 「ㆆ」는 그 靜的(初聲 未發音)狀

態만을 取하면 「ㅇ」와 同一하게 될 쑨이고 그 特徵인 摩擦作用을 表示함이 되디 못하며 쏘

그 摩擦作用은 하行中의 어느 音(中聲이 配合된 音)을 發하는 때에야 비로서 생기는 것인 故

로 그 動的(初聲 發音)狀態는 이를 終聲으로 使用함이 不能한 緣故이라

以上 論述함과 같히 訓民正音은 「ㅇ」를 終聲으로 使用하기를 認하얏는데 「ㆆ」를 바팀으로 씀을 主張하는 學者들은 「ㅇ」의 終聲을 無意味이라고 하면서도 否

로혀 「ㆆ」는 이것이 바팀으로 發音이 됨을 主張한다 그러하면서 訓民正音의 敎示에 依하야서

「ㆆ」도 바팀으로 씀이 可하다고 論述한다 이는 實로 甚한 誤謬에 싸뎌이슴이라

三 「ㆆ」바팀을 主張하는 說에는 그 形式的 言論에도 스스로 矛盾되는 바가 이슴

(1) 訓民正音을 依據로 하는 主論 「ㆆ」바팀을 主張하는 論者는 訓民正音中에 「終聲은 復用

初聲ㅎㄴㆆㄴㅣㄹㅏ」의 文句를 쓰러서 그 解釋을 初聲은 말금 다시 終聲에 쓴다 하는 敎示이라고

생각하고 「ㆆ」도 初聲에 잇는 것인즉 이를 終聲으로 使用할 것이니 「ㆆ」도 바팀되는 것

이라고 言論함

「ᅙ」終聲 否定에 關한 訓民正音의 音理와 및 그 記寫實例 等은 이믜 論述한 바이어니와 形

式的 論理로도 右의 主論은 두 가지의 誤謬가 이슴

(A) 「終聲은復用初聲ᄒᄂᆞᆫ니라」의 文句는 文理 解釋으로 論者의 主論과 가튼 事項이 證明되

야잇다 아니 함

「終聲은 다시 初聲을 쓴다」하는 文句를 文理 解釋法에 依하야 볼던댄 終聲으로 使用하겟

는 音이 잇는 境遇를 前提로 하고 그 終聲의 音字를 쓸 때에는 다시 그 初聲의 音字를 씀

이라는 意義로 解釋할 것이오 初聲에 잇는 音은 말금 반드시 終聲에 使用함이라는 意義로

는 決定되야이슴이 안이라 다시 말하면 그 文句의 意義中에는 終聲을 씀에 初聲 以外의

것으로써 하다 아니 함이라는 意義는 決定的으로 나타나이스되 初聲은 終聲에 아니 쓰히

는 것이 업슴이라는 意義는 證明되지 못하는 것임 또 訓民正音은 元來 簡單한 編述인데

發音에 關한 規定은 처음에 各 音質의 初聲으로 發音되는 例를 「如某字初發聲」의 式으로

記述하고 그 다음에 中聲의 發音의 例를 「如某字中聲」의 式으로 記述하고 그 다음에 終

聲에 關하야서는 各別한 敎示가 업고 다만 「終聲은復用初聲ᄒᄂᆞᆫ니라」의 一句로써 包括的

으로 規定하야쓸 뿐이라 이와 가튼 簡單한 文句를 解釋함에는 아모쪼록 그 大意를 審究

함이 可하고 制限的 意義로써 이를 解釋함은 穩當한 方法이 안이라

故로「終聲復用初聲」의 記述에 「初聲」의 文句가 初聲 全部이라는 意味이며 안이며 는 그
文句에 表示되다도 아니 한 것이며 반드시 全部이라는 意味로 制限的 解釋을 함도 不可함
이라

(B) 「ㆆ」도 初聲의 하나이너냐 바팀될 性質이 잇는 것이라고 하는 主論은 「ㅇ」의 바팀을 否
定하는 論旨와 抵觸됨 訓民正音에 「ㅇ」가 한 初聲으로 規定되야이슴은 「ㆆ」와 다맘이 업
스니 初聲은 말금 바팀될 性質이 잇는 것이라 하는 論法을 取하면 「ㅇ」도 그 中에 包含될
것임은 勿論이라 그러한데 右의 論者는 「ㅇ」는 空(無味)이라고 하야 아모 作用도 意味
도 업는 것이라고 處理하면서 訓民正音의 文句를 쓰려서 初聲은 다 바팀될 性質이 이슴이
라는 意義로 主張함은 自家撞着의 論法이라

(2) 英語의 父音 母音에 關한 主論 「ㆆ」바팀 主論者는 「ㆆ」가 英語의 父音의 하나이라는 理
由로써 그것이 바팀될 性質이 이슴이라고 主張함 이는 純然한 形式的 議論이어니와 그와
가튼 形式的 論法에 依하야보드라도 그 主論은 貫徹되다 못하는 것이라 英語에도 H가
母音에 부터서 바팀과 갈히 되는 音이 업스며 또 W、Y 를 音頭에서는 父音으로 處理하더마
는 그것이 말 父音으로는 處理되다 아니 하는 狀態에 對照하야보면 그 主論은 根據가 업
는 그것이
것이라

第五節　間音의 淘汰

「間音」이라 함은 喉音 以外의 音으로서 그 調節性이 甚히 弱하고（調音機關의 調節作用이 不完全함）　居牛 朗音性을 띈 發聲音을 니씀이라

朝鮮語엣 間音은 「ㅸ、ㅿ」과 「ㄹ」系統中 間音ㄹ 의 發聲音임 그 세 가지 語音中에 「ㅸ」과 「ㅿ」는 그 語音과 音字가 아오쌔 淘汰되야버려서 現今에는 그 形跡이 나마잇디 아니 함 「ㄹ」은 그 音字는 그대로 이스나（平音ㄹ 의 語音을 記寫하는 音字로）　그 音字에 包含되야잇든 間音ㄹ 의 語音은 淘汰된 것임（ㄹ 에 關한 詳論은 後에 讓함）

무슨 音이 淘汰되는 境遇에는 　그 音에 歸屬되는 것임 右記 間音의 淘汰에 因하야 그 音에 屬하얏든 言語는 다른 音에 歸屬되든 言語는 　그 渙散된 語音은 一定한 法則에 依하야 左와 같히 歸屬되야씀

(1)　淘汰된 發聲音과 同一 系統에 잇는 調節性이 完全한 發聲音과

(2)　調節性이 아조 업는 純然한 朗音인 아行音과 의

두 가지의 音에 난호혀 歸屬되야씀　具體的으로 說明하면

「ㅸ」는 「ㅂ」과 「ㅇ＝아行音」으로

「ㅿ」는 「ㅅ、ㅈ」와 「ㅇ＝아行音」으로

「ㄹ（間音ㄹ）」는 「ㄹ（平音ㄹ）」과 「ㅇ＝아行音」으로 歸屬되야씀

第三章　第五節　間音의 淘汰

七一

實例를 드러서 音의 陶汰와 歸屬의 狀態를 보힘

原 語	出處	承接語 (阿行音되音)	承接語 (ㅂ、ㅅ、ㅈ、ㄹ頭音)
易 쉬ᄫᅳ ㄹ	訓 五	쉬우며	쉬ㅂ고
厚 두터ᄫᅳ ㄴ	訓 二九	두터우며	두터ㅂ고
暗 어드ᇦ ㄴ	龍 三〇	어드우니	어드ㅂ다
京 셔ᄫᅳᆯ	龍 四九	셔울	
初 처섬 려	訓 六	처섬	
酌 부ᅀᅮ 은	龍 一〇九	부으며	부ᅀᅳ고
弟 아ᅀᅡ	龍 二四	아ᅀᅩ	아ᅀᅡ 아바
取 아ᅀᅮ 샤	龍 四二		아ᅀᅳ며
宅 사ᄅᆞ 샤	龍 三	사ᅀᅩ니	사ᄅᆞ고
開 여르 시니	龍 三	여르니	여르고

第六節 ᄋᆞ段音과 그 略音

朝鮮語에 各 音質로 組織된 各行의 ᄋᆞ段音은(元 ㅇ段 包含) 그 略音ᄋᆞ로 發音되는 規例가 이슴

으段音에 略音이 생기는 音理上의 說明은 다른 題目의 아래엣 論述과 重複되는 事項이 만흠으로써 여기에 그 理由를 張皇하게 說明하디 아니 하고 簡單하게 略音의 發音되는 狀態를 論述하랴 함(本章第一節、第二節 叅照)

各 音質의 初聲으로 組織된 音을 喉音 以外의 音과 喉音과의 두 種類로 區分하야가지고 그 略音의 發音되는 狀態를 論함

一 喉音 以外의 音의 略音　喉音 以外의 音의 으段音이 促急히 發音되는 째에는 그 音의 韻을 表示하는 中聲 「ㅡ」가 省略되고 그 發聲音만이 나마서 그 우에 잇는 音에 바림되는 發音이 됨　그것을 具體的으로 表示하면 左와 가틈

原音　ㄱ、ㅅ、ㅋ、ㄴ、ㄷ、ㄸ、ㅌ、ㄹ、ㅁ、ㅂ、ㅽ、ㅍ、ㅅ、ㅆ、ㅈ、ㅉ、ㅊ

略音　ㄱ、ㅅ、ㅋ、ㄴ、ㄷ、ㄸ、ㅌ、ㄹ、ㅁ、ㅂ、ㅽ、ㅍ、ㅅ、ㅆ、ㅈ、ㅉ、ㅊ

言語의 發音되는 實例를 드러서 보힘

原音　마그며　信 미드며　植 시므며　차즈며　기프오

略音　防 마ㄱ고　미ㄷ며　시ㅁ고　索 차ㅈ고　深 기ㅍ다

訓民正音 龍飛御天歌에 記寫된 例를 보힘

原音　如 마ㄷ(ㅌ)니라…… 訓七　　低 낫가ᄫᆞᆫ(온)…… 訓二七　　深 기픈…… 龍二

略音　…… 龍五〇　　놋갑고…… 낫갑고…… 龍二六　　깊고…… 龍三四

	高	堅	隨
原音	노픈(픈)………訓二六	구든………龍一九	조ᄎ(ᄎ)샤………龍一二二
略音	높고………龍三四	군ㅈ봉너………龍六六	좃졉거늘………龍 三六

右와 같히 한 發聲音으로 組成된 ᄋ段音과 그 發聲音과의 發音에 共通性이 이서서 發音의 緩急의 狀態에 依하야 그 두 가지의 結果가 生함은 一般的 音理에 因한 當然한 結果이라 朝鮮語音에「마그」의「그」가 促急한 發音으로는「ㄱ」바팀의 發音이 되는 狀態는 日本語에「學ガク」의「ク」가 促急한 發音으로 날 때에는 그 우段 音韻이 省略되고「ㄱ」바팀과 같히 되야서「學校＝ガクコウ」의 發音이 되는 狀態와 같은 것이며 ㅅ英語에 Back 의 發音을 徐緩하게 나할때에는 k의 餘音이 나서「빼크」와 같은 發音이 되며 促急하게 나할때에는「뺙」과 같은 發音이 되는 狀態와 같은 것이라 이와 같은 現狀이 나타남은 그 性質이 共通되는 것이오 緩急의 다뭄이 이습인 緣故에 因함이라(이 音理에 關한 說明은 本章第二節의 論述을 引用함)

朝鮮語音中에 右의 論述한 바와 같히 略音이 發音되는 境遇에는 거긔에 硬音調가 發生함 ᄋ音이 略되고 硬音調가 生하는 規例에 依함이라(下記「喉音의 略音」에 當한 說明 恭照)

例　原音……시므(植)고、아느(抱)며

　　略音……심(ㅅ)고、안(ㅅ)고═심쇠、안쇠 로 發音됨

【註】右와 가튼 境遇에 普通 記寫에는 默解의 慣例에 依하야 그 硬音調를 省略하고 그것을

二 喉音의 略音 喉音의 으段音(으、흐)이 略音으로 發音되는 때에는 「으」音이 略되고 그 代

身에 硬音調가 生하며 「흐」音이 略되고 그 代身에 激音調가 生함 左에 例를 보힘

(1) 「으」가 略되고 硬音調로 發音되는 例

A {原音 樹枝　나무 으 가지 ＝　나무 의 가지
　{略音 (1)나무 ㅅ 가지 ＝(2)나무 ㅅ 가지 ＝(3)나무 와지

B {原音 春風　봄 으 바람 ＝　봄 의 바람
　{略音 (1)봄 ㅅ 바람＝(2)봄 ㅅ 바람＝(3)봄 와람

C {原音 見主　헐님 으 끠 ＝　헐님 의 끠
　{略音 (1)헐님 ㅅ 끠 ＝(2)헐님 ㅅ 끠 ＝(3)헐님 께

D {原音 作　지 으 고 ＝　지 으 고
　{略音 (1)지 ㅅ 고 ＝(2)지 ㅅ 고 ＝(3)지

E {原音 抛　안 으 고 ＝　안 으 고
　{略音 (1)안 ㅅ 고 ＝(2)안ㄴ(ㅅ)고 ＝(3)안 쇼

F {原音 柚
　{略音 (1)신 ㅅ 고 ＝(2)신 ㅁ(ㅅ)고 ＝(3)신 쇼

쇼(다른 說明도 이슴)

【註】右 略音 (1)은 「으」音이 略된 代身에 硬音調가 發生함을 表示한 것이고 (2)는 그 硬音

調를 「ㅅ」으로 記寫하는 普通 記寫를 表示한 것이오 (3)은 그 發音을 表示한 것임 但

E、F (2)에 「ㅅ」은 普通 그 硬音調의 記寫를 省略하는 慣例를 表示한 것임

(A)、(B) 中 「으」는 所持格을 表示하는 語音이니 「의」와 共通되는 것임 古書에는 그 音

을 「응」로 記寫한 例가 이슴(漢字의 아래에) 現今에도 各 地方(慶尙道 咸鏡道 等

地)에서 「으」音을 使用하는 곤이 만흠

(C) 中 「으게」의 語音은 現今 「에게」로 써 記寫하는 語의 原音임 距今 三十年 以前外

지는 다 「의게」로 記寫하야씀 「으」와 「의」의 關係는 前項의 註記를 參照하라 「으게」

의 元來의 意義는 「之處」이라

(D) 의 「지으고」의 略音은 「지ㅅ(이 「ㅅ」은 硬音 符號가 안이고 사行音의 初聲인 發聲

音字임)고」로 解釋할 길이 이스며 그러하게 解釋함이 原語와 音理를 綜合하야 考察함

에 穩當한 處理일다라 그러나 多數人의 習慣은 「으」의 略音이 硬音調로 되는 規例에

依한 發音이라

(E) 의 「안으」와 「아느」는 連發音에 이서서 發音이 同一함이라 故로 文典上이며 綴字

法上의 記寫 規例는 格別이고 發音上으로는 二者가 差異가 업는 것임 故로 「아느」

의 略音이 「안으」로 됨도 「으」音이 省略된 音에 該當하는 것임 (F)에 「십으」도 또한

(2) 「ㅎ」가 略되고 激音調로 發音되는 例

現行語音		略音 되는 말	音의 內容	古語記號參照
A 原音	可	올흘뗘	올흘다	올흫시니 龍 三九
A 略音		올타	올타	올흗다 龍—○北
B 原音	狀	노흘뗘	노흘고	
B 略音		노타	노흘고	노흥사 龍 四一
C 原音	好	됴흘뗘	됴흘고	
C 略音		됴코	됴ㄱ고	됴코 龍 二
D 原音	便安하(ㅎ)게	便安케	便安ㄱ케	便安킈 訓 二
D 略音		便安케	便安ㅎ케	便安킈
E 原音	離間하(ㅎ)게든	離間케든	離間ㄱ케든	離間케든 龍——九
E 略音		離間케든	離間ㅎ케든	離間케든

【註】「하고、하다」의「하」는 元來「ㅎ」임「ㅎ」는「ㅎ」와 共通되야 略音되는 規例가 同一함

激音의 性質、作用 및 그 表現되는 狀態等에 關한 것은 激音의 題目에 當한 論述에 讓함

以上 論述한 바와 갓히 「으」의 音이 略되고 硬音調가 生하며 「ㅎ」의 音이 略되고 激音調가 生

함은 朝鮮語 發音의 慣習에 依하야 成立된 規例이오　一般的 音理에 依하야 當然히 그와 갓히
發音되는 것은 안이라　그러나 또한 이것이 全然히 發音 作用과 無關係한 純然한 人爲的 規約에
依한 것은 안이오 音理上으로 그와 갓히 發音될 수 잇는 狀態에 因하야 그와 가튼 慣習이 成立
된 것이라　그 發音의 作用을 左의 方法에 依하야 反覆 吟味하야보면 그 關係가 認識될 것이라

(1) 「으」가 硬音調되는 狀態　　前例中 各 言語에 잇는 「으」의 音을 發音하랴 하다가 이를 發하디
아니 하고 喉頭에서 이를 머그머주기면서 急促히 그 다음의 音을 發音하면 「으」의 音이 이슬
位置에 한 音勢의 마듸(節)가 생겨서 그 다음의 音이 硬音으로 表現됨

(2) 「흐」가 激音調되는 狀態　　「흐」의 音을 가지고 前項과 同一한 作用을 하면 前項과 同一한
現狀이 되며 그 다음의 音이 激音으로 表現됨
喉音의 音質은 바림될 性質이 업슴으로 喉音 以外의 音의 略音됨과 쪽 가튼 狀態로 活用될 수는
업고 다른 音들의 略音되는 規例에 協隨하랴는 趣向은 이슴에 因하야 그 略音을 나히는 結果가
硬音調와 激音調의 發音으로 된 것이라
原音이 略音으로 發音됨은 習慣에 因하야 成立된 規例이라　그러한데 元來 言語의 狀態가 甚히
複雜한 것인 만치 그 習慣이 區區不一하야 略音을 使用하며 아니 하는 狀態는 또한 매우 多端하
며 또 略音을 使用하든다 아니 하든다　言語의 活用에는 何等 障碍가 업는 것인 故로　略音의
習慣은 一律的으로 施行되야잇다 아니 함

(1) 名詞 所持格 助詞에 사람과 動物 以外의 名詞에는　普通으로 略音을 使用하며　사람이나 動物에는　普通으로 略音을 使用하다 아니 함

例一　나무ㅅ 가지, 봄ㅅ 바람

例二　獅子의 갈기、 사람의 집……「큰 獅子ㅅ 갈기、 그 사람ㅅ 집」은 드물게 使用됨

用言 語尾에는 略音이 確立된 것도 이스며(例三) 地方 或 사람에 따라서 略音을 通用하는 것도 이스며(例四) 略音을 아니 쓰는 것도 이스며(例五) 現時에 바야흐로 略音을 쓰는 習慣이 成立되야가는 中에 잇는 것도 이슴(例七)

(2)

例三　原音 머그(食)자　略音 머ㄱ자……原音「머그자」는 서루쯤

　　　原音 시므(植)고　略音 시ㅁ고=심ㅅ

例四　原音 可ᄒ다　略音 可ㄱ다=가라

例五　原音 아프(痛)다　略音 아프다……는 아니 씀

例六　原音 기프(深)다　略音 기프다=깊다

例七　原音 싸ㄹ(短)고　略音 싸ㄹ고=쌀ㅅ

【註】用言 語尾 「르」의 音은 大槪 略音을 아니 씀 그런데 略音의 習慣이 漸漸 流行됨에 따

라서 그 種類의 말에도 「싸르(短)다」를 「쌀ㅅ다」로, 「다르(異)고」를 「달ㅅ고」로 發音

하는 語音을 갓금 드를 수가 잇다 ── 서투썬보히더라는 ── 이 狀態로 進行되면 將來에

는 「싸르다」, 「다르고」의 發音이 도로혀 서투르게 들릴 形勢이고 또 「쌔르(速)다, 사

르(燒)고」의 發音도 생길 形勢이로다

第七節 己系統의 發聲音

第一款 己系統音의 種類

「ㄹ」의 系統에 屬한 音質을 記寫하는 音字는 訓民正音 以來로 「ㄹ」하나이라 그러나 우리의 言

語를 考察하야 볼딘댄 現時에 普通으로 認識되는 發音上에 나타나는 音質이 두 가지이고 다시

文典上 및 音理上으로 考察하야서 그 系統에 屬한 音質이 세 가지가 이슴을 認定하게 됨

普通으로 認識되는 두 種類의 音은 하나는 우리가 普通으로 「ㄹ」의 音質로 認識하고 使用하는

것이니 이를 「平音 ㄹ」이라고 니름 쏘 하나는 平音ㄹ 보담 調節性이 强한 것이니(調音機關의

調節作用이 完全하며 强함을 니름) 이를 「硬音 ㄹ」이라고 니름 그 音質은 「ㄹ」로 表示함(第

一編第五章第三節 參照)

그러한데 다시 文典上 分類와 音理上 關係를 綜合하야 考察하야보면 平音ㄹ 로 認識되는 語音中

에는 普通으로 使用되는 平音ㄹ 의 音質 以外에 平音ㄹ 보담 調節性이 弱한 音質이 平音ㄹ 에

歸屬되야잇는 것이 이슴이라 이를 平音ㄹ 과 區別하기 爲하야 「間音ㄹ」이라고 니를

【註】訓民正音의 觀察에는 「ㄹ」의 音은 主로 이 間音ㄹ 을 對象으로 한 것이라 이 間音ㄹ 은

眞正한 半舌音이니 即 眞正한 間音이라 그러나 우리의 語音中에는 訓民正音 時代에도 이

間音ㄹ 以外에 平音ㄹ 의 發音이 이서씀을 推斷하개쓰며 現時에는 도로혀 間音ㄹ 의 發音

은 거의 淘汰되야버리고 普通으로 使用되는 「ㄹ」의 音은 다 平音ㄹ 의 發音이라

一 平音ㄹ 平音ㄹ 은 그 發音의 表現으로는 普通 우리가 認識하는 바의 「ㄹ」의 發音이며 또

그 發音에 關한 온갓 狀態는 다른 喉音 以外의 音에 關한 法則과 다름이 업슴 오직 한 가지

의 特別한 慣例가 생겨잇는 것은 이 音質로 構成된 用言 語尾 으段音 即 「드」의 音이 略音으

로 發하는 境遇에 中聲「ㅡ」가 略되고 (發聲音 ㄹ 만 나믈) 硬音調가 생기는 一般的 法則에 依

한 發音으로브터 한번 더 구셔서 그 代身에 「ㄷ」의 發音이 되는 言語가 만히 이슴이라

例

對照

原　語	略　音	再轉略音
問 무르며	무른ㅅ고	무ㄷ고
潤 부르며	부른ㅅ고	부ㄷ고
步 거르니	거른ㅅ다	거ㄷ다
悲 스르니	스른ㅅ다	

【註】平音ㄹ 의 音의 中心은 英語의 R 의 音의 中心보담 조곰 强한 位置에 이스며 그 音의

二　硬音ㄹ(ㄹㄹ)　　이 音의 性質에 關하야서는　第一編第五章第三節에 論述한 바를 援用함

우랄알타 語族에 屬한 朝鮮語音(漢文系 朝鮮語는 除外함)에는 頭音에 ㄹ 系統音이 發音되는 言語는 存在하디 아니 함이라　그러하야서 言語의 頭音의 發音中에는 ㄹ 系統音의 音質에 當한 言審究를 할 材料가 업슴이오　連發音의 境遇에서 音理的으로 審究하면 「ㄹ」의 音이 確實히 存在함을 認識하게 되는 것이라　例로 「짜른(短)며、짜짜서」의 「ㄹ、짜」와 가름이라　그러한데 이와 갓히 連發音의 境遇에서서만 볼 수 잇는 音인 故로 그 發音을 「짤ㅡ며、짤라서」로 變通하야서 쓸 수도 잇는더라　그러하야서 從來에는 그와 가튼 記寫法을 써온 바이라　그러나 그 音의 眞相은 「짤ㅡ」와 갓히 發聲音(ㄹ) 둘이 거듭된 것이 안이고 硬音ㄹ(ㄹㄹ) 하나의 發音이라

【注意】「짜ㄹ며」의 發聲音을 「짜ㅡ며」로도 함은 「ㄹ」의 音質이 조금 弱하게 平音ㄹ 로 發音되는 것이고　「짤ㄹ며」에서 發聲音 「ㄹ」 하나가 除去되는 것이 안임

「짤고」의 「짤」은 「짜른」 의 「ㄹ」의 中聲 「ㅡ」가 省略된 發音이오 「짤ㅡ」의 「ㄹ」가 省略된 것이 안임

또 「蟲 버러지、버서지」、「柄 자루、자ㄹ」의 發音이 共通됨은 그 發音의 數에 增減이 이슴이 안이고 그 發音의 音調의 强弱이 다른 發音일 뿐이라

三　間音ㄹ

間音ㄹ 은 前述한 平音ㄹ 보담 調節性이 弱한 音質이라 英語의 R 音과 恰似한

音이라 이 音質은 調節性이 매우 弱하고 豊富한 朗音性(喉音性)이 이슴으로 써 그 音質을 終

聲으로 使用할디면 餘音업는 發音은 되디 못할 性質의 것이오 그 發音은 恰然히 微弱한 「르」

의 音을 速發하는 것과 가튼 結果가 생기는 것이라

이 音質의 發音이 古代에 存在하얏든 것임은 文典上과 音理上 여러 가지의 考察에 依하야 아

을 수 잇는 것이라 現今에는 이 音은 前述함과 가튼 間音인 緣故로 「녕、△」의 音과 갇히 그

發音이 淘汰되고 그 語音은 渙散되야서 그 發聲音과 同一한 系統에 屬한 調節性이 强한 音

(平音ㄹ)과 及 純然한 朗音인 아行音과에 分屬되야버려告이라 이 狀態는 「녕、△」가 淘汰되고

녕는 ㅂ과 아行音으로、△는 ㅅ、ㅈ와 아行音으로 歸屬된 狀態와 同一함

間音ㄹ로 組成된 으段音「르」(間音ㄹ이 終聲된 때의 發音 併)가 아行音으로 歸屬된 音은「으」

音으로 되는 것임 그러한데 그 音이 中聲 調和性에 因하야 그 우ㅅ 音의 中聲과 同一한 音韻

외 音이 되야서 그 發音은 그 우의 中聲의 長音으로 表現됨 어떠한 語音에는 다시 그 長音

이 省略되야버리고 그 音의 形跡이 아조 업서디던 發音으로 表現되는 것도 이슴

間音ㄹ 은 右述함과 갇히 그것이 終聲되는 때에는 餘音이 豊富하게 되는 音인 故로 그것의

으段音「르」의 發音과 區別되디 아니 하는 同一한 音이 됨이라 그러하야서 間音ㄹ의「르」와

「ㄹ」과는 恒常 混同의 狀態로 使用되야서 文典整理上에도 다른 發聲音 으段에 잇는 略音의

規例가 그대로 應用되디 못하고 싸로 規例를 다른히 하는 자못 複雜한 狀態가 이뤄이슴이라」

라

間音ㄹ 의 發音은 前述함과 같히 變動이 되얏것마는 字形으로는 平音ㄹ 과 間音ㄹ 을 記寫하는 形象이 싸로 制定되다 아니 하야씀으로 外形上 觀察로는 아모 變動이 업는 것 같히 보힘이

【附記】以下 間音ㄹ 의 本質을 說明함에 便宜를 取하야 假定으로 그 音質의 記寫를 「ㄹ」의 字形으로써 表示함

間音ㄹ＝ㄹ(ㄹㄹ) 併의 語音의 歸屬된 狀態를 例를 드러서 보힘

原　語	아　行　音　된　音			ㄹ　된　音
	으音으로됨	長音으로됨	省略됨	
松솔	소으나무	소ㅡ나무	소나무	솔낢
遊노ㄹㄹㄴ(놀)`노라	노으니	노ㅡ니	노니	놀고,노라서
吹부ㄹㄹㄴ(불)`부려	부으니	부ㅡ니	부니	불고,부러서
生사ㄹㄹㄴ(살)`사라	사으오	사ㅡ니	사니	살며,사라요
磨가ㄹㄹㄴ(갈)`가라	가으니	가ㅡ니	가니	갈고,가라서
【潤부르,부러】	부르니		가니	붇고,부러서)平音ㄹ의 對照

第二款　ㄹ系統세種類音의 用言語尾의 發音狀態의 對照

ㄹ 系統에 屬한 세 가지 音質의 區別되는 狀態를 明白히 하기 爲하야 各各 그 音質의 ㅇ段音이

語尾로 된 用言의 語尾 活用의 例를 드러서 對照함

【附記】用言 語尾 活用에 關한 事項은 文法에 屬한 것임으로 여기에는 그 說明은 省略하고 그

語音의 使用되는 例만을 보임

【註】左記 例示中 上部에 記載한 用言의 語尾에 各語의 第一行에 쓰힌 것은 原段 原音、第二

行에 쓰힌 것은 原段 略音(略音을 쓰다 아니 하는 境遇에는 空欄)、第三行에 쓰힌 것은 變

動段의 音이고 下部에 記載한 것은 各히 그 段에 承接되는 言語이라

間音ㄹ 「쁜」와 「쁜」의 發音은 서루 區別되다 아니 하는 發音임에 因하야 그 語音 原段의

原音과 略音에 承接되는 助詞가 다른 音의 語尾엣 規例와 같히 整然하게 區別되다 못하는

狀態이라 그러나 다른 音의 ㅇ段 語尾에 略音이 使用되는 境遇엣 承接語의 區別을 거기에

對照하야보기 爲하야 그 承接語를 標準으로 하야 形式的으로 原音과 略音을 區別하고 그

承接語를 니어서 記寫함

一 주音 ㄹ

(1) 潤 부르

며、오、시니

ㄹㅅ(ㄷ)고、다、더

러 서、도、야

(2) 步 거르

며、오、시며

ㄹㅅ(ㄷ)고、다、세

러 서、도、야

二　硬音ㄹ……ㅆ

(1) 呼　부ㅆ

며、오、시니

고、다、세

서、도、야

(2) 短　싸ㄹ

며、오、시니

ㄴ(ㄹ)ㅅ　고、다、디

싸　서、도、야

三　間音ㄹ……ㄹ

(1) 吹　부ㄹ

부ㄹ＝으(ㅣ)

　르
　ㄹ
　ㄹ
　으(ㅣ)
　려＝려

오、시니

며、마

고、다、세

다、세

서、도、야

(2) 遊ㄴ로

로＝으(ㅣ)

　르
　ㄹ
　ㄹ
　으(ㅣ)
　라＝라

오、시며

며、마

고、다、디

다、디

서、도、야

【註】「부ㄹ」에는 語尾에 略音을 쓰는 習慣이 업는 故로 「고、다」等의 承接語(略音을 使用하는 말에는 略音에 承接하는 助詞)가 原音에 承接함이라 「싸ㄹ」의 略音은 아직 慣熟하게 使用되디 아니 하고 그 原音 「싸ㄹ고 싸ㄹ다」로 發音함이 普通이라

間音ㄹ 의 音은 우에 論述함과 같히 平音ㄹ 과 아行音과에 歸屬된 바이다마는 아직도

그 發音의 習慣이 確固하게 되다 아니 하야서 前記 例示中에도 同一한 言語가 두 가

지로 發音되는 例가 만흠이라 例로 「吹 부르오、부으오」、「遊 놀세、노으세 (노ㅣ세)」

等과 가틈

「呼 부르(ㄹㅗ)」의 調節性을 弱하게 發音한 音)며와 「潤 부르며」와의 發音이 갓고 「潤 부러서」와

「吹 부러서」와의 發音이 갓고 「步 거르오」와 「掛 거르오」와의 發音이 가튼 緣故로 그 語音의

規例가 자못 眩亂함과 갓다마는 以上에 論述한 바에 依하야 分類하야보면 用言 全部의 語音이

말슴다 그 세 種類中 하나에 收容될디니 ㄹ 系統의 音質이 ㄲ와 갓히 三種類에 區分되야이슴이

明白함이라

【附記】硬音ㄹ—ㄲ는 語音의 眞相에 依하야 그러한 發聲音의 使用을 要하는 것임 그러나 그

것이 從來에 使用되다 아니 하든 字形임으로 一般的으로 곧 이것을 通用하기는 자못 不

便한 바이라 發聲音記를 使用하다 아니 하고 그 語音을 記寫할 第二 合理의 方法을

考察하면 左記와 갓히 記寫함이 可함

用言 語尾 「ㄹㅗ」로 組成된 單語에

例로 呼 부르며、 短 짜르며)
　　　　　　　　　　불르며、 짤르며

　　　　부르고、 쌀고
　　　　　　　　불르고、 쌀고 를 로 記寫함

　　　　부써서、 쌰따서
　　　　　　　　불러서、 쌀라서

右와 같히 記寫함에 當하야 그 文法上의 處理에는 「쌀르」의 略音 「쌀」은 原音 「쌀르」

의 語尾音(르) 全體가 省略되는 것으로 說明하게 되는 것이라

「쯰」의 使用은 用言 語尾의 音을 記寫함에 가장 必要한 것이라 그 語音을 右記와 가튼

方法으로 處理하면 다른 語音에는 「쯰」를 아니 쓰드라도 큰 障碍가 업슴

第三款 間音ㄹ의 發音의 殘存——ㄹ의 中間바림에

間音ㄹ 의 發音은 아직도 浮動 狀態를 免하다 못하야씀에 因하야 우리의 語音中에 現在에도 그

音質의 元音을 그대로 發音하랴고 하는 例가 이슴 「ㄹ」과 다른 發聲音과를 並書하야 비밤으로

쓴 音을 發音하는 째에 그 現象이 나타나는 일이 이슴

元來에 바림은 中聲音의 다음에 限하야 부를 수가 잇는 것이오 또 두 發聲音質이 同時에 바림될

수가 업는 것이라 그 條理를 前提로 하고 보면 한 中聲의 다음에 두 發聲音이 바림될 수가 업

슴이 判明됨이라 即 中聲의 다음에 한 發聲音이 바림이 되고 그 다음의 發聲音은 그 먼처에 잇

는 바림에 부를 것인데 그 音은 中聲이 안인 故로 바림될 수가 업슴이라

ː러하면 「ㄹ」과 「ㄱ」(一例)을 並書하야서 바림으로 씀은 어떠한 發音인가를 審究하게 됨 이제

「닭」을 例로 하야 그 音의 狀態를 論述함

「닭」의 바림 「ㄹㄱ」은 同時에 發音되는 것이 안이오 「ㄹ」이 먼저、「ㄱ」이 뒤에 부튼 것임 그러

하면 「ㄹ」은 「다」의 中聲 「ㅏ」에 바팀이 되고 「ㄱ」은 「ㄹ」에 바팀이 된 것이라 여거엣 「ㄹ」은

卽 間音ㄹ(로)이니 그 調節作用이 微弱하야서 聲音管을 完全히 閉塞하디 못함으로 그 것을 利

用하야서 「ㄱ」의 바팀이 부튼 것이라 卽 「ㄺ」은 그 餘音이 이서서 微弱한 「ㅡ」의 音으로 發音되

야서 「ㄱ」바팀을 바든 것이라 그러하야서 「ㄺ」의 發音은 「다ㄺㄱ」의 發音에 「ㅡ」의 音을 가장

微弱하게 나힌 것임

그러한데 「ㄹ」의 發音이 淘汰되는 現象中의 하나로 右記의 發音도 淘汰되고 前에 論述한 法則

에 依하야 아行音과 平音ㄹ 과에 歸屬되야씀 그러하야 現今 普通 發音에 드리보면 「ㄺ」의 發

音은 무 가지로 난호혀서 表現됨

(一)은 아行音에 歸屬된 音이니

例로 「닭도」를 「다욱도 → 다ㅜㄱ도 → 닥도」로

「닭은」을 「다욱은 → 다ㅜㄱ은 → 닥은」으로 發音됨

(二)는 平音ㄹ 에 歸屬된 音이니

例로 「닭도」를 「달ㄱ도」로 發音함

「닭은」을 「달근」으로 發音함

右(一)의 發音은 그 字形(ㄹ 이 中間바팀 된 音)의 原則的 音인 故로 모든 境遇에 다 通用되며

右(二)의 發音은 沿革的 關係에 因한 變則的 音이야서 文典上 從屬的 關係가 잇는 아行音이 連

續되는 境遇에 限하야 容許되는 發音이라

그러하야 普通으로 談話할 때에는 「닭=다로기」의 發音은 드믈 수가 업슬만큼 淘汰가 되야쓰되

特別히 語音을 論辯할 때에 일부러 그 發音을 애써 形成하는 狀態에 이슴이라

第四款　ㄹ音에關한訓民正音의記寫例

「ㄹ」音은 訓民正音에도 그 音質에 對하야 特別히 觀察한 點(或은 「ㄹ」系統의 音을 處理함에 苦心

한 點)이 이서씀과 가틈 訓民正音의 研究 쏘는 古代 語音의 研究에 參考될 材料로 左記 事項을

記述하야 둠

一 漢字의 音 ㄹ 바팀된 境遇엣 記寫에

다른 發聲音이 바팀된 境遇엣 記寫와 다름이 이슴

例　不붏(訓)　日싏用(訓)　彆볋字(訓)·······ㅎ 와 並書함

對照　新신制(訓)　欲욕言(訓)·······바팀만을 씀

君군ㄷ字(訓)　覃땀ㅂ字(訓)·······것늘音 ㄷ、ㅂ 을 씀

二 固有朝鮮語 ㄹ 바팀된 境遇엣 記寫에

(1) 그 記寫法이 서루 다씀이 이슴

例一 이실씨라(訓)　스믈여듧字쭝를뼝ᄆᆞ노니(訓)　날•로부메(訓)　갈•밧쓰라(訓)

例二 흠•배(訓)　ᄒᆞᆫ듸ᄆᆞ니너라(訓)　오십•제(龍)　갏•길(龍)

【註】例一엣 記寫는 普通의 記寫例로 되야이슴

例二엣 發音은 바림된 ㄹ의 音質이 强하고 다음 音節의 發音을 채처나혀서 그 다

음이 「ㄱ、ㄷ、ㅂ、ㅅ、ㅈ(入聲音 바림되는 不音)」初聲인 境遇에 그 音이 輕淸하게 發

音되는 語音(無聲音)이라 (누려붙히는 連發音에 그 初聲音이 濁한 音調로 表現되는 것

과 다름) 現時 記寫法에는 ㄹ 바림만(「ㅇ」의 並書 업시)으로 쓰는 것임 그러하야서

ㄹ 바림 아래에 「ㄱ、ㄷ、ㅂ、ㅅ、ㅈ」의 初聲이 連續한 境遇엣 連發音은 두 가지로 表現됨

一은 濁한 音調로 表現되는 것이니 例로 「荳＝줄기、蘆田＝갈밭、毛繩＝털줄」等의

發音이오 二는 淸한 音調로(多少 激音의 質을 띈 音이라) 表現되는 것이니 例로

「給할油＝줄기름、耕할田＝가을밭、卷할繩＝가믈줄、徃할가?＝갈가」等의 發音임

右記 例二엣 말은 이 發音에 屬한 것이라

【注意】右記 例二엣 發音에 「배(所이)、제(時)、길(途)」等과 가튼 말은 硬音 初聲으로 成立된

單語가 안이고 쓰 우에 各立한 硬音調가 存在한 境遇도 안임 故로 그 發音은

硬音이 안이며 따라서 硬音으로 記寫함은 不可한 것임

「밍」가 語尾로 된 用言에 그 音을 省略하고 記寫한 것이 이슴

【例】 밍ㄱ노니 (訓)……製하노니

「밑」가 밍ㄱ노니

【註】「밍ㄱㄴ」는 「밍ㄱㄷ」의 變形이니 間音ㄹ 「밍ㄴ」의 音이 省略됨에 因하야 생긴

것임 그ㄲㅐ에 이며 그와 가튼 語音이 使用돼쏨이라

(3) ㄹ 바팀된 音의 다음에다가 中聲에 承接되는(다른 바팀잇는 音에는 承接되디 아니 하는)

語音을 使用한 것이 이슴

例 입시울(唇)와 ●(訓)......對照──엄(牙)과 혀(舌)와 입사울(唇)와 ●

(4) 現今에는 硬音ㄹ(ㄲ)이 發音되는 말에 「ㄹ」만을 쓴 것이 이슴

例 合 어우러사(訓)

誘 달애시니(龍)

第五款 ㄹ의 中間바팀──다른 發聲音二個의 바팀 附

「ㄹ」이 한 中聲音에 바팀이 되고 그 다음에 쏘 다른 發聲音의 바팀이 잇는 卽 「ㄹ」이 中間 바팀

되는 境遇엣 發音의 狀態는 前 第三款에 論述한 바가 이슴

中間 바팀은 音理上 「ㄹ」(間音ㄹ)에 限하야 되는 것이고 쏘 그 다음에 오는 떱 바팀이 거긔에

應用될 수 잇는 發聲音이라야 비로소 그 發音(ㄹ 의 調節性을 띈 發音)이 形成되는 것임

【註】元來 發聲音 들이 連續하야서 바팀이 됨은 音理의 原則에 違背되는 것인 故로 「ㄹ」의 中

間 바팀으로 發音되는 境遇에도 그 本質대로 發音하랴면 그 發音이 甚히 不確實하며 그

쌘 안이라 혀가 敏捷하디 아니 한 사람은 그 發音을 잘 나히디 못 하는 것임

그 管 바람에 應用될 發聲音은 그 發聲音을 形成하기 爲하야 생기는 口內의 作用이 「ㄹ」을 形成

하기 爲하야서 생기는 口內의 作用과 競合이 저근 것이라야 비로소 겨우 그 發音을 形成함 그

러ㄱㄷ 아니 하면 「ㄹ」의 發音(調節性 잇는 音)은 表現되다 못함

(一) 「ㄹ」을 形成하는 作用은 舌端이 가장 重要한 任務를 가젓는 故로 管 바람은 舌端에 關係가

저근 發聲音됨을 要함

(二) 「ㄹ」에 發聲音은 流音으로서 口內에서 그 音響이 持續하는 趣向이 잇는 故로 管 바람은

그 音인 口內~서 持續하다 아니 하는 音 卽 入發音(ㄱ、ㄷ、ㅂ、ㅅ 系統 發聲音의 바람)됨을 要

함

右는 同一의 機關이 同時(極히 싸른 瞬間)에 두 가지 ㅅ 作用을 하기 不能한 故이라

右의 音理에 因하야

(1) 「ㄱ」系統音　第一 適格音임　이것은 牙音이오(舌端이 使用되다 아니 하는 것임) 入聲音

(ㅁ內에서 音響이 持續거ㄷ 아니 함)인 故이라

(2) 「ㅂ」系統音　第二 適格音임　이것은 唇音이오 入聲音이니　(1)의 條件과 同一하나 調節

作用의 順路의 關係로　(1)보담은 조곰 不便함

(3) 「ㄷ、ㅅ」系統音　不適格音임　이것은 入聲音인 點은 可하나 舌端의 活動을 要하는 音인

故이라

(4) 「ㅇ、ㅁ」音 不適格音임 이것은 舌端과는 關係가 저근 音이로되 鼻腔音이야서 그 音響
이 口內에서 持續하는 音인 故이라

(5) 「ㄴ」音 第一 不適格音임 이것은 舌端音이며 쏘 鼻腔音인 故이라

實例를 드러서 考察하야보면

(1) 「닭(鷄)」의 發音

(A) 다ㅡㄱ＝＝다ㅣㄱ……(甲) 다ㅣㄱ도 (乙) 다ㅣㄱ은
(B) 다ㅏㄱ＝＝다ㅏㄱ……(甲) 다ㅏㄱ도 (乙) 다ㅏㄱ은 ｝으로 表現됨

右 (B)의 「다ㅏㄱ」의 「ㅏ」는 極히 輕微하게 發音함 (A)에 「다ㅣㄱ」은 「닥」으로도 함

「닭(淸)」의 發音

(A) 마ㅡㄱ＝＝마ㅣㄱ……(中) 마ㅣㄱ다
(B) 마ㅏㄱ＝＝마ㅏㄱ……(中) 마ㅏㄱ다 ｝로 表現됨

「맑」은 그 原音 「말ㄱ」의 略音으로 된 말이라

【注意】「말근(淸한)」의 境遇에는 「淸」의 單語의 原形이 「말그」인 故로 卽 「말그」가 한 單
語이고 그 語尾 「그」가 固有한 音節인 故로 「말근」의 字形엣 發音 「마ㅣㄱ은」 又
는 「막은」의 語音은 容許되다 못하는 것이라 「닭은(鷄)」의 發音은 「다ㅣㄱ은」 又
는 「드ㅣㄱ은」으로 됨(右 「닭」의 (A)(乙)과 對照하야 「닭은」과 「말그ㄴ」의 單語의 組織
이 서루 다름을 考察함이 可함

(2) 「삷(踏)고」의 發音은 「바읍고」 又는 「바뿝고」로 됨

그러나 「바쁘고」의 發音은 普通 實際에 使用되디 아니 함

【注意】「밟븐、밟브며」의 音에 當하야서는 前記 「맑근」에 說明한 關係와 가틈

「앎」古語 「앒(前)」은 「앞」의 發音으로 使用되고 中間 「ㄹ」바팀은 아조 그 形跡이 업서며

씀 「여듧(八)」의 發音은 或 「여덥 사람、여덥을」에와 같히、或 「여덜 사람、여덜울」에와

같히、或 「여덜블、여덜비」에와 같히 여러 가지로 使用됨 그러나 「여듧 사람、여듧을」卽

「여더쁜 사람、여더쁜을」과 가튼 發音은 普通 使用되디 아니 함

(3) 以上의 實例에 비추어서 「ㄹ」中間 바팀에 適格音인 「ㄱ、ㅂ」의 쯥 바팀의 境遇에도 그 ㄹ의

調節性을 띈 發音은 普通으로는 實用되디 못 하는 關係를 아울더로다

「ㄷ、ㅅ」系統의 發聲音은 쯥 바팀되는 用例가 업슴

「핥트(舐)」의 略音이 「핥(發音 하을)」으로 됨직한 것이나 그 單語의 略音은 「트」가 略되고

「할쏘고、할쏘다」로 됨 이는 ㄹ 의 調節性이 强하게 나고 「트」가 省略됨이라

假定으로 그 用例가 이스면 「갊、갔、갋」等의 發音은 「가을、가웃、가을」等으로만 될 것이고

「가쁠、가뿟、가쁠」等으로는 表現되디 못 할 것이라

(4) 「젊(少)」의 發音은 「저음고」로 됨 「저름고」로는 되디 못 함

「젊」는 그 原音은 「절므」이니 「少한」의 말 「절믄」을 「젊믄」으로 記寫함은 錯誤

「젊은」의 發音은 = 저ㅣㅁ은이니 「저음고」로 된 말이라

이려(前記「맑」과「말그」의 語音에 關한 說明 恭照)

【注意】「젎으」와「젎으」의 綴字는 各其 音節의 區分이 다름에 依하야 그 發音이 같디 아니

함 「젎으」의 發音은 「저ㅡㅁ 으」로만 되는 것이오「젎으」와 가튼 發音은 되디 못

(a) 「옮을」(㝈癬을)와 發音은「오ㅡㅁ 을」이 됨「옮믈」로는 發音되디 못 함

【註】「옮」(㝈癬)은 動詞「옮프」의 略音「옮」(移=傳染)으로브터 轉成된 名詞이

라

(b) 「옱믈」(移할)의 發音은「옱믈」이오「오ㅡㅁ 을」로 發音되디 못 함「옱프」의 略

音「옮」은「오ㅡㅁ」이니「옮고、옮다」는「오ㅡㅁ고、오ㅏㅁ다」로 發音됨〈次號恭照〉

(5) 「ㄴ」의 읕 바림 그 例가 업슴 만일「읇아이(泣한兒)」、삺사람(生한人)」의 綴字로 記寫하면

(그러한 記寫法을 採用하는 사람이 이슴) 그 發音은 「우ㅡㄴ 아이、사ㅡㄴ 사람」으로 되는 것

입 「읇아이」의 綴字에「울나이」의 發音은 되디 못 하는 것임(前記 (4) 對照)

「ㄹ」은 以上에 論述한 바와 같히 그 特殊한 音質에 因하야 이것을 中間 바림으로 使用하야야 한

中聲音에 두 發聲音이 바림되는 形態의 慣例가 생기는 것임 그러나 그러한 境遇에도 現時 實用되

는 語音上에는 그 音質이 表現되디 아니 함이 原則이라

다른 發聲音 二個의 바림……「ㄹ」以外의 發聲音은 한 中聲의 아래에 둘이 거듭 바림되는 發音

이 될 수 업슴은 音理上 明白한 條理이라

近者에 「갑시 싸다、 넉슬 일헛다」의 語音을 取하야가지고 「값、넋」이 名詞되는 한 單語이라고、 그

러하야 「값이、넋을」의 連發音이 「갑시、넉슬」로 되는 것이라고 主張하는 說이 流行됨(周時經 學派

의 主張임) 이와 가튼 見解는 淺狹한 觀察에 因한 錯誤이라

左에 그 見解의 誤謬임을 辨證학

【附記】「ㄱㅅ、ㅂㅅ」의 바팀이 音理上 發音되디 못할 關係(한 中聲에 그 두 發聲音이 同時에 바

팀되디 못 함과 「ㅅ」이 「ㄱ」 又는 「ㅂ」에 바팀이 되야서 發音이 成立되디 못 함의 關係)

는 이믜 論述한 바임으로써 再論하디 아니 함(本節 第三款 叅照) 各 言語의 對照上 辨

證되는 形式上의 關係만을 左에 論述함

一 그 名詞 自體의 發音에 當하야

```
魂업는사람
         } 의 語音은
價아홉돈

넉업는사람            너겁는사람
         } 連發音  {           } 이오
갑아홉돈             가바흡돈

넉업는사람            넉섭는사람
넉섭는사람            넉업는사람
         } 連發音  {           } 으로 되디 아니 함
값아홉돈             값아홉돈
                    갑사흡돈
```

故로 魂은 「넉」이고 「넋」이 안임 價는 「갑」이고 「값」이 안임

二 다른 言語의 對照

(1)　前記한 言語와 同種類의 語音이 使用되는 境遇에 「ㅅ」이 名詞에 부튼 것으로 見解할 수 업는 關係가 더욱 分明한 것이 이슴

例　脉　맥시푸러며

脉 맥시푸러며	맥이……	맺이……
色 색시난다	색이……	섻이……
項 목세안자서	목에……	몫에……
怯 겁슬나히고	겁을……	겂을……
週 돌셋도	돌엣……	돐엣……
	의 發音은	의 變態音이오	의 連發音이 안임

右의 例에 보면 助詞 「이、을、에」等이 「시、슬、세」等의 變態音으로 發音되는 習慣이 이슴이오 그 우에 잇는 名詞에 「ㅅ」바팀이 잇는 것이 안임이 明白함

(2)　助詞 「이、을、에」等이 다른 發聲音의 音(사行音 以外)으로 發音되는 發音도 이슴

(A)　가行音 即 「기、글、게」가 使用되는 일(特히 慶尙道、全羅道、江原道南部에 만흠)

例		
우게(上에)	우에	욱에
물글(水를)	물을	묽을
겨울게(冬에)	겨울에	겨욹에
의 發音은	의 變態音이오	의 連發音이 안임

하行音 即「히、흐、헤」가 使用되는 일

例 나히(年이)   나이
    나라히(國이) 나라이

의 發音은 ┐의 變態音이오

    나이
    나랗이 의 連發音이 안임

以上의 語音의 關係를 總括하야 觀察하야 보면「너시、갑슬」等의 發音은 助詞「이、을」의 音이「시、슬」의 音으로 變則的 發音이 생긴 것이고「넋、값」이라는 名詞가 잇는 것이 안임이 分明함 허믈며「넜、값」이라는 音理上 發音되다 못 하는 名詞가 成立되야쓸 理가 업슬엘가보냐

第八節 ㄷ系統發聲音의 이段및야、여、요、유段의發音

「ㄷ」系統의 發聲音 即「ㄷ、ㅅ、ㅌ」가 中聲「ㅣ」又는「ㅡ」가 基本이 되야서 成立한 音 即「ㅑ、ㅕ、ㅛ、ㅠ」와 配合된 때엣 그 發音이「ㅈ」系統의 發聲音으로 成立된 發音과 가튼 發音으로 表現됨은 音理上 公認된 일임

即
「디、댜、뎌、됴、듀」는 「지、쟈、져、죠、쥬」와
「띠、쨔、쪄、쏘、쓔」는 「찌、쨔、쪄、쏘、쓔」와
「티、탸、텨、툐、튜」는 「치、챠、쳐、쵸、츄」와 가튼 發音으로 表現됨

그러한 發音을 音理上 錯誤이라고 하야서 그 發音을 否認하랴 함은 音理의 그 하나를 알고 그

둘을 알디 못 하는 主論이라

【說明의 便宜를 爲하야 이와 가튼 發音을 以下에 第一式 發音이라고 稱함】

그 發音을 「ㅈ」系統의 發音과 區別되는 「ㄷ」系統의 發音(狹義)으로 나히랴 하면 그 結果는

即 「디、댜、뎌、됴、듀」는 「듸、뒈、뒤、뒝、뒤」(發音을 促急히 하야 各히 한 音節로 함)로 表現됨

(ㅅ、ㅌ 倣此)

【說明의 便宜를 爲하야 이와 가튼 發音을 以下에 第二式 發音이라고 稱함】

右 第二式 發音에는 「디」가 「듸」의 音과 混同되는 것임 또 「댜、뎌、됴、듀」의 音은 그것을 한 音

節도 短促하게 發音하랴면 그 發音의 作用이 大端히 不便한 關係가 이슴에 因하야 그 發音은 잘

通用되디 못하고 다시 訛轉되야서

「듸、뒈、뒝、뒤」는 「디、더、됴、두」로

「쉬、쒀、쒯、쒸」는 「싸、쎠、쏘、쑤」로

「튀、퉈、퉝、튀」는 「타、텨、토、투」로 發音되는 結果가 나타나는 일이 만흠

「디、댜、뎌、됴、듀」等을 發音하는 때엣 그 作用을 考察하건대

發聲音 「ㄷ」系統의 音質을 構成하는 口內의 狀態 主로 혀(舌)의 狀態와 中聲音 「ㅣ、ㅑ、ㅕ、ㅛ、

ㅠ」의 音韻을 構成하는 그 狀態와는 서로 抵觸되는 바임 故로 그 發聲音과 그 中聲音이 同時에

配合되야서 한 音을 나히랴 함에 그 서루 抵觸되는 두 가지의 狀態가 同時에 構成되디 아니 함

그러한 結果로 그 音韻을 重視하야 그것을 完全히 나히는 때에는 第一式의 發音으로 나타나며

그 音質을 重視하야 그것을 完全히 나히는 때에는 第二式의 發音으로 나타나는 것이라

(一) ㄷ의 音質을 構成하는 때

(B)(A)
A 혀의 形狀　平然한 形狀임……
　혀의 動作　舌端(1)이 上向하야 上前齒 內의 입天井에 接着함 그 接着된 面積이 너르다
B 아니함　舌端(1)보담 以內의 部分 (2)는 平然하야 입天井과의 사이에 容隙이 이슴

(二) ㅈ의 音質을 構成하는 때

(B)(A)
A 혀의 動作　舌端(1)은 下前齒 內에 接着함 舌端(1)보담 以內의 部分 (2)는 上向하야 입
B 혀의 形狀　舌端이 左右로 扁平하게 널브러딤……

天井에 接着됨 그 接着된 面積이 매우 너릅

(三)

(B)(A)
A 혀의 動作　(二)와 가틈
B 혀의 形狀　(二)와 가틈 但 (2)의 部分이 입天井에 아조 接着되디 아니 하고 偏狹한 間

「ㅣ、ㅑ、ㅕ、ㅛ、ㅠ」等의 音韻을 構成하는 때
隙이 이슴

「ㄷ」가 「ㅈ」音으로 나는 것은 혀끗이 上方으로 오라가고서는 「ㅣ」의 音韻이 構成되디 못함으
로 舌端(ㄴ)을 아래에 붙혀두고 舌端의 代身에 고 보담 조금 內部인 舌面(2)을 입天井에 接着

시기는 結果 「ㅈ」의 音質이 表現되는 顯象이라

外國語音에 當하야 考察하건대

前記 第一式의 發音은 音理의 當然한 結果인 故로 朝鮮語音에만 그러한 發音이 되는 것이 안이라

外國語音에도 그와 同一한 關係가 이슴

(一) 日本語音에는 第一式 發音으로만 되고 第二式 發音은 업슴

例 チ=디……發音=지、チャ=댜……發音=쟈、地チ=디……發音=지

調チョウ=됴……發音=죠、町テウ=됴……發音=죠、疊デウ=됴……發音=죠

(二) 英語에는 第一式(例一)과 第二式(例二)의 發音이 並用됨

例一 Education du=튜; Picture tu=츄; Christian tian=챤

例二 Reeding ding=띵; Ticket ti=틔

現實로 使用되는 朝鮮語音에 「디、댜、뎌……」等의 音은 第一式 發音과 第二式 發音이 地方的으로 난호혀서 平安道 地方에는 第二式 發音이 行用되고 其外의 地方에는 第一式 發音이 京城과 平壤과의 地

故로 「中等國子」、田뎐書書房방、가디 아니하오」에 「둥、뎐、디」의 語音이

方에 따라서 各히 다른 두 가지의 發音으로 나타남은 即 「디、댜、뎌……」의 音의 性質에 基因한

것임 따라서 그러한 語音은 그 眞源이 「디、댜、뎌……」의 音으로 成立된 말이오 자行의 初聲으

로 成立된 것이 안임은 論辯을 要하다 아니하고 明白한 바이라

만일「다、댜、뎌……」의 第一式 發音은 否認하고 語音은 京城을 標準으로하야서 그러한 語音을

함을 免할 수가 업는 바이라

(1) 平壤의 語音을 全然히 無視하게 됨 무릇 語音이 地方에 따라서 單純한 發音의 差異가 生하

야 잇는 境遇에는 京城의 發音을 無視할 수 업고 京城의 發音에 조차서 記寫함이 標準이 될 것

이다마는 本 問題는 그러한 境遇와는 同一視될 性質의 것이 안이라 그 語音을 「다、댜、뎌……

…」로 記寫함에는 音理上 京城과 平壤의 語音이 아오싸 包容될 것임에 不拘하고 그것을 「지、

쟈、져……」로 記寫하야 平壤의 語音을 無視함은 不可함 허물며 (B) 漢字의 音에 當하야서는 (A) 그 語音이 「다、댜、뎌……」

임은 歷史的 記寫法에 符合되는 바이며

안이라 中國、日本의 音과도 連絡關係가 이서서 같히 「ㄷ」系統의 初聲으로 되야잇는 바이며 朝鮮의 歷史的 根據뿐이

C 京城 發音만으로 보드라도 그 語音(「다」의 第一式 發音 지)을 文典的 條理上 「지」로 記

寫할 수 업고 「다」로 記寫하야야만 될 語音이 存在한 바임(後述 (2) 參照)에 不拘하고 그러한

語音을 자行의 初聲으로 記寫하야 平壤 語音을 無視함은 不合理한 暴擧임을 免하디 못할 것

임

(2)

(A) 京城의 語音으로 보드라도

「미다다(밀어닫는 門)、

벼락다디(내려닫는 門)、

반다디(前面 半分이 門으로 된 木櫃)」의

「다디――發音══다지」는 「閉다드․略音 단」으로브터 名詞로 轉成된 말이며 「숫무디․(炭을 믄는 일)、모래무디(沙에 埋伏하는 魚)」의 「무디――發音══무지」는 「埋무드 略音 믄」으로브터 轉成된 말이라 「捲거드、건」으로브터 轉成된 「日收바다、만수바다(隨唱)」等도 다 「디」의 第一式 發音으로서 「지」와 同一하게 表現되는 바이라 이러한 말들을 「지」의 字로 記寫하게 되면 文典的으로 判然한 錯誤이라

(B) 「밭이(田이)」의 連發音이 「바티――바치」로、「같이(如히)」의 連發音이 「가티――가치」로 되는 語音들도 「디、티」의 音의 第一式 發音이 「지、치」와 同一하게 表現되는 것이라 「디、티」의 第一式 發音을 否認하고서는 이러한 語音을 合理的으로 記寫할 길이 업는 바이라

(G) 「가디는 아니 하오」의 말은 語音의 省略에 因하야 (甲)「가딘 아니 하오」(乙)「가든 아니 하오」의 두 가지ㅅ 發音으로 表現되는 바 그 內容을 考察하면
原語 「ㄱㅏㄷㅣㄴㅡㄴ」의 語音이 省略되야서 (甲)과 (乙)의 發音으로 됨은
(甲)은 「ㄱㅏㄷㅣㄴ」 卽 原語의 第五、第六의 音字가 省略된 것이오
(乙)은 「ㄱㅏㄷㅡㄴ」 卽 原語의 第四、第五이 音字가 省略된 것이라

만일 「가디는」의 「디」를 「지」로 決定하면 右記 (乙)의 語音에 當한 關係는 이를 解決할 合理的 方途가 업슬 것이라

(3) 歷史的 記寫法에는 前記「디、댜、뎌……」ㄹ「지、쟈、져……」의 音은 다「디、댜、뎌……」로 記寫

되야잇는데 淺薄한 速斷的 見解로「디、댜、뎌……」의 第一式 發音에 當한 音理를 否認하고 그

려한 語音을 다 子行音으로하야「지、쟈、져……」로 記寫하기로 하면 그 結果는 여러 가지의 抵

觸이 生하는 것이니 이는 正當하게 處理된 歷史的 記寫法을 輕忽하게 無視하야 妄斷的 變更을

主張하는 것이라

「디」의 第一式 發音이「지」와 區別되디 아니 함에 因하야 京城의 發音으로는 同一한 發音을 두

가지의 記寫로 區別하게 되는 不便이 이슴은 事實이라 그러나 前記와 가튼 여러 가지의 重大한

缺陷을 免하기 爲하야서는 조곰 勉强하야 工夫함이 可함이오 다른 方途가 업는 것이라

【附記】朝鮮總督府 敎科書에「미다디」를「미다지」로、「밭이(田이)」를「밭치」로、「같히(如히)」를

「같치」로 쓰기로 된 것은「디、타」의 第一式 發音을 無理하게 否認하고 그 結果로 生하

는 破綻을 不合理的 方法으로 彌縫한 것이니、判然한 錯誤이라

第九節 硬音

硬音의 觀念에 當한 大要는 第一編第五章第一節에 記述한 바이라 硬音調의 狀態를 明瞭하게 하

기 爲하야 硬音調의 發生되는 狀態、硬音調의 作用、硬音調의 記寫方法에 關하야 다시 論述하랴

함

一　硬音調의 發生　硬音調의 狀態는 세 가지로 區別하야 볼 수가 이슴

(1)　固有한 硬音　한 發聲音이 固有하게 硬音의 音質로 되야잇는 것을 니름이라

例　꿈(夢)　따름(뜬)　또(又)　쎌(角)

이와 가튼 境遇엣 硬音調는 그 말의 固有한 音質인 故로 그 硬音調의 發生에 當하야서 더

論議할 餘地가 업는 것임

(2)　平音의 語音에 習慣上 硬音調를 添加하야 硬音 音質로 發音하는 것　그 中에는 그 言語의

意味에 多少 差異가 생기는 것도 잇고 또 言語의 意味에 影響이 업는 것도 이슴

(A)　言語의 意味에 差異가 생기는 것

例　「둥구러(圓)」와 「둥구러」, 「조곰(少)」과 「쪼끔」

(B)　言語의 意味에 影響이 업는 것

例　「자따서(斷)」와 「짜따서」, 「니저(忘)버려」와 「니저ㅅ버려＝니저써려」

(3)　右와 가튼 硬音調의 發生은 그러한 習慣이 이슴을 아음으로 써 足한 것이오 音理上 又는

文典 整理上에 特別한 價値가 이슴은 안임

한音(으)이 省略되며 그 代身에 硬音調가 發生되는 것

例　「봄으 의)바람」이 「봄ㅅ바람＝봄쌔람」으로

「시므고＝심으고」가 「심ㅅ고＝심쏘」로

이 部類에 屬한 硬音調의 發生은 音理上과 文典上에 規則的으로 活用되는 것임으로써 音理

考察上과 文典 整理上에 자못 重要한 關係가 잇는 것이라(本章第六節 叅照)

二　硬音調의 作用　　한 固有한 硬音 音質의 發音에 合有되야잇는 硬音調에 當하야서는 別로히

論述할 問題가 업는 것이오 이제 論述하랴 하는 것은 硬音調가 各立하야 存在한 境遇엣 그

作用이라

(1) 硬音調의 作用의 發音上에 表現되는 狀態는 左와 가틈

(1) 그 音調의 다음에 連續하는 初聲(平音)을 그 音質의 硬音으로 表現되게 함

例

語音의 內容	어제ㅅ바람	봄ㅅ구름	(抱)안ㅅ고
現行 記寫	어제ㅅ바람	봄ㅅ구름	안ㅅ고
發音의 表現	어제 빠람	봄 꾸름	안꼬

「안ㅅ고」와 가튼 말에는 一般的 默解의 規約에 依하야 「ㅅ」을 省略하고 「안고」만으로 記寫함이 通例이라

(2) 그 音調의 다음에 連續하는 初聲과 硬音이 업는 平音인 境遇에 그 前에 잇는 音이 中聲인

때에는 그 連續하는 初聲과 同種類에 屬한 入聲音의 바팀이 됨과 가튼 發音으로 表現됨

例

語音의 內容	어제ㅅ눈	바다ㅅ물	坡州ㅅ閔氏
現行 記寫	어제ㅅ눈	바다ㅅ물	파주ㅅ민씨
發音의 表現	어젠 눈	바담 물	파줌 민씨

【註】右의 例엣 發音의 表現을 「어젠 눈、바담 물」이라고 하고 說明은 아래에 잇는 初聲과

가튼 것이 우에 바림된 發音과 가튼이라고 하드라도 發音의 表現으로는 를림이 업슴

과 가트며 說明은 簡便할 것이라 그러나 그것은 音의 混同의 結果이고 그 發音의 眞

相은 안이라 硬音調는 恒常 促音으로 나타남이 그 本質이오 「ㄴ、ㅁ(鼻腔音)과 가튼

悠長한 音調로 表現되는 것이 안임(本章第一節第二款 參照)

(3) 그 音調의 前에 잇는 音이 入聲 바림인 境遇에는 硬音調는 發音上에 表現되지 못 함

例 새벽ㅅ비람、 집ㅅ비둘기、 (受)받ㅅ고 의 發音은

새벽 바람、 집 비둘기、 받 고 의 音과 가티 表現됨

「ㄹ」바림은 말의 境遇에 싸라서 入聲音 卽 促急한 發音으로(例 질그릇 土器、 쌀밥 米飯)

와 非入聲音 卽 流音으로(例 질그릇 負缸器、 할바 所爲)와의 두 가지로 使用됨

【恭考】奎章全韻에 漢字音 「ㄹ」바림인 漢字는 日本音으로는 「ㄷ」바림이 되야이슴

朝鮮音으로 「ㄹ」바림 된 것은 入聲音에 編入되야이슴

(4) 그 音調의 다음에 連續하는 初聲 音質이 이의 硬音이나 激音의 發聲音인 境遇에는 硬音

調는 發音上에 表現되지 못 함

例 파주ㅅ콩、 수원ㅅ콩 의 發音은

파주 콩、 수원 콩 의 音과 갓히 表現됨

(5) 그 音調의 다음에 連續하는 初聲 音質이 硬音이 업는 平音이고 그 前에 잇는 音이 바림

이 잇는 音인 境遇에는 硬音調는 發音上에 表現되다 못 함

例 봄ㅅ물、 봄ㅅ물、 산ㅅ나물、 산ㅅ나물 의 發音은

봄 물、 봄 눈、 산 나물 의 音과 같이 表現됨

右記 (3)(4)(5) 의 境遇에 硬音調가 表現되다 못 함은 音理上 硬音調가 表現될 餘地가 업슴에

因함이라 (3)의 境遇에는 그 다음에 잇는 音이 激音인 故로 거긔에 더 硬音調가 入聲音의 促急한 音勢에 吸收됨이고 (4)의

境遇에는 그 다음에 잇는 音이 硬音이나 激音인 故로 거긔에 더 硬音調가 加하야더다 못함이

고 (5)의 境遇에는 그 다음에 잇는 音은 元來 그 音의 性質上 硬音을 나힐 수 업는 것이고

또 그 前에 잇는 音은 이믜 바팀된 發聲音이 이서서 그 音을 다시 더 變動시길 수 업슴에 因

한 當然한 結果이라 各其 例示에 就하야 發音을 吟味하야보면 一見明瞭로 曉得할 바이라

以上 記述한 硬音調의 表現되며 아니 되며 밋 그 表現되는 方法을 一括하야 左記의 例로 보힙

昨, 오ㅅ쯰ㅅ뜨람 = 오ㅅ쯰ㅅ뜨람 = 오ㅅ쯰ㅅ뜨람 = 오ㅅ쯰 ...... 前述(1)의 屬함

茶, 놈ㅅ뜨람 = 놈ㅅ뜨람 = 놈 ...... 前述(1)의 屬함

是, 어쩨ㅅ뜨람 = 어쩨ㅅ뜨람 = 어쩨 ...... 前述(3)의 屬함

昨, 오쩨ㅅ뜨람 = 오쩨ㅅ뜨람 = 오쩨 ...... 前述(2)의 屬함

春, 봄ㅅ눈 = 봄ㅅ눈 = 봄 ...... 前述(5)의 屬함

雪, 놈ㅅ눈 = 놈ㅅ눈 = 놈 ...... 前述(5)의 屬함

春, 어ㅂㅅ나물 = 어ㅂㅅ나물 = 어ㅂ 나물 ...... 前述(3),(5)의 屬함

家後黍, 집뒤ㅅ슈 ＝ 집뒤ㅅ슈 ＝ 집뒤……前述(4)의 屬함
山黍, 산ㅅ슈 ＝ 산ㅅ슈 ＝ 산……前述(4)의 屬함
家黍, 집ㅅ슈 ＝ 집ㅅ슈 ＝ 집……前述(3), (4)의 屬함
家後大豆, 집뒤ㅅ콩 ＝ 집뒤ㅅ콩 ＝ 집뒤……前述(4)의 屬함
山大豆, 산ㅅ콩 ＝ 산ㅅ콩 ＝ 산……前述(4)의 屬함
家大豆, 집ㅅ콩 ＝ 집ㅅ콩 ＝ 집………前述(3), (4)의 屬함

【注意】規例에 依하야 硬音調가 發生할 境遇에 그 다음에 連續하는 初聲이 喉音인 때에는 그 發音이 一定하게 歸定되야잇디 못함 무릇 硬音調가 發音上에 表現되는 狀態는 前記 (1)과 (2)의 狀態로 되는 것인데 喉音은 (1) 硬音이 업는 音이오 (2) 바림될 性質이 업는 音이라(따라서 同種類에 屬한 入聲音 바림이 업슴) 故로 前記 (1)이나 (2)의 規例에 依하야 그 發音될 表現될 道理가 업슴이라 그와 가티 硬音調가 그 本性을 나타나힐 수가 업슴에 因하야 몃 가지로 一定되디 못한 發音이 나타남이라

(A) 硬音調가 表現되디 아니 함 이는 原則이라
例 어제ㅅ안개 豊山ㅅ洪氏 海州ㅅ吳氏……의 發音은
어제 안개 풍산 홍씨 해주 오씨……로 됨

(B) 그 音調의 다음에 連續하는 아行 陰音(이、요、야 유、여)이 「나行音」과 가튼 發音으로 되는 일이 이슴

例 어제ㅅ烟氣

　海平ㅅ尹氏…………의 發音을

　어제ㅅ년거 ‖ 어젇 년거
　해평ㅅ눈씨 ‖ 해평 눈씨 …로 發音하는 일이 이슴

(C) 그 音調의 前에 잇는 中聲音에「ㄷㄴㅂㄹ」팀이 잇는 音으로 表現되는 일이 이슴

例 어제ㅅ안개　淸州ㅅ韓氏　海州ㅅ吳氏……의 發音을

　어젠 안개　청주 한씨　해주 오씨……로 發音하는 일이 이슴

【註】上衣를「웃웃」이라고 함은 이 規例에 依한 發音이 習慣이 된 것이라

右 (B)와 (C)의 發音은 그 우에 存在한 硬音調를 表現시키기 爲하야 前記 硬音調가 表現되는 規例 (1)과 (2)에 따르랴고 하는 發音이라 그러나 音理上으로도 似是而非한 것이며 整理上으로도 紊亂한 것이니 아모쪼록 (A)로 卽 原則音으로 引導할 必要가 이슴이라

二 硬音調의 記寫方法　　硬音調를 表記하는 方法에 當하야 從來에 訓民正音으로 비롯하야 모든 古書籍에는 다 主로「ㅅ」을 쓰고 若干「ㅂ」도 써왓고 其後에 漸次로 變하야 近代에는「ㅅ」으로 統一된 바이라……訓民正音은 硬音에 두 가지 音質을 區分하야 認定하야씀으로 推察됨

近來에 發聲音字 雙書音字(誤稱 並書式)을 主張하는 言論이 자못 喧傳되는 狀態임으로써 이로브터 그 學說에 對한 事項을 論述하야 써 그 雙書式의 主張이 全然한 錯誤에 基因하야 發生한 것임의 理由를 辯證하야함

【附記】略 百年前에 柳僖氏가 最初로 硬音에 雙書가 可하다 하는 說을 唱道한 일이 이서쓰나

一二一

社會에 問題가 되다 아니 하얏고 二十餘年前에 周時經氏가 다시 雙書를 主唱하고 硬

音의 本質을 「싹거듭소리」이라고 解釋하야 爾後 그 學派에 배혼 人士들이 그 綴字法

을 主張하는 바이라

雙書式을 主張함에 當하야서 具體的이며 綜合的으로 그 理由를 論述한 바가 업슴 오직 各人

의 短篇的 說明을 綜合하야가지고 그 主張하는 理由를 審究하야보건대 其一은 音理에 適合하

다 함이오 其二는 歷史的으로 訓民正音의 趣旨에 合한다 함이라 그러나 그 見解는 全然한 錯

誤에 빠던 것이라

1 雙書式은 音理에 맞디 아니 함

雙書式을 主張하는 學說의 音理上의 理由는 左와 가튼 것임

한 發聲音의 硬音은 同一한 發聲音 둘이 거듭 이서서 成立된 것이라 故로 連發音의 表現에

徵하야보면 左와 같이 證明되는 것이라

例

우ㄱ가 〔發音 = 우 ㅈㅜ〕 ‥ ㅈㅏ = 까, ㅈㅣ = ㄲ〕
　　　〔綴字 = 우 ㅜ〕

우ㄷ다 〔發音 = 우 ㅈㅑ〕 ‥ ㅈㅏ = 따, ㅈㄷ = ㄸ〕
　　　〔綴字 = 우 따〕

우ㅁ마 〔發音 = 우 ㅈㅑ〕 ‥ ㅈㄷ = ㄷ〕
　　　〔綴字 = 우 마〕 함에 그 符號로 使用한 것임

우ㅈ자 〔發音 = 우 ㅈㅏ〕 ‥ ㅉ = ㅉ, ㅈㅈ = ㅉ〕
　　　〔綴字 = 우 짜〕

x 는 硬音調를 未知物로 示表

右의 見解에 對한 辯證　右의 見解는 그와 가튼 한 局部的으로 觀察할 때에는 音理에 適

合함과 가틈이라 그러나 이는 한 局部的 見解에 지나다 못 하는 것이라 다시 觀察을 너르

히 하야서 모든 言語의 發音을 綜合하야보며 좀더 深奧한 考察로써 發音의 眞相을 吟味

하야보면 그 見解는 正論이 안임이 明瞭함 그 理由를 左에 說明함

(A) 連發音에 다음에 잇는 平音 初聲이 硬音과 가치 發音되는 境遇에 그 우에 잇는 音이 반

드시 그 初聲과 同一한 發聲音이 바팀된 때에만 限하는 것이 안이라 前記 例示에

「우ㄱ가」만이 「우 ㅈ가」의 發音이 되는 것이 안이고 「우ㄱ가」도 同一한 發音이 되며 「우ㅁ

다」만이 안이고 「우ㅅ다」도、「우ㅈ자」만이 안이고 「우ㅁㅈ」도 다 各히 그 同一의 發音이

되는 것이라 다시 例를 드러서 圖示로써 보힘

ㅁ { 다 = 우 ㅈㅕ ∴ ㅈ ㄷ운이 운음
ㅅ { 사 = 우 ㅈㅕ ∴ ㅅ운이 운음
ㅈ { 자 = 우 ㅉ ∴ ㅈ운이 운음
ㅊ { 차 = 우 ㅉ ∴ ㅈ 운이 운음

「다、사、자」의 音은 그 우에 잇는 「아」에 ㄷ

乃至 ㅊ 의 八個의 發聲音中 어느 것이 바

팀이 되든더 그 連發音이 「아따、아싸、아짜」

即 硬音과 가치 表現됨

다시 言語의 實例로써 보힘

爱하다　바ㄷ다　ㄷㄷ)
任하다　마ㄷ다　ㄷㄷ
脫하다　바ㅅ다　ㅅㄷ
業하다　지ㅈ다　ㅈㄷ ≒ ㅈㄷ
從하다　조ㅊ다　ㅊㄷ

爱하지　바ㄷ지　ㄷㅅ)
任하지　마ㄷ지　ㄷㅅ
脫하지　바ㅅ지　ㅅㅅ ≒ ㅆ
業하지　지ㅈ지　ㅈㅅ
從하지　조ㅊ지　ㅊㅅ

以上의 說示에 依하야 보면 連發音에 ㅈㄷ、ㅅㅅ、ㅉ 等은 「ㄸ、ㅆ、ㅉ」만으로 成立되는 音이 안이니 連發音으로 보는 關係로도 硬音 初聲音은 그 不音 둘이 거듭된 것이라고 主張하는 見解는 그 根據를 일허버리게 되는 바이라

(B)
두 單語의 사이에 硬音調가 獨立하야서 活用되는 것이 이스니 雙書式의 見解로써 하야서는 이 境遇에 語音을 處理할 길이 업게 됨이라 左에 例로써 보힘

言語의 內容	現行記寫例	雙書式의 依하면
어찌ㅅ구름	어찌 ㅅ구름	어찌 ㄱ구름
어찌ㄷ별	어찌 ㅅ별	어찌 ㄷ별
밝ㅅ구름	밝 ㅅ구름	밝 ㄱ구름
밝ㄷ별	밝 ㅅ별	밝 ㄷ별
濟州ㅅ高氏	濟州 ㅅ高氏	濟州 ㄱ高氏
濟南ㅅ朴氏	濟南 ㅅ朴氏	濟南 ㅂ朴氏

右의 境遇에 잇는 硬音調가 「ㄱ、ㄷ、ㅂ等」의 各히 다른 發聲音의 音字가 안임은 길게 說明

할 必要가 업시 明白한 것이라 雙書式을 主張하는 人士들도 右記와 가튼 境遇에는 그 硬

音調의 記寫에 依然히 「ㅅ」을 쓰니 그 「ㅅ」은 果然 어데에 부튼 發聲音이라고 觀察하는

가쏘 그 무엇이라고 解釋하는가?

(C)

「ㅅ、ㅅ等」의 音도 聲音 原理上 獨立한 單一의 한 發聲音이라 「ㄱ」이나 「ㄷ」둘이 並發

하는 音은 안이라(第一章第一節、第二節 論述 引用)

만일 이것을 數量的으로 「ㄱ」둘이 合한 音이라고 觀察하면 英語의 go, gun 等의 g 는

무슨 發聲音 둘이 合한 것이라고 解釋할 길이 업슬더라

「ㅅ、ㅅ、ㅆ」等은 各히 그 本音 「ㄱ、ㄷ、ㅂ」等과 가튼 系統에 屬한 한 獨立한 發聲音으로서

第九節　硬音

一一五

그 音質이 平音보담 좀 堅强한 音이라 故로 그 音을 表記할 獨立한 音字가 업스면 各其

平音에 어떠한 同一한 符號를 加하야 그 硬音을 表示함은 可하더마는 數量的으로 平音

「ㄱ、ㄷ、ㅂ」 二個를 거듭 씀은 音理的 考察에 極히 拙劣한 方法이라

(D)

朝鮮語에 잇는 「ㄱ、ㅅ、ㅋ」의 音은 同一한 系統에 屬한 音으로서 그 音의 强弱淸濁에 依

하야서 「ㄱ」이 그 平音으로 되고 그 平音에 對한 激音이 이서서 이를 「ㅋ」로 써 記寫하

야온 것이고 그 平音에 對한 硬音이 이서서 이를 「ㅅ」로 써 記寫하는 것이라 이제 音理

論으로 硬音을 그 平音의 音字 둘로 써 記寫함이 可하다 할더면 그 激音도 또한 數量的으

로 平音의 몃으로써 記寫하야야 그 理論이 貫徹될더니 이와 가튼 見解는 音理에 適當ㄱ

더 아니 한 妄斷이라

무릇 平音과 硬音과 激音과의 發音이 서루 다름은 그 音質의 差異에 因함이오 그 數量의

多寡에 因함이 안이라

初聲 雙書를 主張하는 學說에는 그것이 訓民正音에 合함이라 니르며 그 理由는 左와 가튼

(2) 雙書式은 歷史的 記寫法을 無視하는 것임

訓民正音에 「ㄱᄂ……並書ᄒ성으면 如영蚪音ᅙ字ᄌ初총發點聲ᄒ니라」 解說 「골바쓰면 蚪

音ᅙ字ᄌ처섬펴아나ᄂ소리ᄆᄃᄂ니라」、「ㄷᄂ……並書ᄒ면 如覃땀ㅂ字初發聲ᄒ니라」、「ㅂᄂ……

…並書ᄒᆞ면如步뼝ᅙ字初發聲ᄒᆞ니라」、「ㅈᄂᆞᆫ……

……並書ᄒᆞ면如邪썅ᅙ字初發聲ᄒᆞ니라」、「ㆆᄂᆞᆫ……並書ᄒᆞ면如洪ᅘᅥᆼㄱ字初發聲ᄒᆞ니라」이라는

記載가 이스며(以上은 訓民正音 六頁 至 十五頁 初聲의 音質 說明中에 이슴 ◎右記 ㄷ 以下 漢字의 懸

音의 方式과 및 그 解說은 「ㄱ」에 當한 그것과 同一한 文句이기로 省略하야씀)

욕홈디면즉並뼝書셩ᅌᅪ終즁聲셩도同똥ᅙᆞ니라」 解說 「첫소리를어울워뿛디면골ᄫᅡᄡᅳ라ㄲ내

終즁ㄱ소리도한가지라」의 記載가 이슴(右는 訓民正音 第二十三頁 字形의 組織 說明中에 이슴)으로

써 硬音은 雙書式으로 씀이 그 趣旨에 符合되는 것이라고 함이며 訓民正音에 「並書」의 文

句는 同一한 發聲音의 音字를 거듭 씀이라는 意義로 解釋하야서 그러한 方式을 並書式이라

고 닐커름이라

右의 見解에 對한 辯證　右의 見解는 訓民正音의 解釋에 여러 가지로 重複된 錯誤가 이슴

이라

(A) 「並書」의 意義는 橫으로 가지런히 씀이라는 뜻일 쏜이오 「同一한 初聲을」이라는 意味

는 가지디 아니 한 것이라 故로 訓民正音中 「ㄱ는……並書如虯字初發聲」이라는 文句는

「ㄱ」을 指定하얏는 故로 「ㄱ」을 並書 卽 「ㄱ」 둘을 橫으로 가지런히 씀을 意味한 것이고

「初聲合用則並書」이라는 文句는 어떠한 初聲을 不問하고 둘을 合하야 쓸 때에는 그 音

字 둘을 橫으로 가지런히 씀을 敎示한 것이라 故로 初聲을 並書한 例를 말한다면 「ᅘᅪ, ᄠᅡ」

一一七

ㅅ字만이 이에 該當함이 안이라 「ᄉᆞ르미라(耳＝ᄲᅢᆷ이라)」의 「ᄊ」、「ᄲᅳ디(意ᄀᆞ)」의 「ᄲ」、

「썰리(促急히)」의 「ᄮ」ㅅ字 等도 다 「初聲을合用則並書ᄒᆞ라」의 法則에 依한 字形이라 ᄯᅩ

「終聲ᄯᅩ同ᄒᆞ니라」의 「썰」ㅅ字의 文句가 잇는데 記寫實例에 보면 「ᄙᆞ、ᄘᆞᆷ」과 가튼 字形은 잇고 雙書

卽 同一한 發聲音字 둘을 終聲으로 쓴 例는 업슴 그것만을 보드라도 「並書」가 雙書의 ᄯᅳᆮ

이 안임은 明確한 일이라

【註】古書에도 「ᄭᅥ、ᄤᅢ」等의 字形을 論함에는 「雙字、雙形」等의 文句를 使用하야쓰 그러한

字形 卽 雙書를 並書이라고 널커른 例가 업슴은 勿論이라

「並書」는 「連書」의 對語이니 「連書」는 縱으로 니어쓰을 意味하는 反對로 「並書」는 橫

으로 가지런히(갈바) 쓰을 意味하는 用語이라

卽 初聲을 連書하면　(甲)「ᄭᅡ、ᄯᅮ、ᄶᅮ」와 가튼 字形이 됨이오

　　並書하면 (乙)「ᄭᅡ、ᄯᅮ、ᄭᅮ」와 가튼 字形이 됨이라

卽 並書式을 主張한다 함은 卽 連書式을 排斥한다 함이니 右記 (甲)의 字形을 排斥하고 (乙)의

字形을 主張ᄒᆞ으란 並書式이라고 니름이 可하더라마는 「ᄯᅮ」의 音을 「ᄭᅮ」로 쓰을 主張함을

並書式이라고 널커름은 「並書」의 用語의 起源인 訓民正音의 趣旨에 어그러딘 言論이라

한 거름을 더 ᄃᆞ려가서 考覈할더면 그 「初聲을合用ᄒᆞ다면」의 文句의 意味는 各히 다른 音

字 둘을 어우려 쓰음의 意識을 前提로 한 記述이라 그와 가티 解釋함의 理由는 (1) 가튼 初

聲을 並書함은 그 前에 이미 各 音字에 當한 敎示가 이서쓰즉·다시 重複하야 敎示할

必要가 업슴이오 (2)「合」字의 字義는 元來 서로 다른 두 事物이라는 觀念을 前提로 함이

그 本義이고 同一한 事物들을 거듭함의 作用을 니쁨은 그 本義가 안임으로 써이라

(B)

「初聲을 合用ᄒᆞᆯ디면 則 並書ᄒᆞ라」의 文句는 硬音의 音을 記寫함에 雙書式을 씀이 可하다는

意味와는 毫末도 서로 關係가 업는 記述이라

(가)

「初聲을 合用ᄒᆞᆯ디면 則 並書ᄒᆞ라」의 意味는 반드시 同一한 初聲을 거듭씀의 意味를 니씀을

고 어떠한 初聲이든더 初聲 둘을 어우려 쓸때에는 그 字形을 橫으로 가지런히 씀을

敎示한 것임은 前述 (A)에 論述한 바와 가틈 그 初聲이 同一한 것이며 各異한 것임은

이 文句中에는 毫末도 關係가 업는 것임

(나)

訓民正音의 編述의 順序를 考察할디면 冒頭에 音字 新制의 理由를 序言으로 쓰고 그

다음「ㄱ는 牙音이니 如君字初發聲」以下에 初聲과 中聲과 終聲의 音의 內容을 記述하야

마치고 그 다음「初聲을 合用ᄒᆞᆯ디면 則 並書ᄒᆞ라 終聲도同ᄒᆞ니라」以下 三節은 各 音字를

記寫하는 때엣 字形(音字 組合의 方法)을 規定한 것이니 그 第一節에는 먼저 初聲 둘

을 어우려 쓸때엣 그 互相間의 位置를 定하고(初聲 하나만이 이슬때에는 互相間의 位置

의 問題가 업스며 初聲이나 終聲 둘을 어우려 쓸때에는 그 位置의 規定이 必要함으로

써 並書하라는 規定을 說示한 것임) 連하야 終聲도 同함을 定하고 그 다음 두 節에는

初聲과 中聲과 合하는 때엣 中聲의 位置를 規定한 것이라 이와 갓히 「初聲合用則並書」

의 記述은 오직 字形上 各 音字의 位置를 規定한 것일 따름이오 音質의 內容과는 何等

關係가 업는 記述이라 故로 硬音의 發音을 記寫함에 어떠한 初聲의 音字로 써 함이 可

할가의 問題와는 아조 沒干涉한 文句이라

(C)

「ㄱ……並書ᄒ면如虯字初發聲」 以下 「ㄷ、ㅂ、ㅈ、ㅅ、ㅎ」等의 並書한 音의 標本으로 보힌

各其 漢字의 音 卽 「虯、覃、步、慈、邪、洪」의 音은 죄 다 朝鮮語에 硬音의 音質에 該當하다

아니 하는 音이라 그러한즉 그 文句를 자바서 써 硬音의 記寫에 雙書가 올타 하는 主

張의 根據를 사믈 수 업는 것임은 스스로 明白한 事理이라

以上 論述에 依하야서 보면 硬音의 記寫를 雙書式으로 함이 可하다는 主張이 訓民正音에 그

依據가 업슴은 벌서 明白하게 되야씀이라

(D)

이제 다시 訓民正音과 龍飛御天歌에 就하야서 朝鮮말 硬音의 音을 記寫한 用例를 考察

하야볼던대 「ㅅ」을 使用함을 原則으로 하고 「ㅂ」도 若干 使用하야씀 그러하야서 固有한

硬音 發聲音을 記寫함에는 主로 「ㅅ」과 그 平音과를 並書하얏고 各立한 硬音調를 記寫함

에는 各立한 「ㅅ」으로 記寫하기도 하고 「ㅅ」을 그 우에 잇는 音에 終聲으로 붓혀서 記

寫하기도 하고 ᄯᅩ「ㅅ」을 그 아래에 잇는 平音 初聲과 並書한 字形으로 記寫하기도 하야

【註】사行音에 硬音 符號로 되인시옷을 쓴 字形은 「ㅅ」의 雙書와 外形이 混同되는 것이

고 사行 以外의 音에는 硬音에 雙書의 字形을 쓴 例는 업습

左에 그 用例를 列記하야 보힘

固有語	(釋義)	出典	固有語	(釋義)	出典
뜨다라	(意이라)	訓三	뻐니	(貫하니)	龍二三
뽀는	(用하는)	訓五	쏘샤	(射하샤)	龍三六
산록미니라	(耳, 샌이라)	訓六	쏜	(獨)	龍四四
쓰면	(書하면)	訓七	싸호아	(鬪)	龍六九
셜리	(促急히)	訓二七	쑤르시니	(跪하시니)	龍八二
쏘	(亦)	龍九	쩌딜	(限할)	龍八七
말쓰물	(言을)	龍一三	쮕을	(雉를)	龍八八
쑤므로	(夢으로)	龍二三	쓰릭	(女의)	龍九六
서리샤	(忌하샤)	龍一五	씌	(橫腰, 帶)	龍一一二
쐬한	(黯, 쐬만혼)	龍一九	삐	(饌時)	龍一一三

右는 固有한 硬音을 記寫한 것

	訓 一
나라말 (國之語)	아ᄃᆞ님긔 (子主에게) 龍二五
가온딧소리 (中聲) 訓一八	아바님뒤 (父主之後) 龍二八
웃닛머리 (齒頭) 訓二九	한잣사ᅀᅵ (一尺之間) 龍三一
아랫니 (下齒) 訓二九	하ᄂᆞᆳ벼리 (天星이) 龍五〇

右는 各立한 硬音調를 그 우ㅅ 음에 終聲으로 「ㅅ」을 불힌 字形으로 記寫한 것

狄人ㅅ서리 (狄人之處) 龍 四	
正齒ㅅ소리 (正齒之聲) 訓二九	東海ㅅᄆᆞᅀᅵ (東海之濱이) 龍 六
齒頭ㅅ소리 (齒頭之聲) 訓二九	西水ㅅ ᄀᆞᆺ (西水之滸가) 龍 六

右는 各立한 硬音調를 各立한 「ㅅ」으로 記寫한 것

혀쏘리 (舌音) 訓 九	
엄쏘리 (牙音) 訓 六	입시울쏘리 (脣音) 訓一一
	니쏘리 (齒音) 訓一二

右는 各立한 硬音調를 그 다음에 잇는 初聲에 「ㅅ」을 불혀서 記寫한 것

(E)

또 다시 同一한 初聲을 並書한 用例 卽 雙書式 用例에 就하야 그 發音을 考察함

그 記寫는 硬音의 發音에 該當하디 아니 함

雙書式 用例를 調査하야 보면 爲先 그 字形은 漢字의 音에 만히 使用되얏고 固有朝鮮語에는 그 例(ㄲ行에 되인시ㅅ 부튼 字形 以外)가 甚히 드물고 特殊한 境遇에 極히 少數가 存

在할 샌임을 아을더라──ㅅ 의 雙書와 사行에 되인가웃과는 그 字形이 混同되야서 辨證의

材料가 되다 아니 함으로 그 用例는 列記하다 아니 함

乎ᅘᅩ 字쫑 情쪙 便뼌 並뼝 蚪뀹 覃땀 步뽕 慈쫑 喉ᅘᅮᇢ

洪ᅘᅩᇰ 復뿅 下ᅘᅡᇰ 合ᅘᅡᆸ 附뿡 凡뻠 平뼝 同뙹 頭뚷

右는 訓民正音에 雙書로 漢字의 音을 記寫한 例의 全部임

【註】漢字의 音은 中國의 發音에 依하야 記寫한 것이라

히여(使) 다ᄂᆞᆺ니라(抵ᅙᅳᆼ니라)

右는 訓民正音에 雙書로 固有朝鮮語를 記寫한 例의 全部임

치ᅘᅧᇰ(摯=오ᄅᆞ힘) 아ᅀᆞᆸ가(識乎아) 마쪙·빙예(迎함에)

右는 龍飛御天歌에 雙書로 固有朝鮮語를 記寫한 例의 全部임

【註】固有朝鮮語에 잇는 雙書의 例를 考察하건대 「여、ᄂᆞ、혀」의 初聲의 平音「ㅇ、ㄴ、ㅎ」

는 그 音의 性質上 硬音이 나디 못하는 音임 「아ᅀᆞᆸ가(現行語 아올가)」의 「까」

는 疑問 助詞「무엇인가、어데 가는가」의「가」임 그것이 固有한 硬音「까」가 안이

고 또 그 우에 各立한 硬音調가 存在한 境遇도 안임 (下記「餘言」參照)「마쪙·빙」

는 「마지(動詞「마ᄌ」로브터 轉成된 名詞)」의 말을 鄭重한 語音으로(現行語에는 그

規例에 符合되는 語音이 업습 「마중」이라 하는 名詞의 語源이 그 말과 連給이 잇는

것 가튼) 使用한 것임 그 것이 硬音 「마ㅆ」에 該當하는 音이 안임은 勿論이라

以上 記載된 用例에 나아가서 살펴보면 雙書式으로 記寫한 音이 朝鮮語의 硬音의 音質을

表示한 것이 안임은 分明함이오 오직 訓民正音 製作 當時에는 어떠한 發音을 表示할 目

的으로 이와 가튼 字形을 記寫하얏는가? 가 學究者의 研究 材料로 나믈 ㅼ뿐이라

訓民正音이 朝鮮語音中에 잇는 硬音調의 音에 「ㅅ」을 使用하야씀은 以上 記述한 바와 가튼

이라 그러한데 訓民正音에 各 初聲의 音質을 敎示한 方法은 漢字를 니쓰러서 「如某字初發

聲」이라고 하얏는 바 漢字音에는 朝鮮語音으로 硬音이 나는 字가 잇다 아니 하다 그러하야

서 硬音에 當하야서는 그와 同一한 方式의 說明이 업슴이라

以上 論述한 바를 總括하야서 말할딘대 訓民正音과 龍飛御天歌에(其他 古書도 다 가튼) 硬

音은 主로 「ㅅ」으로써 記寫하얏고 初聲 雙書式으로써 記寫한 곳은 하나도 업스며 訓民正

音에 初聲 雙書式으로 記寫한 것에 該當하는 發音은 다 朝鮮語音에 硬音을 나히는 音이 안

이라 그러한데 들립업시 朝鮮語의 硬音을 記寫한 實用例는 全部 度外視하야버리고 朝鮮語

音에 硬音으로 發音되다 아니 하는 雙書式의 字形을 드러가지고 이것이 朝鮮語의 硬音을 記

寫하는 方法으로 敎示된 것이라 하는 解釋을 取함은 너무도 荒誕한 錯誤된 說이라

【餘言】訓民正音에 記寫된 雙書의 初聲은 그 音質이 朝鮮語音 硬音에 該當하다 아니 하는 것

임은 左記 事項에 비추어서 疑慮할 餘地가 업는 것이라

(A) 그 字形으로 記寫한 漢字의 音이 朝鮮語音으로 硬音에 該當하는 것이 안인 일(例 蝸꿀·覃땀·步뽕·洪彎)

(B) 그 字形으로 記寫된 固有朝鮮語에 「여·낫·혀」가 잇는데 그 音質의 系統은 音理上 硬音 이나 다 못 하는 것인 일

(C) 그 字形이 朝鮮語音엣 眞正한 硬音을 記寫한 字形(例로 ㅅ뜸=ㅼ訓·썰리=ㅼ訓·促急하訓、 뽐=夢 龍 等)과 區別되야는 일

그러한즉 雙書式으로 記寫한 것은 어써한 音質을 表示한 것인가? 이것이 나마잇는 問題일 선이라 이 問題에 當하야 余의 推察하는 바를 紹介하랴 함

두렵건대 當時에 漢字의 音을 記寫함에 이 字形을 쓴 것은 漢字의 出處인 中國의 音을 參 考로 하야 朝鮮語엣 標準音과 좀 다른 어써한 音을 取하야서 各其 漢字의 音으로 使用함을 試한 것이며 그 音의 內容은 朝鮮語音의 平音에 接近하며 若干 激音의 音質이 加味된 音이 개씀으로 推察함 그러하게 推察하는 條件은 (1) 訓民正音 全篇을 通讀하야 보면 그 記寫方 法이 漢字의 音을 記寫함에 쓴 方式과 固有朝鮮語를 記寫함에 쓴 方式과 두 가지의 아조 서 루·다른 制度보 되야이슴을 볼디며 (2) 漢字音의 記寫는 朝鮮語音에 맛다 아니 하는 例가 甚 히 만흐며 (3) 雙音의 字形은 그 後 不過八十年에 全部 廢止되야고 (4) 그 漢字의 音은 各其 平音의 音으로 實行되얏고 (5) 그中에 少數가 激音의 音質을 가진 것이 이스며 (6) 音理上

한 系統의 音에 平音、硬音、激音 以外에 또 한 音質을 認識하랴 할다면 平音과 激音과의 中

間엣 音이 가장 出現되기 쉬운 일 等의 事項을 綜合하야 思考함에 因함이라

固有朝鮮語에 쓰힌 雙書의 字形도 그 平音과 同一한 系統에 屬한 音으로서 그 平音과 조곰

다른(激音 音質 加味) 한 特別한 音을 認識하야 使用하랴 하얏든 關係는 前記 漢字의 音에

對한 推察과 가틈 오직 그 字形이 使用된 各 말에는 各히 特別한 理由가 이슴이라 左에 그

要旨만을 略述함

(一)「히여」는「使」의 뜻(호여금)이니 그 語源은「호」(動詞「爲」의 뜻)와「히」(使役態 助用詞

「히」의 變動段「히」이니「게함」의 뜻)// 連結된 語이니 그 本音「히」의 氣分을 나타나히

고자 하야「여」에 조곰 激音性을 加함의 意味로「여」를 記寫한 것임

(二)「치혀」는「上=오르힘」의 뜻이니 그 語源은「치」(우에로」의 뜻)와「혀」(게함」의

連結된 語인데 普通「혀」의 音을「켜」로 即「치켜」로 發音하는 것이라 그「켜」音의 根源

은「혀」音의 더 激發性이 强한 것임(固有한「켜」音이 안이고)을 보히기 爲하야「혀」로 써

記寫한 것임(에스페란토 의 ĉ 叅照)

(三)「다ᄂ니라」는「다ᄒ(抵)ᄂ니라」의 略音「다ᅳᄂ니라」(「ᄒ」가 略되며 激音調가 생긴 發音)

의 發音인데 그 激音調를「ᄂ」에다가 表示하랴 한 것임──아래의 音에 影響을 줌이 激音

調의 本色임에 依하야 例로「됴ᄒ고」의「됴코」、「올ᄒ다」의「올타」와 가틈

(四)「아수봏까」의「까」는 即 疑問助詞에 使用되는「가」인데「ㄹ」바팀 아래에 그 音이 連續

하는 境遇에 그 音을 濁音으로 나히디 아니 하고 말근 音으로 나히는 것임을 如實히 記

寫하기 爲하야 特히 雙書의 初聲으로 記寫한 것임 무릇 ㄹ 바팀 아래에「ㄱ、ㄷ、ㅂ、ㅅ、

ㅈ」等의 初聲이 連續하는 말에는 境遇에 따라서 그 音調가 即 音의 抑揭이 두 가지로 나

타남 (1)은 좀 濁한 音調로 表現됨이니 例로「질그릇 土器、절구 曰、물도 水도、날밤 生栗」

等의 發音과 가름이오 (2)는 좀 淸한 音調(普通 平音보담)로 表現됨이니 例로「질그릇 負할

器、올흘가ㅅ字 可字、올흘가? 可乎아、할디니 可爲、할바 所爲」等의 發音과 가름이라 이러한

發音은 그 ㄹ 바팀이 入聲音 바팀과 같히 되는 것이라

右記 (2)와 가튼 發音을 記寫함에 訓民正音에는 ㄹ 바팀에「ㆆ」를 並書하고 아래ㅅ 初聲은

平音 그대로 記寫하얏고 例로「홇배 所爲가、홇디면 爲則、붏상 不相」과 가름 다른 古書에는

ㄹ 바팀을 그대로 쓰고 아래ㅅ 初聲을 雙書로 記寫한 例가 徃徃 이슴 現今에는 ㄹ 바팀

아래에 거저 平音 初聲으로 記寫하는 規例임은 勿論이라 右記 (2)의 發音을 雙書 初聲으

로 記寫한 趣旨는 雙書의 音은 平音보담 若干 激音의 質을 머그머잇는 것이고 激音은 平

音보담 完全한 淸音(無聲音)인 故로 (2)의 發音을 如實하게 表現하고자 함에 因한 것이라

(五)「마쫓볘」는 現行語에「마지、마중」이라는 말 以外에 그와 가튼 規例(鄕重한 語音을 附加

한 動詞 轉成 名詞)로 使用되는 語音이 아조 업슴

【續考】古書中에 雙書의 音에 考證되는 記述이 이슴으로 그 글을 摘示함

● 世宗實錄(戊辰十月 記事)에......戊辰은 訓民正音 頒佈後 二年되는 해이라

庚午頒東國正韻于諸道及成均館四部學堂仍教日本國人民習熟俗韻已久不可猝變勿强教使學者隨意

為之

【譯解】

庚午에 東國正韻을 諸道와 및 成均館 四部 學堂에 頒賜하시다 仍하야 教하야 本

國 人民이 俗韻에 習熟함이 이믜 오라서 猝然히 變하다 못 하개쓰니 强教하다 말고 배호는

者로 하야금 隨意로 하게 하라

【註】庚午는 日辰이니 同月十七日이라 東國正韻은 洪武正韻을 翻譯한 冊이라 四部學堂

은 東西南北 學堂이라 教는 御教를 니름이라 俗韻은 漢字의 音에 中國의 發音과

을리는 朝鮮人 發音을 指摘한 말이라 强教는 强行的으로 가르침의 뜻이라

右의 記錄에 依하야 當時에 漢字의 音을 中國 發音으로 學習하게 하랴는 方針을 取

하야섯든 일이 明確하고 따라서 漢字의 音에 諺文의 字形에는 朝鮮人 發音과

맞다 아니 하는 것이 이서씀이 明白하며 雙書의 字形은 當時에 漢字의 音에 만히

使用되얏다가 未久에 廢止된 事實에 비추어서 그것이 中國音의 模倣으로 使用된 것

임으로 推察되는 바이다

●四聲通解에 記載된「翻譯老乞大朴通事凡例」에……四聲通解는 中宗 丁丑(訓民正音 頒佈後

七十一年) 崔世珍 編纂、漢字에 當하야 中國音의 學習을 目的으로 한 冊이라「翻

譯老乞大朴通事」는 同一한 種類의 冊이라 그 著者는 不明함

一諺音

在左者卽通攷所制之字在右者今以漢音依國俗撰字之法而作字者也通攷字體多與國俗撰字之法不

同其用雙字爲初聲及ㅁㅸ爲終聲者初學雖資師授率多疑碍故今依俗撰字體而作字如左云如通攷ㅋㅁ

쩌其ㄲ皮삐調ᄄᅇ愁ᄍ爻ᅘ着ᄶ今書쩌爲키ᄢ爲ㅋㅂ皮爲ᄠ삐爲ᄯᄈ爲ᄊᄍ爲ᄶ之類ㄱㅁ

ㄷㅊㅎ乃通攷所用次淸之音而全濁初聲之呼亦似之故今之反譯全濁初聲皆用次淸爲初聲旁加二點

以存濁音之呼勢而明其爲全濁之聲

【譯解】

一諺音

左에 잇는 것은 卽 通攷에 所制한 字이오 右에 잇는 것은 今에 漢音으로 써 國俗의 撰

字의 法에 依하야 作字한 것이라(註一) 通攷의 字體는 國俗의 撰字의 法과 不同한 것이

만흠 그 雙字를 用하야 初聲으로 한 것과 밋 ㅁㅸ를 終聲으로 한 것은 初學이 비록

師授를 資하드라도 모도 疑碍가 만흠더라(註二) 故로 今에 俗撰 字體에 依하야 作字함이

左와 如함 例로 通攷에「쩌、其ㄲ、皮삐、調ᄄᅇ、愁ᄍ、爻ᅘ、着ᄶ」를 今에 ᄍ는 치로、ㄲ

는 키로、삐 는 띄로、빵 는 탄로、쌀 는 추로、빵 는 한 로 짤 는 쵸로、쟌 로 書

하는 類似한다라 니 ㄷ ㅍ ㅊ ㅎ 는 通攷에 쓰힌 바 次淸의 音인데 全濁 初聲의 呼함이 또

한 類似한다라 故로 今에 全濁의 初聲을 飜譯함에 다 次淸을 써서 初聲으로 하고 傍에

二點을 加하야 써 濁音의 呼勢를 存하야서 그 全濁의 聲임을 밝히 함(註三)

[註一] 漢字의 音(中國 發音)을 記한 諺文이 左右로 둘이 이슴에 當하야 그 區別을 說示

한 것임 이에 雙音 初聲(左에 이슴)은 朝鮮에 通用되는 字形이 안임이 明示되야

告

[註二] 雙書 初聲과 ㅁ ㅂ 終聲은 비록 스승의 가르침을 바다도 그 發音을 曉解 習得하기

어려움을 말한 것이니 雙書의 初聲은 朝鮮語音에 通用되는 音이 안인 것이 分明

함 故로 朝쌍語音에 잇는 硬音이 안이라

[註三] 以上을 綜合하야보면 雙書의 初聲은 朝鮮語音에 通用되는 發音이 안이고 그 內

容은 朝鮮語音 激音(次淸)에 近似한 音質을 描寫한 字形임이 分明한 것이라

古時에 初聲의 種類를 指稱한 「全淸、次淸、全濁、不淸不濁」의 術語의 內容은 左記와

가튼 區分法으로 使用된 것임 故로 現代에 聲音을 論함에 「淸音(無聲音)、濁音(有

聲音)」이라 니름과는 그 內容이 逈殊한 것이니 注意함이 可함

全淸……見 端 幫 精 影 心 等＝ㄱ ㄷ ㅂ ㅈ ㆆ ㅅ 等

次淸……溪 透 滂 淸 曉 等＝ㅋ ㅌ ㅍ ㅊ ㅎ 等

全濁……群 定 並 從 匣 邪 等＝ㄲ ㄸ ㅃ ㅉ ㆅ ㅆ 等

不淸不濁……疑 泥 明 日 喩 等＝ㆁ ㄴ ㅁ ㅿ ㅇ 等

右 區分法은 廣韻(隋 陸法言 著)、韻會(明 黃繡 著)、洪武正韻(明 高皇帝 命 詞臣 著)의 圖表에 다 同一함

●四聲通解에 記載된「四聲通攷凡例」에……四聲通攷는 世宗 己巳 訓民正音 頒佈後 三年)에 申叔舟가 世宗의 命에 依하야 編撰한 冊이라

一全濁上去入三聲之字今漢人所用初聲與淸聲相近而亦各有淸濁之別獨平聲之字初聲與次淸相近然

次淸則其聲淸故音終直低濁聲則其聲濁故音終稍厲

一 淸濁聲勢之辨

全淸見端幫非精照審心影九母平聲初呼之聲單潔不歧而引聲之勢孤直不按上去入三聲初呼之聲亦歧出雙聲而引聲之勢各依三聲高低之等而呼之次淸溪透滂淸曉六母平聲初呼之聲歧出雙聲而引聲之勢各依三聲之等而呼之全濁群定並奉從邪床禪八母平聲初呼之聲亦歧出雙聲而引聲之勢中按後歷上去入三聲初呼之聲逼同全淸而引聲之

勢各依三聲之等而呼之故與全淸難辯唯上聲則呼爲去聲而又與全淸去聲難辯矣………

【譯解】

一　全淸의　上、去、入　三聲의　字는　今에　漢人이　所用하는　初聲이　淸聲으로　더브러　相近하되　쏘한　各히　淸濁의　別이　이스며　獨히　平聲의　字는　初聲이　次淸으로　더브러　相近하나　次淸은　그　聲이　淸한　故로　音終이　直低하고　濁聲은　그　聲이　濁한　故로　音終이　좀　屬함

一　淸濁聲勢의　辯

全淸「見、端、幫、非、精、照、審、心、影」九母(母는　그　初聲을　니뜰이니라)는　平聲의　初呼의　聲이　單潔하야　不岐(갈리디　아니　함)하고　聲을　引하는　勢가　孤直하며　不按하고　上、去、入　三聲의　初呼의　聲이　쏘한　單潔하야　不岐하고　聲을　引하는　勢가　各히　三聲의　等分에　依하야　呼함　次淸「溪、透、淸、滂、穿、曉」六母는　平聲의　初呼의　聲이　岐하야　雙聲을　나히고　聲을　引하는　勢가　孤直하며　不按하고　上、去、入　三聲의　初呼의　聲이　岐하야　雙聲을　나히고　聲을　引하는　勢가　各히　三聲의　等分에　依하야　呼함　全濁「群、定、並、奉、從、邪、床、禪」八母는　平聲의　初呼의　聲이　쏘한　岐하야　雙聲을　나히고　聲을　引하는　勢가　中에　按하며　後에　屬하고　上、去、入　三聲의　初呼의　聲은　全淸과　逼同하고　聲을　引하는　勢가　各히　三聲의　等分에　依하야　呼하는　故로　全淸과　分辯하기　어려움　오직　上聲은　去聲으로　呼하는　바　쏘　全淸의　去聲과　分辯하기　어려움이라

【註】右 兩節의 說示에 依하야 보면 雙書 初聲(ㄲ ㄸ ㅃ 等)의 音質은 朝鮮에 通用되야

있는 發音이 안이며 그러한 字形으로 表記한 音의 內容은 朝鮮語音 平音(ㄱ ㄷ ㅂ

等)과 恰似하며 若干 激音 ㅋ ㅌ ㅍ 等)의 質을 含有한 것임이 明瞭함

(3) 實用上의 不便　　初聲 雙書式의 字形이 實用上 不便함은　余의 論辯을 要하다 안이 하고

一般이 다 아으는 바이라　初聲 雙書式을 計劃하는 사람 中에　雙書되는 音字中 왼편에 잇는

音字는　그 字體를 작게 맨드러서 쓰기를 主唱하는 사람도 이스며　例로「꿈、뽕」或은 두

音字를 併合한 字形으로 쓰기를 唱道하는 사람도 이슴　例로「꿈、뽕」이러한 計劃은 雙書

式의 不便을 自認한 結果의 言論이니　實로 蛇足의 劬勞이로다

읍으로 말하노니　한 民族의 一般的으로 使用하는 言文의 記寫方法을 變更함은 容易한 일이 안

이니　假使 學理上으로 一寸의 長이 잇는 것일다라도 그것을 變更하다 안이 하다 못할 不得

己한 必要가 잇는 것이 안이면　一般的 慣例를 尊重하야 襲用함이 可함이어늘 管理에도 古訓

에도 맛디 아니 하는 自家做出의 方法을 主張하야서 써 歷史的 文化인 從來의 書籍을 全部 沒

却하고　全民族의 一致되야잇는 記寫法을 攪亂하야 써 眩亂한 狀態에 빠다리게 하고 또 一般的

實用上에 크게 不便을 무릅쓰게 함은　尊重한 民族의 言文을 自家의 弄物로 處理하는 不忠實한

態度이라 불디어다! 「썰리(促急히)、꿈(夢)」等의 記寫例를、訓民正音 時代로브터 現代까지에

祖先의 손으로 作成된 累萬卷의 書籍에!

第十節　激音

激音의 觀念에 當한 大要는 第一編第五章第二節에 記述한 바이라 激音調의 狀態를 明瞭하게 하기 爲하야 激音調의 發生하는 狀態、激音調의 作用、激音調의 記寫方法에 關하야 다시 論述하랴 함

一 激音調의 發生

激音調의 發生의 狀態는 세 가지로 區別하야 볼 수가 이슴

(1) 固有한 激音　한 發聲音이 固有하게 激音의 音質로 되야잇는 것을 니뜸이라

例　칼(刀)　팥(豆)　치우니(寒하니)

이와 가튼 境遇엣 激音調는 그 말의 固有한 音質인 故로 그 激音調의 發生에 當하야서 더 論議할 餘地가 업는 것임

(2) 平音의 語音에 習慣上 激音調를 添加하야 激音 音質로 發音하는 것 그 中에는 그 言語의 意味에 多少 差異가 생기는 것도 잇고 坐 言語의 意味에 影響이 업는 것도 이슴

(A) 言語의 意味에 差異가 생기는 것

例　脉이 「벌렁벌렁」과 「펄렁펄렁」, 비가 「줄줄」과 「출출」

(B) 言語의 意味에 影響이 업는 것

例　「조밥」을 「조ㅅ밥＝조팝」、 「안(內)밥(外)」을 「안ㅅ밥＝안팥」

右와 가튼 激音調의 發生은 그러한 習慣이 이슴을 아음으로써 足한 것이오 音理上 又는 文

典 整理上에 特別한 價値가 이슴은 안임

(3) 한 音(ㅎ ㅎ並)이 省略되며 그 代身에 激音調가 發生되는 것

例 「너ㅎ고」가 「너ㄱ고 ॥ 너코」로、「만ㅎ고」가 「만ㄱ고 ॥ 만코」로
「可ㅎ다」가 「可ㄱ다 ॥ 可타」로

이 部類에 屬한 激音調의 發生은 音理上과 文典上에 規則的으로 活用되는 것임으로써 音

理 考察上과 文典 整理上에 자못 重要한 關係가 잇는 것이라

二 激音調의 作用   한 固有한 激音 音質의 發生에 含有되야잇는 激音調에 當하야서는 別로히

論述할 問題가 업는 것이오 이제 論述하랴 하는 것은 激音調가 各立하야 存在한 境遇엣 그

作用이라 元來 激音調의 狀態는 硬音調의 狀態와 매우 類似한 것인즉 硬音調에 關한 狀態

를 詳細히 考察하야서 써 激音調와 比照하면 그 狀態가 自然 明瞭히 될 것이라(本章第六節、

第九節 叅照)

激音調의 作用의 發音上에 表現되는 狀態는 左와 가름

(1) 그 音調의 다음에 連續하는 初聲 音質을 그 音質의 激音으로 表現되게 함

例 만ㅎ고 ॥ 만ㄱ고 ॥ 만코。 可ㅎ다 ॥ 可ㄱ다 ॥ 可타

(2) 그 音調의 다음에 連續하는 初聲 音質이 激音은 업고 硬音만 잇는 平音인 境遇에는 硬音

調와 同一한 發音으로 表現됨

例　싸호세 ∥ 싸ㄱ세 ∥ 싸ㅅ세 ∥ 싸ㅅ세 ∥ 싸쎄、　만호(오) ∥ 만ㄱ소 ∥ 만ㅅ소 ∥ 만쏘

(3) 그 音調의 다음에 連續하는 初聲 音質이 激音도 업고 硬音도 업는 平音이고 그 前에 잇는 音이 中聲인 때엣 그 作用은 그와 同一한 境遇엣 硬音調의 作用과 同一한 結果로 表現 됨

例　싸호네 ∥ 싸ㄱ네 ∥ 싸ㅅ네 ∥ 싸ㄷ네、　다호나? ∥ 다ㄱ나? ∥ 다ㅅ나? ∥ 다ㄷ나?

(4) 激音調가 音理上 表現되되 못하는 境遇는 硬音調와 同一함 但 激音調는 入聲音의 아래 에서도 그 作用이 表現됨 이것이 硬音調와 같디 아니 할 쌘이라

例　寂寞호고 ∥ 寂寞ㄱ고 ∥ 寂寞코、　섭섭호다 ∥ 섭섭ㄱ다 ∥ 섭섭다

三　激音調의 記寫方法

激音 音質을 記寫함에는 訓民正音에 獨立한 音字를 設定하야 現在 使 用되는 바이라(例로 ㅋ、ㅌ、ㅍ) 故로 固有하게 激音調를 含有한 發聲音을 記寫함에는 그 音字 를 使用할 것이고 그 外에 何等 論議할 바가 업슴 그러나 激音調가 各立하야 活用되는 境遇 에는 그 記寫方法으로 한 符號를 設定할 必要가 이서서 「ㄱ」를 그 符號로 使用하기로 하야씀 은 第一編第五章第二節에 論述한 바임

近來에 前述한 激音調에 該當하는 그 發音을 다 「ㅎ」의 바람의 作用이라고 하는 學說이 생겨서 만히 論議되는 바인 故로 이제 그 學說의 內容을 紹介하고 거긔에 辯證을 加하랴 함

【附記】「ㅎ」바람을 主張하는 說은 周時經氏의 唱道한 바이니 이것을 「서쓰힘 거듭소리」이라

고 너엿고 그 後 그 學派에 배혼 여러 人士가 使用하는 바이라

ㅎ 바람을 主張하는 見解의 內容은 左와 가틈

「ㅎ」도 喉音 以外의 音과 가튼 資格을 가진 發聲音으로 認識하야 바람으로 使用될 것으로 認

定함

「ㅎ」는 다른 發聲音과 서쓰힐 性質을 가진 것이라 그러하야 둘이 서쓰히면 「서쓰힘 거듭소리」

가 되는 것이라

【註】「서쓰힘 거듭」은 「덧 거듭」과 區別한 말이니 두 音이 서루 먼저됨과 나종됨에 다름이

업고 둘이 서쓰혀서 한 音으로 됨을 意味한 것이라

(1) ㄱㅎ = ㅋ, ㄷㅎ = ㅌ, ㅂㅎ = ㅍ, ㅈㅎ = ㅊ

(2) ㅎㄱ = ㅋ, ㅎㄷ = ㅌ, ㅎㅂ = ㅍ, ㅎㅈ = ㅊ

連發音에

(1) 우ㄱ = 위ㄱ ∴ 우ㅎ = 우ㅋ = 위ㅋ

$$
\left\{
\begin{array}{l}
ㄱㅎ = ㅎㄱ, \\
ㄷㅎ = ㅎㄷ \\
ㅂㅎ = ㅎㅂ, ㅈㅎ = ㅎㅈ
\end{array}
\right\}
$$

(2) 우ㅎ 가 = 우ㅏㄱ ∴ 우ㅓ 우ㅑㄱ 우ㅣ = 우ㅏㄱ = 우ㄱ 우

그러하야서

實例로

(1) 「閣下」의 發音 「가하」는 「가카」와 가틈

(2) 「好고」의 말 「둏고」의 連發音이 「됴코」로 됨

「多ㅎ다」의 말 「많다」의 連發音이 「만타」로 됨

(3) ㄴㅏ＝ㅇㄴ, ㄹㅏ＝ㅇㅁ ……이러한 것들도 「서쇠힘소리ㄴ」이니 그 音을 表記할 字形

은 짜로 업스나 그 內容이 한 덩어리의 音으로 됨은 右 (1)(2) 엣 音과 同一함이라

右와 가튼 見解에 依하야서 語音中에 不音 發聲音이 激音으로 表現되는 發音은 다 그 우ㅅ 音

에 「ㅎ」바팀이 이슴에 因한 連發音의 表現이라고 認定함이라

右의 見解에 對한 辯證　　그 學說은 音理上 「ㅎ」가 바팀될 수 이슴을 前提로 하는 主論이라

「ㅎ」가 바팀되다 못 함의 問題에는 音理上 「ㅎ」의 本質에 當한 見解가 가장 重要한 關係를 가

진 것인바 이에 當한 說明은 이믜 第四節第一款、第二款에 論述한 바이기로 그 論述을 引用

하고 다시 重複하야 論述하디 아니 함 그러나 以下에는 그 見解(「서쇠힘 소리ㄴ」의 見解)에

關한 個別的 關係의 몃 가지를 論述하야 써 그 見解의 錯誤됨을 더욱 明白히 함

(1) 二個의 서루 다른 發聲音이 두 中聲의 사이에 잇는 境遇에 그 두 發聲音이 先後를 빗바도

同一한 發音이 된다 함은 音理上 到底히 首肯할 수 업는 妄論이라 조차서 모든 發聲音에

그 例가 업는 것이라

(ㅇㅏㅂㄱㅏ＝ㅇㅏㅂ 가) (ㄱㅏㅂㅅㅏ＝갓 수) (ㄱㅏㄴㄷㅏ＝간 다)
(ㅇㅜㄱㅁㅏ＝ㅇㅜ ㄸ) (ㄱㅏㅅㅂㅏ＝갓 ㅃ) (ㄱㅏㄷㄴㅏ＝간 ㄴ)

二者의 發音이 全然히 다름

故로 (ㄱㅏ ㅎ) (ㅁㅏ ㅎ) 이 두 中聲의 사이에 잇는 境遇에 그 發音이 서루 갓다 함은
　　(ㅎㅏㄱ) (ㅎㅏㅁ) 　無條理한 見解이라(假說로 「ㅎ」바팀을 是認하드라도)

前에 論述하야씀과 갓히 무릇 한 發聲音이 中聲과 配合되야 初聲으로 發音되는 때에는 그

後部作用이 主要한 作用을 하는 것이오 中聲의 다음에 부터서 바팀이 되는 때에는 그 前部

作用이 主要한 作用을 하는 것이라 故로 두 發聲音이 두 中聲의 사이에 連續하야 잇는 境遇

에 그 두 發聲音이 全然히 同一한 것이 안인 以上에는 그 先後의 位置가 밧고히면 그 音

이 同一하다 아니 할 것은 가장 알기 쉬운 條理이라

(2) 「ㄱㅎ」는 「ㅋ」와、「ㅂㅎ」는 「ㅍ」와 같다 함은 形式上으로 連發音의 結果만을 말함에는 그

다음에 中聲이 「ㅎ」에 合하야서 下行音이 되는 境遇에 限하야 이를 是認함 朝鮮語에 「악하」

와 「아카」、「압하」와 「아파」는 連發音上에 그 結果가 서루 가틈이라 例로 動詞 受動態에

「防 막(動詞)히(助用詞)」가 「마키」로、「捕 잡히」가 「자피」로 發音이 化成되야씀과 가틈이라

그러나 「악하」와 「아카」、「압하」와 「아파」의 發音이 가틈다 함에 當하야 그 發音의 作用을

音理에 依하야 考察하는 때에는 스스로 그 區別이 이슴이라 이것을 漫然히 「ㄱㅎ」가 「ㅋ」、

「ㅂㅎ」가 「ㅍ」와 가튼 것이라고 誤認하는 때에는 이에 因하야 音理 硏究上 許多한 境遇에

當하야 迷路에 彷徨할 虞慮가 이슬더라

「아ㄱ 하」가 "아카" 와,"아ㅂ 하" 가 "아파" 와 가튼 發音으로 表現됨이라

"아(ㅎ)+아" 가 "아카"
"아(ㅍ)+아" 가 "아파" 〕發音됨이 안이라

"아ㄱ+하" 가 "아카" 와,"아ㅂ+하" 가 "아파" 와 가튼 發音으로 表現됨이라

「압하」=「아파」의 發音은 「ㅂ」의 前部作用을 完成한 뒤에 中聲 「ㅏ」의 音을 나혀서 發音하

一三九

눈 즈음에 喉頭摩擦音인 「하」의 音을 나히면 그 音은 「파」의 音과 가튼 音으로 되는 것이라 「ㅂ」과 「ㅎ」와 두 音質이 함의 前部作用을 完成하고 그 後部作用에 中聲 「ㅏ」의 音이 配合되는 것은 안이라 故로 하行音에서 中聲을 除去하고 「ㄱㅎ」로 바림에 使用할 境遇를 想像할디면 이는 全然히 無意味에 歸着되는 말이라 盖 하行音으로브터 中聲을 分離하고서는 「ㅎ」만으로는 何等의 發音 作用이 되디 못하는 것이니 이는 마치 喉音의 平音인 아行音으로브터 中聲을 除去하고 「ㅇ」만에 就하야 發音 作用을 要求함이 性質上 不能됨과 同一한 關係이라

(3) 그 學說에 依하면 「ㅎ」는 온갓 發聲音의 바림의 다음에 添加되야서 바림이 됨이라 하는 不條理한 結果가 나타나게 됨

例

原	音略音	發音	周說見解
正直	정직ᄒᆞᆫ 다	정직타	正直ᄒᆞ다 = 정직타
多	만ᄒᆞ고	만코	만ᄒᆞ고 = 만코
可	올ᄒᆞ디	올티	올ᄒᆞ디 = 올티
禁	금ᄒᆞ디	금티	禁ᄒᆞ디 = 금티
鬱	답답ᄒᆞ다	답답타	답답ᄒᆞ다 = 답답타
似	비슷ᄒᆞ다	비슷타	비슷ᄒᆞ다 = 비슷타
分明	분명ᄒᆞ다	분명타	分明ᄒᆞ다 = 분명타

動 두 가지 뿐임 朝鮮語는 이에 關한 制度가 英語와 다른 故로 英語엣 術語를 그대로

使用함에는 適當하다 아니 함

「遂成」을 「可能」이라고도 니름 그러나 文典上 「可能」의 用語는 推量에만 使用됨이 通例

이고 「遂成態」는 現實의 事實을 叙述하는 것인 故로 誤解되기 쉬우니 不可함 遂成態

를 或 「勢相」이라고 니르는 사람도 이슴 이는 「態」를 「相」이라 함을 前提로 함이라 (右

는 日本語 文典에 나타난 것임)

基本態

基本態는 用言의 基本 意義로 써 表示하는 것이라 故로 態를 表示하는 助用詞의 補助

를 바듬이 업시 用言만으로써 그 意義를 表示하는 것임

例 아이가 자오 　　고양이가 쥐를 자브ㅂ니마 　　山이 노프ㅁ오

房에 사람이 잇나? 　　金剛山은 名山이다

變動態

助用詞가 用言에 添加되야서 그 用言의 基本態가 變動된 것을 變動態이라고 니름

一 受動態 　動詞의 動作을 받는 體言을 主語로 하는 用言(叙述的 使用에)의 態를 受動態이라

고 니름

例 受動態……盜賊이 巡査에게 잡히ㄴ다 　　證人이 判事에게 부르히ㅁ오

基本態對照……巡査가 盜賊을 잡는다 　　判事가 證人을 부르ㅁ오

【注意】受動態는 動詞의 動作을 받는 事物이 主語가 되는 것인 故로 用言中 그 動作이 다른

事物에 미치는 單語인 他動詞에 限하야 成立되고 그 以外의 用言에는 受動態가 업슴

(6) 그 學說의 생겨난 原因을 考察하야보건댄 用言 語尾 「ᅙ(ᄒ 包含)」音인 것이 略音으로 發
音될 때에는 「ᅙ」의 音이 省略되고 그 아래에 잇는 平音이 激音으로 發하는 現象에 當하야
그 學說은 그 아래에 잇는 平音의 音이 變更되는 理由를 審究한 結果 그와 가튼 見解를 取
하야 說明하기로 된 것이라 例를 드려 말하면
好 「됴코」는 「둏고」의、多 「만타」는 「많다」의、可 「가타」는 「갛다」의 連發音의 結果……
이라고 解釋하고 따라서 「둏、많、갛」가 用言이라고 說明함이라
朝鮮語音에 「ᅙ」의 音이 略되며 그 다음의 音質이 硬音으로 發音됨과 「ᅙ」의 音이 略되며
그 다음의 音質이 激音으로 發音됨의 慣例가 이슴은 實驗上 明確한 事實이라
例一 植 심으며 심ᄉ고 = 심쓰、抱 안으며 안ᄉ다 = 안싸
例二 絶 ᄭᅳᆫ흐며 ᄭᅳᆫᄀ고 = ᄭᅳᆫ코、多 만흐며 만ᄀ다 = 만타
그러한데 만일 例二엣 境遇에 當하야 「ᄒ」가 우의 音節에 바림이 되야서 그 結果로 그 다
음의 音質이 激音과 가튼 發音이 되는 것이라고 說明할더면 그와 同一한 論法으로 例一엣
境遇에 當하야서도 「ᄋ」가 우의 音節에 바림이 되야서 그 結果로 그 다음의 音質이 硬音과
가튼 發音이 되는 것이라고 說明하게 될더라 故로 이 後段의 說明이 不可함을 아으는 同時
에 그 前段의 見解도 쏘한 不當함을 知得할 經緯이라
(7) 「好 둏며、됴코」의 語音과
「可 갛며、가코」의 語音은 쪽 가튼 發音의 規例에 依한 語音인데 後者는 「갛」가 用

言의 原形(「둏」는 그 略音)이라고 解釋하면서 前者는 「둏」를 자래나혀서 그것이 그 用言의 原形이라고 觀察하야

「둏、며、둏 고」)
「가ㅎ며、갛 고」로 區別함은 條理에 어그러디는 整理方法이라

【附記】「둏、가ㅎ」의 「ㅎ」는 原語이라 「됴ㅎ、가ㅎ」는 近代에 變更된 記寫法이라

概要로 말하건대

「好 됴흐며、多 만흐며、可흐며」의 用言「됴흐、만흐、可흐」에 助詞「다」가 添加한 말
(1) 「됴흐다、만흐다、可흐다」의 語音이 促略하게 發音되야
(2) 「됴 타、만 타、可 타」의 發音으로 表現됨에 當하야 그 發音의 狀態를 귀에 들리는대로、눈에 보히는대로 不凡하게 解釋하면 (2)의 發音은 (1)에 잇는 「흐、ㅎ」의 音이 업서더서 三音節이 二音節로 조라디고 「다」의 音은 激音으로 變하야 「타」로 表現되는 것이라 故로 그 狀態를 그대로 平易하게 說明할디면 「흐」가 略되고 激音이 나는 狀態를 考察함에 한 거름을 더 지인데 그러한데 周氏의 學說은 「흐」가 略되고 激音調가 나타나는 것이라고 說明되는 바나타드려가서 다시 쏘 그 原因을 說明하랴고 그것을 「ㅎ」가 바팀이 되고 그 連發音의 結果이라고 하는 見解를 取하게 되야서 그 結果가 여러 가지로 眩迷 不合理의 說明을 비저나

히게 된 것이라

(2) 受動態 助用詞의 語音에 關한 規例　動詞가 受動態로 使用되는 境遇에　그 語尾와 助用

詞와의 關係는 左의 規例에 依함

受動態 助用詞는 動詞 語尾 原段(原音 又는 略音)에 承接함

受動態 助用詞가 使用되는 境遇에 그 우에 잇는 動詞의 語尾의 各 發音을 標準으로 하고 各

히 그 音에 連接되는 助用詞의 語音을 區別하면 左와 가름

(A) 動詞의 語尾의 原音(音이 中聲音)에 連接되는 助用詞는 「히」가 使用됨 但 語尾 이 段인

複音節 動詞에는 「키」가 使用됨

(B) 動詞의 語尾의 略音(音에 바림된 音)에 連接되는 助用詞는 左와 가름

(甲) 「ㄱ、ㄷ、ㅂ、ㅈ、ㅍ」에는 「히」。

(乙) 「ㄴ、※、ㅁ、ㅅ、ㅊ」에는 「기」。　※「ㄴㅎ」의 「ㅎ」略에는 「ㄱㅣ」。

(丙) 「ㄹ(平音ㄹ、間音ㄹ 並)」에는 「리」

右記 以外에 不規則으로 되는 例外의 言語가 若干 이슴　　「ㅋ」바림의 用言은 無

前記의 規例에 依하야 그 實例을 보힘　【凡例】　안엣 記寫는 그 發音의 表現임

一 말에게 차(蹴)히르라[채ㅣ르라]、　　마당이 파(鑿)혀ㅅ다[패ㅣㅅ다]

二 불이 켜(燃)히오[케이오]、　　　　돌이 퍼(敷)혀씁니다[패여씁니다]

三 南山이 보(見)히오[뫼ㅣ오]、　　벌에게 쏘(螫)혀서[쐬여서、쐐ㅣ서]

四 죽이 잘 쑤(煮)히고[쉬ㅣ고]、　　곡식이 다 거두(收)혀ㅅ네[거뒤엇네]

「ㄷ」에는 實例가 不明

第四節 助用詞

第一款 助用詞의意義와任務

助用詞는 用言에 連接하야서 用言을 補助하야 그 內容에 무슨 特定한 意義를 添加하는 單語이라

【註】助用詞의 文法上 資格은 英語엣 助動詞(Auxiliary verb)와 恰似한 것인데 朝鮮語 助用詞는 動詞의 補助로만 使用됨이 안이고 各種類의 用言에 다 使用되는 故로 助用詞이라고 名稱한 것임 助用詞는 「主된 用言」의 名稱에 對하야 「補助用言」이라고도 니름

助用詞에는 用言의 態(Voice)를 表示하는 것(例一)과 尊敬을 表示하는 것(例二)과 時相(Tense)을 表示하는 것(例三)과의 三種이 이슴

例一
쥐가 고양이에게 잡히오、 바람ㅅ 소리가 들리오、 잡히는 쥐......受動態
麥酒를 어름에 차혀라、 말굽에 신을 신기느다、 차히르 麥酒......使役態
日氣가 더워디오、 汽車로 한 時間에 가뎌요、 가디르 時間......遂成態

例二
先生님이 오시오、 어마님이 아이를 아느셧다、 오시는 先生님
당신은 思想이 노프시브니다、 오시는 先生⎱尊敬
孔子는 聖人이시다、 聖人이시ㄴ 孔子⎰

例三
李君이 가쓰ㅂ니다、 고양이가 쥐를 자바쎠요、 가시든 사람이 와요
어제는 퍽 더워ㅅ(쓰)다、 어제는 金氏가 當番이야쓰오、 아라쓰르 理가 업다⎱過去
李君이 가개쓰ㅂ니다、 고양이가 쥐를 잡개써요、 가갯는 길
來日은 퍽 덥갯(갯)다、 밤에 달이 잇갯다、 알갯는 글⎱未來

二八五

右는 (A)이든디 (B)이든디 音節과 文法에 抵觸은 업슴 그러나 音節 區分의 原則에 조차서

(A)로 記寫함이 可함 右와 가튼 連發音엣 그 區分은 한 發聲音이 그 다음에 오는 中聲音

과 合하야 한 音節로 構成됨(「나、무、기、다ㄴ와 갈혀)이 原則이고 우ㅅ 音에 바팀이 되고

아래에 아行音이 됨(「남、우、진、아ㄴ와 갈히)은 特別한 理由가 잇는 境遇에 限하는 것이라

例二　木이 (A)나무가　　手를 (A)손을　　徔하는 (A)가는
　　　　　　(B)나묵아　　　　　(B)소늘　　　　　　(B)간은

右는 (A)는 音節과 文法에 다 마즘
　　 (B)는 音節에는 可하나 文法에는 아니 마즘 } 故로 兩全인 (A)로 記寫함

例三　木器名 (A)함지　　却 (A)문득
　　　　　　　(B)함이　　　 (B)문윽

右는 (A)는 音節과 文法에 다 마즘
　　 (B)는 音節에는 可하나 音節에는 아니 마즘 } 故로 (A)로 記寫함

例四　見 (A)볼사람　　持 (A)가진돈
　　　　 (B)보ㄹ사람　　 (B)가지ㄴ돈 } ......「ㄹ、ㄴ」은 助詞임

勝 (A)이긴다　　徃 (A)갑니다
　　 (B)이기ㄴ다　　 (B)가ㅂ니다 } ......「ㄴ다、ㅂ니다」는 助詞임

右는 音節에는 마즈나 文法에는 아니 마즘
(B)는 文法에는 마즈나 音節에는 아니 마즘 } 音節 法則에 조차서 (A)로 記寫함

例五 多
(A) 만흐多니
(B) 맣多으니

(A) 坐 안즈坐며
(B) 坐 앉坐으며

(A) 無 업스無오
(B) 無 없無으오

右는 音節과 文法에 다 마즘
(B)는 音節과 文法에 다 아니 마즘 } 故로 (A)로 記寫함

同一한 言語일더라도 發音을 促略하게 하는 略音의 慣習에 因하야 音節의 數가 減少되는 境遇에는 그 말이 記寫되는 字(音節文字)數도 따라서 減少됨

例六 不去 아니가 雖去 가디마는 欲去 가고시프다 植시므고 如 가드라
안 가 가디만 가고싶 다 심 고 같 다

【附記】이 著述中에 音節文字의 法則에 맞다 아니 하게 記寫된 字形이 이슴 그러나 그것은 그 짐짓 그와 같이 特殊한 字形으로 記寫한 것이오 普通의 記寫方法으로는 不可한 것임

第十二節 바팀되는 發聲音字의 記寫方法

이 論述하기 爲하야 又는 그 言語의 組織을 觀察하기 爲하야 必要한 特殊의 境遇에

朝鮮語音엣 바팀되는 發聲音에 餘音을 發하디 못하는 規則이 이슴과 그 結果로 바팀되는 發聲音의 發音에 變動이 생김과 쏘 同一한 系統 又는 類似한 系統에 屬한 各히 다른 發聲音이 同一

右記 例示中 上欄에 잇는 各 用言(例로 자브、잡、자바)은 各其 意義를 가진 單語가 成立되야

이스나 그 下欄에 잇는 助詞가 添加되디 아니 함에는 言語上 아모 趣向이 나타나디 아니 함

上欄에 잇는 各 用言에 中欄에 잇는 各 助用詞가 添加되면(例로 「잡히、잡혀」「가시、가셔」)

그 用言에 무슨 特定한 意義가 添加됨 그러나 그것은 무슨 特定한 意義가 添加되야이슬 뿐

이고 下欄에 잇는 助詞가 添加되디 아니 함에는 言語上 아모 趣向이 나타나디 아니 함이

用言만이 잇는 때엣 狀態와 同一함

第二款 態

用言의 態는 基本態와 變動態와로 分類되며 變動態에는 受動과 使役과 遂成과의 세 가지가 이

슴 그러하야서 用言의 態는 基本、受動、使役、遂成의 네 가지로 區別됨

```
用言의 態 ─┬─ 基本態
           └─ 變動態 ─┬─ 受動態
                      ├─ 使役態
                      └─ 遂成態
```

【註】動詞의 基本態를 能動態이라고 니름 이것은 英語 Actiue voice 의 譯語이며 Passive voice

(受動態)의 對語이라 英語에는 態의 法則이 動詞에만 잇고 또 態의 種類는 能動과 受

閉　다드　달　단기

觸　바드　받　받기

裂　씨즈　씻　씻기

載　언즈　언　언치

摩　만지　——　만치 …………… 語音임

（動詞 語尾「스」의 略音「ㅅ」에 助用詞「기」가 連接되는 規例

（洗씨스 씻기 奪 쌔아스 쌔앗기）에 冒從한 語音임

挿「쇼즈」의 略音「쇼ㅈ」에 「히」가 連接하야 「쇼치」로 發音되는

插音에 冒從한 語音임 ※

「지」와 「즈」가 近似함으로 「언즈、언치」와 同一한 關係로 된

※右記中「언즈、언치」는 外形上으로는「쇼즈」略音「쇼ㅈ」에「히」가 連接되야서「쇼치」로 發音되는 規例(前記 例示 一三)와 類似하나 그 音理의 眞相은 서루 다른 것이라「언즈」의 略音에는「즈」가 略音되고「언」만 發音되고 그 다음에 硬音調가 發生하나니(例로 언ㅅ고)「즈」의 바림이 업는 故로「히」가 連接되야서「치」의 發音이 될 材料가 업슴이라 또「언즈」의 原音에「히」가 連接되면 그 發音은「언즈히→언치」로 됨이라「언즈」와「언치」와는 音理上에 直接으로 連絡이 되디 못함에 不拘하고 다른 動詞 語尾「즈」의 音이 受動態의「치」의 音으로 發音되는 規例에 따라서「언즈」의 受動態도「언치」로 發音되는 慣習이 생긴 것임(摩「만지」의「만치」와 對照 考察함이 可함)

二 使役態

主語인 體言이 다른 事物의 動作이며、狀態이며、存在를 맨드는 (하게 함) 用言의

【註】ㄷ 系統과 ㅅ 系統은 그 系統이 서루 다른 것이나 發音에 當한 調節作用의 狀態가 서루

類似함에 因하야 두 系統이 聯合하야 代表音 ㄷ 이 發音됨이라

ㄴ、ㅁ、ㅇ 의 系統에는 各히 ㄴ、ㅁ、ㅇ 하나 뿐임으로 本音과 代表音의 區別이 업슴은

勿論이라

右記 一、二 와 갓히 바팀의 音은 그 다음에 連續되는 말에 따라서 變動되는 것인즉 그 記寫 規

例를 어써하게 定함이 可할가? 자못 重大한 問題이라

【注意】從來에 同一 系統 又는 類似 系統에 屬한 發聲音中에 各히 一個의 音字만으로 써 바팀

에 使用하야 「ㄱ系統(三種)에는 「ㄱ」을、「ㄷ」과 「ㅅ」의 系統(八種)에는 「ㅅ」을、「ㅂ」

系統 三種)에는 「ㅂ」을 專用하야씀은 右記의 理由에 因하야 音의 代表音字를 使用한 바

임 「ㄱ、ㅂ」의 記寫는 다 그 代表音이 바로 使用되야 쓰나 「ㅅ」의 記寫는 그 代表音되는

「ㄷ」을 저쳐노ㄱ고 記寫의 便易에 依하야서 「ㅅ」이 使用되야씀 이로 因하야서 音理 觀

察上에 여러 가지로 眩迷한 關係가 생겨씀이라

이 問題의 處理 方法은 結局 左記 세 가지ㅅ 中에 하나로 歸決될 바임

(甲) 本音主義　本音의 音字로 通用함　그러하고 그 音字는 境遇에 따라서 發音에 變化가 생김

의 法則을 公認하는 方法임

이 方法을 認定하면 左와 가튼 結果가 생김

例

花(A) 옷이
蘘(A) 잪에 {(B)(B) 옷과、옷 울타리 (B) 잪도、잪 아홉단}

(B)의 語音 {옷과、옷 울타리 집도、집 아홉단} (B)의 語音 {옷이 잪에}

右(B)의 境遇에는 그 記寫가 그 語音과 符合되디 아니 함의 缺點이 이슴 그러나 右의 發音은

餘音不發法則의 結果인 故로 그 法則으로써 說明되는 바이라

代表音主義 代表音의 音字(單語의 發音이 終止되는 때엣 音이라)로 通用함

이 方法을 認定하면 左와 가튼 結果가 생김

(乙)
例

花(A)(A) 쏜 울타리、쏜과
蘘(A) 집 아홉단、집도 {(B)(B) 쏜과 집에}

(B)의 語音 {쏜이 잪에}

右(B)의 境遇에는 그 記寫에서 그 語音이 나디 못함의 缺點이 이슴

訓蒙字會 時代 以後로 「ㄱ ㄴ ㄷ(近來에는 ㄷ 에 ㅅ 이 代用되야씀) ㄹ ㅁ ㅂ ㅅ ㅇ 만을 바팀에 使用하야씀 龍飛御天歌에는 「놉고、좃줍거늘」의 記寫가 이슴 이는 本音主義에 依하야 「ㅍ、大」가 바팀으로 使用된 것이라 訓民正音에는 「ㄷ、ㅍ、大……」의 바팀된 記寫例가 업고 「達」의

訓에 「ㅅㄷ츨씨라、ㅅ뭇디아니ㅎ」의 記寫(月印釋譜에 添附된 訓民正音 第二頁、及 著者 考定 同頁)가 이

슴에 依하야보면 代表音을 採用한 것과 가틈

諺古書에 名詞에 從屬的 아行音이 連接하는 境遇에는 ——[訓] 겨체(傍에)、노미(者이)、[龍] 도티、(豚이)、노믈(者를)、[蒙] 겨희(傍의)、사라미(人이) ——이와 가티 記寫하야씀 그러나 文典的 整

使役態 助用使가 使用되는 境遇에 그 우에 잇는 用言의 語尾의 各 發音을 標準으로 하고 各

히 그 音에 連接되는 助用詞의 語音을 區別하면 左와 가틈

【注意】使役態에는 受動態와 同一한 語音이 使用됨이 原則이라

(A) 用言의 語尾의 原音(쯧이 中聲音)에 連接되는 助用詞는 「히」가 使用됨 但 이 段 單音節

用言에는 「히」나 「우」가, 이 段 複音節 用言에는 「키」나 「우」가 使用됨

(B) 用言의 語尾의 略音(쯧이 바팀된 音)에 連接되는 助用詞는 左와 가틈

(甲) 「ㄱ、ㄷ、ㅂ、ㅅ、ㅌ、ㅍ」에는 「히」。「ㄱ」바팀의 用言은 無

(乙) 「ㄴ、ㅁ、ㅅ」에는 「기」

(丙) 「ㄹ」「ㄱㄹ」후에 「히」가 略되고 「ㄹ」바팀만이 되는 境遇에도)에는 「리」
「ㅊ」에는 實例가 不明

【附記】「ㄱ」 아래에 「이」를 認定하야(한 便法으로) 使用함도 可함

右記 以外에 不規則으로 되는 例外의 言語가 若干 이슴

前記의 規例에 依하야 그 實例를 보힘 【凡例】「 」안엣 記寫는 그 發音의 表現임

一 아이를 자(寢)히오•[재ー오]

二 긔ㅅ대를 서(立)히다•[세ーㄴ다]

三 使童에게 니쩌서 燈ㅅ불을 켜(燃)히고•
巡査에게 갈을 차(佩)혀ㅅ다•[채ーㅅ다]

四 左에 實例를 보(見)히ㅁ•[뵈ーㅁ]
下女하여 자리를 펴(數)혀ㅅ다•
閑良을 모와 활을 쏘(射)혀요

五　불이 쇼(消)히ㄴ다[•쇼인다]　물에 잠그(潛)혀스드라[•쟁겻드라]

六　두 사이에 씨(挾)히ㄴ다[•씨인다]　떡이 못다 씨(蒸)혀스소[•씨엿소]

七　그림이 잘 그리(畫)히ㄴ다　너불이 잘못 가이(罾)켜스다[•개ㅣ켯다]

八　길이 막(防)히오[마키오、매키으]　배암이 옭(括)혀스다[•올켯다]

九　문이 닫(閉)히오[다타오]　흙에 묻(埋)혀서[무더서]

一〇　새가 잡(捕)히ㄴ다[자핀다、재핀다]　발에 밟(踏)혀서[발퍼서、바ㅣ퍼서]

一一　旗가 꼿(揷)히고[쏘치고]　그 일이 닛(忘)히디 아니 하오[니치디]

一二　山이 구름에 덮(覆)히오[더피오]　돈이 다 갚(報)혀스소[가펏소]

一三　아이가 안(抱)기오[앵기오]　신이 잘 신(履)겨스다[싱겻다]

一四　길이 쓴ㄱ(絕)겨스다[쓴켯다]

一五　실이 감(卷)기ㅂ니다[갱깁니다]　밤이 삶(烹)겨스다

一六　돈을 쌔앗(奪)기고　손이 하야ㄱ게 씻(洗)겨스다

一七　弱한 닭이 쫓(逐)기ㄴ다　바람에 불(吹)려서[부려서]

一八　칼이 갈(磨)리ㄴ다[가ㅣㄴ다]　짐이 실(載)려스다[시럿다]

소리가 들(聞)리오[드ㅣ오]

다시 各 種類의 語尾로 成立된 動詞가 受動態로 使用되는 境遇에 各其 語尾의 音(原音、略音의 關係)과 助用詞의 音과의 狀態를 査閱하면 左와 가튼

右의 境遇에는 硬音 符號를 添加할 必要가 업슴(本音主義를 前提로 하고) 故로 本音主義에 依한 記寫이라도 이 境遇엣 되인시옷 은 省略함이 可함

그 硬音 符號(되인시옷)를 省略함의 理由는 右의 境遇는 다른 境遇와 같디 아니 한 左記의 特別한 關係가 이슴에 因함이라

(1) 略音은 元來 이믜 原音으로브터 變更이 잇는 音인 일

(2) 略音에 因한 發音에는 原音의 發聲音과 다른 音을 使用하는 例가 만흔 일
例　原音　問 무르며、注 부으며、放 노흐며、붏더우며 가
　　略音　무디고、부시고、노ㄱ고、더ㅂ고 로 됨과 가틈

(3) 硬音은 獨立한 音字가 업고 符號를 添加하야 記寫하는 制度인 일

(4) 略音에 因하야 生하는 本音이 나타나는 境遇가 업는 일
元來 略音은 原音의 變更된 것으로서 그 바팀의 發音은 同一 系統의 發聲音은 다 가튼 發音 卽 代表音으로 發音됨은 勿論이고 어떠한 境遇에는 아조 짠 系統의 發聲音의 發音으로 轉換되는 수 까지도 이슴 故로 本音의 境遇엣 바팀은 반드시 그 本音엣 音字를 記寫할 수 업는 것임 그러한데 硬音은 本音에다가 符號를 附加하는 制度이고 略音에 因하야 바팀되는 境遇에는 本音의 音字를 쓰든다 略音의 音字를 쓰든다 同一한 發音인즉 그 硬音 符號는 아조 無意味한 덧부타기가 되는 것임 故로 略音에 因하야서 生하는 硬音 發聲音의 바팀에는 그 硬音 符號인 되인시옷은

前述한 各 主義에 依한 記寫例를 보힘(1 本音主義、 2 代表音主義、 3 應用主義)

1 옷이 업서서 오 감을 사다가 옷 아홉벌을 지어쓰오

Osi öbsösö osgamŭl' sadaga os ahobböl'ŭl' jiöŝuo

2 온이 업서서 욷 감을 사다가 욷 아홉벌을 지어쓰오

Odi öbsösö odgamŭl' sadaga od ahobböl'ŭl' jiöŝuo

3 옷이 업서서 욷감을 사다가 욷 아홉벌을 지어쓰오

Osi öbsösö odgamŭl' sadaga od ahobböl'ŭl' jiöŝuo

1 앞 마당에 잇는 앞 울타리를 쓰덧드니 앞이 환하오

Ap madangöe isnŭn ap ul'tarirŭl' ŭŭdösdŭni api hwanhao

2 압 마당에 인는 압 울타리를 쓰떧드니 압이 환하오

Ab madangöe idnŭn ab ul'tarirŭl' ŭŭdöddŭni abi hwanhao

3 압 마당에 인는 압 울타리를 쓰떧드니 앞이 환하오

Ab madangöe idnŭn ab ul'tarirŭl' ŭŭdöddŭni api hwanhao

第十三節 「ㄹ」의 化成된 長音의 記寫方法

「ㄹ」음의 系統에 屬한 間音 ㄹ 이 淘汰되고 그 音은 난호혀서 아行音과 不音 ㄹ 과에 歸屬된 狀

例示

一　땅이 파히오
二　불이 켜혀스다
三　山이 보히네
四　잘 두히ㄴ 바독點
五　밥이 잘 구우혀스소
六　옷이 잘 김(補)혀스다
七　燈ㅅ불이 쏘히고
八　물에 잠그혀서
九　못이 바그히오
一〇　못이 박히오
一一　門이 닫히느다

一二　盜賊이 잡히스다
一三　씾이 씾히오
一四　아이가 안겨서
一五　나무가 잘시므혀스다
一六　나무가 심겨스다
一七　물에 씻겨서
一八　이집에 싸르(隨)히ㄴ담
一九　물ㅅ소리가 들리오
二〇　칼이 잘 갈리느다
二一　나무가 까스히오

二二　곰에게 할트혀서
二三　돈이 다 갚혀스소
二四　셩이 매에게 쫓기느다
二五　술이 가득히 부으혓소
二六　노쓴이 닛(續)겨스다
二七　말이 노호혀서
二八　길이 쓴ㄱ겨스다
二九　늘(板)사이에 씨혀서
三〇　너불이 잘 가이켜스소

不規則으로 處理되는 單語는 左와 가름

動詞　原音　略音　受動態

囚　가두　―　가티(갇히)
收　거두　―　거타(걷히)

受動態 語音의 原由

動詞 語尾 「드」의 略音 「드」에 助用詞 「히」가 連接되야서 「티」로 發音되는 規例(閉 다드 닫히 ॥다티、埋 무드 문히 ॥무티)에 冒從한 語音임

平音ㄹ로 組成된 單語의 發音의 規則에 統一함은 到底히 不可能한 事勢이라

그 發音을 「ㅡ」으로 記寫함이 어떠한 單語에는 語音과 適切하게 符合되다 아니 하는 感이

잇는 말도 이스며 坐 다른 單語와 混淆될 念慮가 잇는 말도 업디 아니 한 그러나 그

種類의 語音 全部를 對象으로 하야 規例를 考定함에 學理와 實際를 綜合하야 考察하야서

「ㅡ」으로 記寫함이 比較的 가장 適宜한 處理 方法으로 認定한 바임

第十四節 中聲音의 調和

朝鮮語에는 中聲音 調和의 法則이 이슴

中聲音을 淡音과 濃音으로 區別함(第二章第三節 叅照)

淡音 ㅗ ㅏ ㅛ ㅑ

濃音 ㅜ ㅓ ㅠ ㅕ

準濃音 ㅡ ㅣ

한 單語에 우ㅅ 音節이 淡音이면 그 다음에 오는 音節도 淡音이 되고 우ㅅ 音節이 濃音이면

음의 音節도 濃音이 되는 法則이 이슴 이를 中聲 調和의 法則이라고 니름

例 淡音 폴삭、 팔랑팔랑、 골하(庫)、 바다(受)、 야가(謀)

濃音 풀석、 펄렁펄렁、 굼허(虛)、 버더(延)、 녀셔(編)

準濃音은 그 音이 우ㅅ 音節에 이슬 때에는 濃音과 가트며 아래ㅅ 音節에 이슬 때에는 濃音 淡

音에 混用됨

(1)

準濃音이 우ㅅ 音節인 境遇

例　드러(聞)、　ᄂ저(晚)、　쇠물쇠물、　둘석둘석

　　너거(熟)、　미더(信)、　피둥피둥、　치렁치렁

準濃音이 아래ㅅ 音節되는 境遇

例　바드(受)며、　ᄂ그(消)며、　노러(臭)다、　만지(摩)고　바득바득

　　버드(延)며、　무그(陳)며、　누리(臭)다、　던지(投)고　부득부득

【叅考】古代에는 「ㆍ」가 現今에는 「ㅡ」에 合併된 結果로　用言 語尾 原段音 ㅇ段이 ㅡ段으로 되야

버려서　古代엣 「노픈、 안즈니、 ᄆᆞ트ᄂᆞ라」等의 語音이 「노픈、 안즈、 ᄀᆞ트ᄂᆞ라」의 發

音으로 되야버린 故로　그 變動段의 音 「노ᄑᆞ서、 안자서、 ᄆᆞ타서」의 音도 ㅇ段音의 變

動段이 어段音으로 되는 規例에 따라서 「노퍼서、 안저서、 ᄆᆞ터서」의 音으로 發音되는

狀態가 만하더ᄯᅥᆷ

(2)

九來는 「ㆍ」가 淡音이오 「ㅣ」가 濃音이앗더니 「ㆍ」가 「ㅣ」에 合併되야서 「ㆍ」가 쓰히든 語音

이 「ㅣ」로 되야버린 結果로　現行語로는 「ㅣ」가 準濃音으로 되야ᄯᅥᆷ　古書 記寫는 左와 가름

例　淡音　노폰(高한)……訓、　안ᄌ(坐)……龍　ᄆᆞ드(如)ᄂᆞ라……訓、　말ᄊᆞᆷ(語)……訓

　　濃音　구든(堅한)……龍　업스(無)면……訓、　드른(聽한)……龍、　어름(氷)……龍

古代 記寫에 보면　이 段音의 아래에는 ㅇ段音(淡音)이 使用된 일이 만히 이슴

例　忘 ᄂᆞᄌᆞ시러잇가、　失 일ᄒᆞ샤　稱 일ᄏᆞᄃᆞ시니、　繼 니ᅀᆞ샤도……以上 龍飛御天歌

中聲「ㅣ」는 濃音의 性質이 薄弱함에 因하야 現行 語音에도 이 段音의 關係에 因하야 中聲調

和의 法則이 徹底하게 一貫되다 못 하는 語音이 이슴

古代에 助詞「은、 은」「를、 를」「는、 는」等을 倂用하든 때에는 그 助詞도 그 우엣 單語의 中

聲音과의 調和 法則에 依하야 區別되야써쓰나 近者에는「ㅣ가「ㅣ」에 合倂된 結果로 그 法

則이 行하디 아니 함

【注意】近來의 發音(特히 京城 發音)에 오段音이 아래에 붙는 音으로 使用되는 境遇에는 訛音

으로 우段音을 나히는 習慣이 생겨이슴

例 助詞에「고、도、로、오」를「구、두、루、우」로──나두 가구、이러루 가우

名詞에「환도(環刀)」、댱고(長鼓)、고초(苦草)」를「환두、댱구、고추」로

用言에「밧고(換)、가초(具)、고오(麗)、가가오(近)」를「밧구、가추、고우、갓

가우」로

其他 各 品詞에도 다 그러함

이러한 習慣이 이슴에 依하야서 中聲調和로 오段音이 使用될 言語에 우段音이 使用

되는 일이 만흐니 그 訛音에 注意함이 可함

以上 說明한 바와 같히 中聲調和 法則은 一大原則으로 成立되야잇는 것임 그러나 種積의 原由

에 因하야 例外의 顯象이 나타나는 일이 이슴

例一 飮 마셔(라)、臭 노려(서) 「마셔、노려」는 「마시、노리」의 變動段音의 音이니 用言 語尾 原
音 이 段의 音은 變動段音에 여段으로 되는 法則에 依하야 成立된 語音이라

例二 어른다오(며)、사랑스러우며、선선하(을)다 「어른다오、사랑스러우、선선하」는 비록 一
個의 單語로 處理되는 것이나 그것이 固有한 한 單語가 안이고 「어른、사랑、선선」에 「다
오、스러우、하」가 添加되야 成立된 말이며 그 添加되는 部分은 淡音에 든디 濃音에 든다
添加되는 關係에 依하야 이와 같이 成立된 語音이라

例三 木 나무、甚 매우 이러한 單語의 「무、우」는 元來는 「모、오」의 音으로서 오段音이 우
段音으로 訛轉되는 習慣에 依하야 「무、우」의 音으로 된 것인데 三 種類의 語音中에 一般
的 認識이 너무 確固하게 된 單語는 그 習慣에 조차서 例外로 處理하게 되는 것이라

例四 輕 가벼오며 이 單音의 元來의 音은 「가비야ᄫ → 가비야오」인데 「비야」가 合하야서
한 音節로 될때에 「뱌」로 되디 아니 하고 「벼」로 되야서(이段音은 여段으로 變함이 야段
으로 變함보담도 同化性이 만흠에 因한 것임) 「가벼오며、가벼와서)」로 된 것이라

例五 待 기다리며(이 單語의 元來의 音은 「기드리」로서 語音의 轉換에 因하야 「드」가 「다」
로 된 것이라(「기」가 完全한 濃音이 안임에 因하야 「다」音의 連結이 容許된 것임)

右 例三 以下와 같이 中聲調和 法則의 例外로 處理되는 少數의 單語가 이슬디라도 그것은 例外
로 볼 쑤이오 一般으로 原則이 되야잇는 中聲調和의 法則을 輕視하야서는 아니 되는 것임

言語의 發音에는 音이 省略되며 音節이 倂合되는 것이 이슴 그 狀態中 가장 顯著한 것은 左와 가름

【附記】社交的 生活의 狀態가 漸漸 忽忙하야딤에 따라서 言語의 發音이 자쏘 短促하야디는 顯象이라 나의 直接 經驗한 바에 依하건대 略 百年前에 出生한 先輩의 語音과 現代 少年의 語音과는 그 短促의 程度가 顯著히 서루 다름을 認識함

一　하行音이 아行音으로 發音되는 일……即 摩擦音「ㅎ」가 潛寂되고 平然한 喉音인「ㅇ」의 音質로 表現됨

例　만흐며 ↓ 만으며、 천천히 ↓ 천천이

二　中聲의 다음에 아行音이 連續하는 境遇에는 各 音節의 區劃이 숨겨뎌서 두 音節이 倂合하야 한 音節과 같이 表現되기 쉬운 일

例　어드운 ↓ 어둔、 하야서 ↓ 해서、 되야서 ↓ 돼서、 紳士이오 ↓ 紳士요

三　中聲「ㅡ」의 音은 甚히 弱하야서 埋沒되기 쉬운 일

例　書 글쓰이 ↓ 글씨、 被呼 부르히(히 ↓ 이)부쎄、 被削 까쏘히(히 ↓ 이)까쎄

【附記】近來에는 語音도 日本語의 征服을 바다서 「긔차(汽車)」를 「기차」、「일긔 日記)」를 「일

기」, 「쎠(帶)」를 「써」, 「거믜(蜘蛛)」를 「거미」로 記寫함을 主張하는 사람도 이슴 將

次 「長期」가 「長技」와, 「醫員」이 「二圓」과 混同되야버릴가?

四 中聲 「ㅡ」의 音은 甚히 弱하야서 語音을 促略하게 發하는 때에 그것이 省略되기 쉬운 일

例 기프고 = 갚고, 가트다 = 같다, 시므고 = 심고, 가고시프다 = 가고싶다

【註】前記 「三」에 記載한 語音은 音勢의 促急에 因하야 「ㅡ」가 脫落되는 狀態이라

이오 이 「四」엣 語音은 「ㅡ」가 그 다음에 잇는 아行音에 吸收되야서 埋沒되는 狀態

五 中聲 다음에 잇는 「이」가 中聲 「ㅡ」(「ㅚ」이라고 니뜸)로, 되야서 우ㅅ 音節에 倂合되는 일

例 사이(間) → 새,　나(出)히(이)고 → 내고

부이(空)고 → 뷔고,　버이(斬)고 → 베고 → 再轉 비고

푸이(發)며 → 뷔며 → 再轉 피며

言語의 音도 時代의 經過에 따라서 變動되는 것임은 否認할 수 업는 事實이니 온갓 言語의 音에 當하야서 구타여 原音을 固執할 바는 안이라 그러나 現時에 可히 通用될 수 잇는 範圍內에서는

歷史的 傳統과 音韻의 優雅를 保存하기 爲하야 原音의 記寫를 保守함이 可하며 特히 語音의 省

略에 因하야 文典上 破綻이 생기기 爲하야 니르러서는 言語의 合理的 組織을 保存하기 爲하야

그 正當한 原音에 조차서 記寫함이 可함

第十六節　語音檢察의 方法

語音에 疑義가 잇는 境遇에 그 眞相을 判斷하야서 合理的으로 解決을 하랴 함에는 音理上이며

文典學上에 發達된 考察力이 이슴을 要함도 勿論이어니와 그 檢察에 必要한 몃 가지의 方途를

左에 略述함

一 地方語에 依한 考察　各 地方의 서루 갓디 아니 한 語音을 比照하야 考察함에 어쩌한 語

音의 原理가 나타남이 이슴 左에 몃 가지의 例를 드러서 보힘

例一 「미다디門、田氏뎐씨」의 語音이 京城에서와 平壤에서와 서루 다른 發音으로 表現됨 그

러한 語音은 「디、뎌」等의 音이 音理上 두 가지로 表現되는 狀態를 考察함에 材料가 됨

例二 深「깊다」(京城)의 語音과 「기프다」(慶尙道 其他)의 語音을 對照하야 「프」와 「ㅁ」의 共通 卽

으段音의 原音과 略音의 音理를 考察함

例三 「지으(作)며、쉬우(易)며」의 語音을 「지스며、쉬브며」의 語音으로 使用하는 地方이 이

슴 이에 依하야 古代音 「스」가 「으」와 「ㅅ」로、「브」가 「우」와 「ㅂ」로 歸屬된 關係를

考察함

二 古語에 依한 考察　古語는 言語의 流傳되야온 根源인 故로 그 考察의 必要함은 勿論이라

그 重要한 一例를 드러 말하면

例 古語 「쉬븐」易가 「쉬우며、쉬ㅂ고」로、「두터븐」厚가 「두터우며、두터ㅂ고」로 된 關係 卽

「븐」가 「우」로 되고 그 略音은 「ㅂ」으로 된 音理를 考察함 用言 語尾에 「우」와 「ㅂ」이

使用되는 單語는 古語「ᄇ」로브터 由來한 것임을 아라야 비로소 그 語音의 合理的 關係를 曉解하게 됨이라

三 兒童의 言語에 依한 考察　幼兒가 처엄으로 말을 배홀때에는 類推的 直覺만 잇고 習慣에 依하야 變動된 發音은 아직 익히디 못한 故로 純理的이며 規則的의 原音으로 發音함이 만흠

例「食 머그자、多 만흐다、聞 드르고、同 가트다」等의 語音을 使用함 그 略音「먹자、만타、듣고、같다」의 習慣에 익기 前엣 語音은 右와 같히 그 原音을 發함이 만흠 이에 依하야 그 原音、略音의 關係를 考察함에 材料가 됨

四 日本語音의 對照

例一 古代音「ㅇ」의 初聲、「ㅿ」의 初聲으로 된 漢字音이 日本音에 各各 ガ行、ざ行의 音으로 되야이슴　例로「業업、愚우」가「グフ、グ」、「穰샹、人신」이「ジャウ、ジン」또「ㅣ」中聲으로 된 漢字音이 い 段音으로 되야이슴　例로「思ᄉ、次ᄎ」가「シ、ジ」이에 依하야 古代 朝鮮音의「ㅇ、ㅿ」의 音質이며「ㅣ」의 音韻을 考察함에 材料가 됨

例二「學問 ガクモン、學校 ガクコウ」의 發音과「防 마그며、막고」의 發音、「死 シニマシタ、シンダ」의 發音과「履 시느며、신다」의 發音을 對照하야 原音과 略音의 共通되는 音理를 考察함에 材料가 됨

五 連發音의 句讀(구두) 言語中에 한 音이 우ㅅ 單語에 부른 것인디 아래ㅅ 單語에 부른 것

인디가 疑問되는 境遇에는 連發音의 句讀를 檢察함이 한 方法임

여러 單語로 組成된 말을 連續하야서 發音할 때에는 그 마듸가 잘 드러나디 아니 하니 試驗

的으로 發音을 천천히 하야 一個의 單語式 널거보면 그 音의 句讀의 境界가 나타나는디라(音

節이 各히 分離되디 아니 하는 境界가 안인 限에) 左記 例示에 就하야 吟味하야 불디어다

例一 당신이 나를 미드셔야 하야(해) 요

對照 당신이 나를 믿 으시 어야 하 야요……周時經 學說에 依한 句讀임

六 語音의 互接檢察 同一한 單語에 發音이 두 가지로 되는 境遇 또는 文典上 가튼 規例에

發音이 두 가지로 되는 境遇에 그 中 어느 發音이 原則音이고 어느 發音이 變則音인가를 檢

察함에는 이 互接檢察法으로 試驗함이 가장 必要하며 또 適切한 方法이라

互接檢察法이라 함은 同一한 單語 又는 文典上同 한 規例엣 語音이 그 아래에나 우에 잇는

말(單語 又는 音)의 關係에 싸라서 두 가지로 發音되는 에에 그 關係를 서루 밧과서 接續하

야 가지고 그 結果를 考察하는 方法임

互接檢察의 結果는

(1) 原則音은 發音이 좀 서루씔다라도 意味가 通함

(2) 變則音(原音으로브터 무슨 習慣에 因하야 變成된 音)은 아조 意味가 通하디 못 함

左記 各 言語에 上下를 交換하야 (A)(b)와 (B)(a)로 接續시기고 그 結果를 檢察함

例一 同一한 單語에

普通發音	互接檢察	普通發音	互接檢察
(1) 松		(2) 粟	
솔(A) 닢(a)	솔 나무	조(A) 죽(a)	조 죽
소(B) 나무(b)	소 닢	좁(B) 쌀(b)	좁 죽
(3) 食		(4) 如	
머그(A) 자(a)	머그 자	가트(A) 며(a)	가트 고
머ㄱ(B) 마(b)	먹 마	가ㄷ(B) 고(b)	가ㄷ 며

右는 가튼 單語의 아래에 承接되는 單語를 交換하야 檢察한 것임

右檢察의 結果 (A)에는 (b)가 承接하야도 發音이 좀 서루쓰나 그 말의 意味를 認識함에 足함 此에 反하야 (B)에 (a)가 承接한 發音은 全然히 그 말이 形成되지 못함 故로 (A)는 原音이오 (B)는 (A)로브터 變動된 變則音임이 判明됨

【對照】左記 單語는 原音이 淘汰된 것임 故로 右記의 例와 差異가 이슴

(1) 暑		(2) 吹	
더우(A) 며(a)	더우 며 고	부으(A) 니(a)	부으 니 고
더ㅂ(B) 고(b)	더ㅂ 며 고	부르(B) 고(b)	불 니

右는 (A)에 (b)가 承接한 語音도 말이 잘 形成되디 못함 이 種類의 單語는 (1)은 原音「ㅎ」가 「우」로, (2)는 原音「ㅂ＝間音르」가 「으」로 轉成된 音인 故로 「우」, 「으」도 各其 本來의

原音이 안인 緣故이라

例二 同一한 規例에(用言 變動段音의 ㅓ段과 ㅏ段)

	普通發音	互接檢察		普通發音	互接檢察
(1)	食 머(A)(a)	(서)	(2)	堅 구(A)(a)	(서)
	防 마(B)(b)	(서)		直 고(B)(b)	(서)
	防 마거(서)			直 고더(서)	
	食 머가(서)			堅 구다(서)	

右는 가든 規例인 ㅡ段 用言의 變動段音이 ㅓ段과 ㅏ段의 두 가지로 發音됨에 當하야 그

우 人 音을 交換하야 檢察한 것임

檢察한 結果 (a)(어段音)는 (B)에 連接하야도 그 말이 形成됨에 를림이 업슴 此에 反하야

(b)(아段音)가 (A)에 連接한 發音은 그 말이 形成되되 못함

用言 語尾 原段 ㅡ段音인 單語의 變動段音은 어段音으로 됨이 原則이라 「머거、구더」의 原

段音은 「머그、구드」이니 그 語尾 「그、드」의 變動段音이 「거、더」로 됨은 右의 原則에 依한

確固한 發音이라 「마가、고다」의 原段音은 元來에는 「마그、고드」로서 「ㆍ」가 「ㅡ」에 倂合

됨에 因하야 「ㅁ、ㄷ」가 「그、드」로 된 것이며 그 變動段音은 元來의 發音 「마가、고다」가

中聲調和 法則에 依하야 그대로 維持되야잇는 것이라 그러하야서 이 種類의 用言(語幹이

淡音인 語尾 ㅡ段)의 變動段音은 古代音의 遺傳과 原段 ㅡ段의 變動段音의 原則인 어段音마

두 가지의 發音이 使用됨이라

第二編　管理及記寫法

第三編 文法

緖言

本著는 朝鮮語를 알디 못 하는 사람에게 朝鮮語를 배호도록 함이 主된 目的이 안이고 朝鮮語를 알고 그 文法的 解決을 考察하랴 하는 사람에게 恭考로 供하랴 함이 主된 目的이라 故로 普通으로 觀察하야 特히 講論을 할 必要가 업는 部分에 當하야서는 極히 簡單한 文句로 그 意義를 說示함에 그치고 講論할 必要가 잇는 部分에 當하야서는 比較的 詳細한 論述을 하랴 함

元來 文法 硏究中 가장 重要한 部分은 用言의 活用이라 그러할 쑨 안이라 著者의 專攻的으로 硏究한 것도 쏘한 그 部分에 關한 것인 故로 用言 活用에 關한 部分이 以下 論述中에 가장 重要한 眼目이 될 것임

第一章 總論

第一節 口語體와 文章體

聲音을 發하야 써 意思를 表示하는 것이 言語(狹義)이니 이것이 卽 口語이오 그 言語를 記寫하는 것이 文章이라 그러함으로 理論上 口語와 文章은 그 組織이 반드시 一致되야야 可할 것임

그러나 다른 民族의 言語의 組織에 보면 二者가 서루 그 法則을 다뜨히 하는 일이 이슴 이는

缺點이라 朝鮮語에는 口語體와 文章體와에 文法上 조끔도 서루 다름이 업슴 이는 우러의 깃버

할만한 長處이라 朝鮮語中에도 어떠한 單語는 文章體에는 使用하야도 口語體에는 使用하다 아

너 하는 것이 若干 이슴 그러나 그것은 習慣上 그 單語를 使用하며 아니 하는 差異가 이슬 쓴이

고 文法의 組織上에는 何等의 差異가 업슴이라 故로 文法을 講論함에는 口語體와 文章體에 何

等의 區別이 업슴이라

第二節 言語의 構成

사람의 聲音으로서 意義가 잇는 것의 單位를 單語(Word)이라고 니씀

例 눈(雪)、오(來)、시(聲敬助用詞)、이(助詞)、오(助詞)、벌서(早速히)、아(感歎詞)

例 아 눈이 벌서 오시오!

온갓 文은 다 辭典에 하나씩 하나씩 잇는 單語를 써바나허서 連續的으로 排列한 것이며 文을

分解하면 다 辭典에 잇는 單語가 되는 것이라

單語가 集合되야서 完結된 意思가 表示되는 것을 文(Sentence)이라고 니씀

【註】「文」이라 함은 普通의 觀念으로 보면 言語를 記寫한 것 即 文章의 意義임과 같히 보히는

缺點이 이슴 그러나 그 用語가 文法上 一般的으로 使用하는 慣例가 이뤄씀으로써 이 글

에도 그대로 使用함 이 「文」의 意義中에는 言語(口語)도 包含된 것임

文(Sentence)의 意義를 表示하는 術語에는 「成語」이라 하면 觀念上 了解하기 쉬울 것임

(1) 助詞中에는 獨立하야서는 音節이 成立되지 못하는 것도 이슴 例 「가(去) ㄴ(助詞)

사람(人)、 글씨를 쓰(書) ㅂ니다(助詞)」의 「ㄴ、ㅂ니다」

(2) 助用詞中에는 略音이 使用되는 때에는 音節이 成立되지 못하는 것도 이슴 例 「쓰

가 가(往) ㅅ(「ㅅ」=「쓰」의 略音 ‥‥過去 助用詞)다」의 「ㅅ‥‥【對照】소가 가쓰니

第二章　單語

第一節　單語의 種類

言語의 單位는 單語임 單語의 種類를 品詞이라고 니름

朝鮮語의 單語는 左記 十二 品詞로 난호히이슴

一 名詞　二 代名詞　三 存在詞　四 指定詞　五 形容詞　六 動詞　七 助用詞(補助

用言)　八 助詞　九 冠形詞　十 副詞　十一 接續詞　十二 感歎詞

一 名詞　有形 無形의 一切 事物의 名稱을 表示하는 單語를 名詞이라고 니름

例 나무에 감이 셋이 여러씁니다

諸葛亮은 智慧가 만흔 사람이 얏다

右記 文中에 傍線을 施한 單語는 名詞임(以下 做此)

二 代名詞　名詞의 代身에 使用하는 單語를 代名詞이라고 니름
例 나는 당신을 사랑하오
그이가 이것을 우리에게 보나엿다

名詞와 代名詞를 合하야 體言이라고 닐커름

三 存在詞　事物의 存在를 表示하는 單語를 存在詞이라고 니름
例 宇宙에 世界가 이스오　　房에 사람이 이스니
工夫는 끝이 업스ㅂ니다　　山에 나무가 업스며

四 指定詞　事物의 是非(이며、안이며)를 指定하는 單語를 指定詞이라고 니름
例 법은 사나온 動物이오
사심은 猛獸가 안이다

五 形容詞　事物의 狀態를 叙述하는 單語를 形容詞이라고 니름
例 山이 크오、 낯이 붉그오、 곰은 미련하오

六 動詞　事物의 動作을 表示하는 單語를 動詞이라고 니름
例 사람이 가오、 漁父가 고기를 자브오

存在詞、指定詞、形容詞、動詞를 合하야 用言이라고 니름 用言은 文의 叙述語가 됨

七　助用詞（補助用言）　用言에　添加하야서　用言의　意義를　補助하야　어떠한　特別한　意義가　添

加되게　하는　單語를　助用詞이라고　니름

例　쥐가　고양이에게　잡히오　　先生님이　오시오

李氏가　가쓰ㅂ니다　　來日ㅅ　밤에는　바람이　차개쓰오

助用詞는　用言에　添加하야　用言의　意義와　結合하야서　어떠한　特別한　意義를　表示하는　것이니　形

容詞　動詞等을　主된　用言이라고　니쓰며　　助用詞를　補助用言이라고　니름

八　助詞　한　單語（句　又는　節並）에　添加하야서　다른　單語（句　又는　節並）와의　關係나　又는

그　文과의　關係를　表示하는　單語를　助詞이라고　니름

例　나븨와　벌이　꽃을　차자서　金氏의　동산에　오ㅂ니다

九　冠形詞　事物의　狀態를　表示하야　體言을　修飾하는　單語를　冠形詞이라고　니름

例　새　집　외　기러기　날　고기

【註】事物의　狀態를　表示하는　單語에　(1)　叙述語로　使用되는　것을　形容詞이라고、(2)　體言을

修飾하는　것을　冠形詞이라고　니름　　冠形詞는　普通의　觀念에　形容詞와　같이　觀察되는　것임　그러나　朝鮮語에는　冠形詞와　形

容詞가　그　內容의　意義는　類似하나　文典上에　應用되는　資格은　全然히　서루　다름으로　써

各別한　品詞로　處理함

形容詞와 冠形詞를 各異한 品詞로 區分함은 周時經氏의 先唱이고 그 名稱을 前者는 「언」

後者는 「언」이라고 命名하야씀

日本語의 形容詞(普通 形容詞를 가르침이오 指定 形容詞는 格別이라)는 (1) 叙述에 (2)

修飾에 併用됨

英語의 形容詞(Adjective)는 冠形詞와 가름 叙述語로는 쓰디 못 하고 補語가 될 뿐임

十 副詞　用言의 意義를 修飾하는 單語를 副詞이라고 니름

例 잘 자네 매우 노프오 만히 이스오 꽉 참말이다

十一 接續詞　言語의 中間에 介立하야서 單語、句 又는 節을 接續하는 單語를 接續詞이라고

니름

例 山과 및 물이 奇麗하오、 먹이나 又(쏘)는 붓을 사오、 成君은 힘도 세이며 쏘 거름도

빠르오、 그이가 늘거쓰나 그러나 그이가 健康하오

【註】純粹한 朝鮮語의 組織으로 보면 接續詞는 서루 맞디 아니 하는 것이오 助詞中 一種인

接續助詞가 그 使命을 함이라 그러나 言文의 變遷의 狀態에 隨應하야 이 品詞를 認定함

十二 感歎詞　感歎의 意思를 發表하는 單語를 感歎詞이라고 니름

例 아 도ㄱ다、 아차 니저버릿네

感歎詞를 感動詞 又는 間投詞이라고도 니름

言語에　對한　關係에　依하야　各　品詞를　區分하면　左와　가름

言語

主成部分
　體言
　　名詞（數詞를　包含）
　　代名詞
　用言（叙述語）
　　用言
　　　存在詞
　　　指定詞
　　　形容詞
　　　動詞
　　助用詞（補助用言）（態、尊敬、時相이　이슴）

從屬部分
　冠形詞
　副詞
　接續詞
　感歎詞
　助詞（體言助詞、用言助詞、別働助詞가　이슴）

第二節　體言

第一款　名詞

名詞는 事物의 名稱을 表示하는 單語이라

例　사람、 나무、 李舜臣、 金剛山、 힘(力)、 工夫、 民族、 軍隊

名詞의 種類

名詞를 (一)普通名詞、 (二)固有名詞、 (三)無形名詞、 (四)表數名詞 로 分類함

一　普通名詞　同種類의 사람 又는 一定한 形體가 잇는、 物件에 通用하는 名稱을 表示하는 單語

를 普通名詞이라고 니름

例　사람、 아이、 學生、 물、 나무、 鉛筆

普通名詞에 敬稱을 붙히는 때에는 「님」을 씀

例　아바(父)님、 先生님、 별님、 달님、 거북님

例外로 「氏」를 쓰는 말이 이슴　漢文系 言語에 「伯氏、 嫂氏」等과　固有朝鮮語에 도 「아자氏」가

이슴　漢文 亂用과 階級 區別에 因하야 誤用된 言語임

二　固有名詞　一人이나 一物의 特有한(同種類의 다른 것과 區別하기 爲하야) 名稱을 表示하는

名詞를 固有名詞이라고 니름

例　李舜臣、 서울、 浮碧樓、 普成專門學校、 太平洋

例 李舜臣氏、 金氏

【註】固有名詞에도 씁에 普通名詞가 添加되야잇는 名稱에는 普通名詞의 例에 依함

例 尹先生님、 崔學者님

사람의 이름이나 字의 씁 音節이 바림 잇는 音節인 境遇에는 「이」의 씁을 덧붙혀서 씀 이

「이」는 文法上 아모 意味가 업는 것이오 다만 發音의 習慣이라

例 甲童(이)가、 甲童(이)를、 甲童(이)에게

姓名을 쓰는 發音上 制度가 朝鮮人과 다른 外國人에게 對하야서는 姓만 부르는 때에도 「이」씁

을 불힘

例 加藤(이)가、 加藤(이)를
　　나파륜(아)가、 나파륜(이)를

右에 對한 除外例로 左의 境遇에는 「이」를 불히디 아니 함

(1) 그 사람을 下對語(해라)로 부르는 境遇

例 甲童아、 乙順아

(2) 그 사람에게 對하야 失敬됨을 避하랴 하는 境遇(勿論 「氏」가튼 敬稱을 붙히디 아니 하는

때)

例　成三問이、李舜臣을、曾參에게

【注意】右記「成三問이」엣「이」는 主格을 表示하는 助詞아고 本問題와「이」音이 안임

(3) 文章體에

例　諸葛亮이 孫權을 보고

【附記】從來의 文章體에는 右와 같히 써와쓰나 近者에는 言文一致의 觀念이 漸漸 高調됨으로 그 用例가 流動 狀態에 이슴

三　無形名詞

無形名詞　形體업는 事物을 表示하는 名詞를 無形名詞이라고 니름

例 힘(力)、노픠(高)、거름(步)、勇猛、判斷

【註】無形名詞는 抽象名詞이라고도 니름

無形名詞는 狀態이며 動作이며를 表示하는 것임으로써 形容詞나 動詞로브터 名詞로 轉成되는 것이 만흠

(1)「이」音의 添附

例 (1) 高　노피……노프이 → 노픠 → 노피　　　「노프」의 略音「놉」에 加「이」＝놉이

(2) 長　기리……기르이 → 기릐 → 기리　　　「기르」의 略音「길」에 加「이」＝길이

(3) 遊　노리……노르이 → 노릐 → 노리　　　「노르」의 略音「놀」에 加「이」＝놀이

(4) 食　머기……머그이 → 머긔 → 머기　　　「머그」의 略音「먹」에 加「이」＝먹이

發音＝

(5) 丈 키……ㅋ이↓ㅋ이↓키

(6) 書 글씨……글쓰이↓글쓰의↓글씨

(7) 暑 더워……더우이↓더워

右記 名詞들은 用言에「이」가 添附된 音으로브터 轉成된 것이며 그 發音이 右記와 가튼 經

路로 轉成된 것이라

右記 (1)、(2)、(3)、(4)의 名詞의 記寫는 (A)「노피、기리、노리、머기」、(B)「놉이、길이、놀이、먹이」어

써한 綴字로 써도 文典上 別로 關係가 업더마는 모든 言語의 發音에 關한 狀態를 綜合하야

考察하면 (A)로 記寫함이 適當한 것이라

(2)「ㅁ」의 添附

例 寢 잠……動詞「자」에「ㅁ」이 添附된 것

步 거름……動詞「거르」에「ㅁ」이 添附된 것

畵 그림……動詞「그리」에「ㅁ」이 添附된 것

(3)「기」의 添附

例 순라잡기、돈치기、쓰레받기

右는 用言의 우에 다른 單語가 잇고 用言에「기」가 添附되야서 熟語로 名詞가 成立된 것임

【註】前記「ㅁ、기」는 用言助詞되는 單語이오 單히 한 音이 添附되는 것이 안임 故로 普通와

境遇에는 用言에 「ㅁ」 又는 「기」가 添附되는 言語는 用言에 助詞가 添加되는 原則에 依하

는 言語이며 그러한 言語는 그 用言과 助詞를 合하야서(又는 그 우에 잇는 單語까지 合하

야서) 名詞句 又는 名詞節이 되는 것임 그러나 右 (2) (3)에 例示한 것과 가튼 말은 그 語

源은 用言에 助詞가 添附된 言語로브터 成立된 것이로되 그 言語 自體는 完全한 名詞의

單語로 成立되야버린 것이라

右와 가튼 言語에 當하야서 그것이 名詞의 單語로 使用되는 것인디 用言에 助詞가 添加

된 것인디를 區別하기가 模糊한 境遇가 이슬더라、그러한 境遇에는 左記의 關係를 吟味하

야 區別함이 可함

(A) 그 用言의 主語나 又는 目的語가 使用된 때

　例 아이가 자ㅁ 을 보고……「자」의 主語「아이」

　　돈을 치기가 滋味 잇다……「치」의 目的語「돈」

(B) 그 用言과 助詞의 사이에 助用詞가 使用된 때

　例 거르시ㅁ 을……거르시기가……

　　와쓰ㅁ 으로……、와ㅅ기 는………

左와 가튼 境遇에는 名詞의 單語로 되는 것이 안임

그러하야 現實에 主語、目的語 又는 助用詞가 使用되디 아니 한 境遇에도 그 觀念으로 推

四 表數名詞

表數名詞 數를 表示하는 名詞를 表數名詞이라고 니름

例 하나、 둘、 다섯、 열、 스물、 百、 千、 첫재、 다섯재、 半、 곱(倍)、 五倍、 三分之一

【註】表數名詞를 數詞이라고 일커르며 獨立한 한 品詞로 處理하기도 함 그러나 數도 또한 事物을 表示함의 하나인즉 名詞에 包含될 性質임

表數名詞는 그 本質이 無形名詞에 屬한 것임 그러나 文典上 特殊의 關係가 이슴으로써 各別히 分類함

表數名詞는 基數詞、 序數詞 倍數詞의 세 種類로 分類됨

(1) 基數詞는 普通의 數를 表示하는 것임

例 하나、 다섯、 百、 千、 十二

(2) 序數詞는 順序를 表示하는 것임

例 첫재、 둘재、 아홉재、 第一、 第五

(3) 倍數詞는 倍數를 表示하는 것임

例 곱(倍)、 半、 五倍、 三分之一

表數名詞인 單語는 冠形詞로도 되는 일이 만흠

表數名詞인 單語에 該當되는 冠形詞는 「한、 두、 세、 네」의 單語로 區別되야 이스되

「하나、 둘、 셋、 넷」의 單語는 冠形詞로 되는 것임

그 以外의 單語는 그 使用하는 言語의 組織에 따라서 名詞와 冠形詞와에 通用됨

例一 오는 사람이 다섯이오　　　　　다섯……名詞

　　다섯 사람이 오오　　　　　　　　다섯……冠形詞

例一 오는 사람이 하나이오　　　　　하나……名詞

　　한 사람이 오오　　　　　　　한……冠形詞

右 例一과 例二를 比較하야보면 例一엣 「다섯」은 同一한 單語가 두 가지의 品詞로 使用됨

　을 알게 됨

表數名詞는 다른 名詞와 同一한 表格助詞로 다른 名詞의 다음에 거듭 쓰히는 일이 만흠

例 말이 다라나오

　　鉛筆을 다섯을 삿다

【附記】英語 文典에는 物質名詞 集合名詞 等의 分類가 이스나 冠詞를 使用하더 아니 하며 또

動詞에 單數 複數의 區別이 업는 朝鮮語에는 그러한 名詞를 따로 分類하야서 論議할 必

要가 업는 것이라

名詞의 格

　　文의 組織에 對한 名詞의 關係를 名詞의 格이라고 니씀

名詞의 格에는 左와 가튼 種類가 이슴

一 主格　二 目的格　三 副叙格　四 所持格　五 補語格　六 呼格

例 李德甫(一)가 學校(三)에서 法律(二)을 배호오

甲童(六)아 이것(二)을 보라

李도령(一)이 春香이(二)를 안해(五)를 사맛다、春香이(一)가 李도령(四)의 안해(五)가

되얏다 그래서 春香이(一)가 李도령(四)의 안해(五)이라

一 主格 文의 叙述語의 主體되는 名詞의 格을 主格이라고 니름

例 아이가 자오……「아이」가 「잠」의 主體이라

소가 풀을 머그오……「소」가 「머금」의 主體이라

主格의 表示 主格 名詞에는 名詞의 다음에 助詞「이」或「가」가 使用됨

名詞의 끗 音節에 바팀이 잇는 때에는 「이」、바팀이 업는 卽 中聲音인 때에는 「가」가 使用됨

例 말이 가오、 소가 오네

【註】從來의 記錄에는 다 「이」를 써쓰며 中聲音의 다음에는 「이」音을 中聲「ㅣ」로 써 記寫하야씀

例 聖人이 孔子ㅣ

主格 名詞의 다음에 別働助詞(는、도、나 等)가 使用되는 때에는 主格 助詞는 省略됨

例 소는 가오、 말도 가오

主格으로 表示되는 事物을 極히 尊敬하는 境遇에 助詞「께서」를 使用함

【註】「에서」는　本來의　助詞가　안임　「으(之)거(處)서(於)」即　「於……之處」의　句가　助詞로
轉成된　것임(「거」는　「으거」의　「으」가　略되고　硬音調가　發生하야　「쎄」로　되고　쪼그　中
聲이　變更되야　「쎄」로　된　것임)

二　目的格　　文의　敍述語의　目的이　되는　名詞의　格을　目的格이라고　니씀

例　매가　뎡을　자브오……「뎡」이　「자브」의　目的이라
　　學生이　글씨를　쓰오……「글씨」가　「씀」의　目的이라

目的格의　表示　　目的格　名詞에는　名詞의　다음에　助詞「를、을、」이　使用됨

名詞의　끝　音節이　中聲音으로　마친　境遇에는　「를」、바람이　잇는　境遇에는　「을」이　使用됨

例　보리를　시므고、　삼을　시므고

目的格　名詞의　다음에　別働助詞가　使用되는　때에는　目的格　助詞는　省略됨

例　풀은　쏘바라、　나무도　쏘바라

三　副敍格　　文의　敍述語를　修飾하기　爲하야서　使用하는　名詞의　格을　副敍格이라고　니씀

例　아이가　房에서　자오……「房」은　「잠」의　處所를　表示한　것임

漁父가　밤에　고기를　자브오……「밤」은　「자브」의　때를　表示한　것임

文의　敍述語를　修飾하는　方途는　여러　가지가　이슴　그　趣旨에　依하야　左와　같히　分類함

(1) 處在(에서)　(2) 向進(에다가)　(3) 由來(로브터)　(4) 相對(와)　(5) 比較(보담)　(6) 使用(로)

(7) 理由(로) (8) 資格(로) (9) 程度(을)

例

(1) 사람이 房에서 자오

(2) 고기를 물에다가 너히라

(3) 그이가 光州로브터 왓소

(4) 金氏가 崔氏와 바독을 두고

(5) 코키리는 말보담 크오

(6) 붓으로 글씨를 쓰오

(7) 學生이 病으로 缺席하야씁니다

(8) 그이가 會의 代表者로 왓다

(9) 비가 終日을 오네

는 助詞의 論述中「體言助詞 表格 副叙格」의 部에 記함)

副叙格에 使用되는 助詞는 그 類가 甚히 만흐며(右記 例에 使用된 單語 以外에 多數가 이슴)

쏘한 助詞가 여러 가지의 意味로 通用되야서 매우 煩亂한 狀態에 이슴(各 助詞와 밋 그 用例

四 所持格 다른 名詞의 從屬的 關係를 表示하는 名詞의 格을 所持格이라고 니름

名詞의 從屬的 關係가 됨은 言語의 境遇에 따라서 여러 種類가 이스니 權利의 關係를 意味함

도 이스며 例로 金泰甫의 논、 그 發生의 原因을 意味함도 이스며 例로 李太白의 詩集、그 所

屬의 處이나 時를 意味함도 이스며 例로 山人 버들、어제人 바람、事物의 主從의 關係를 意味

함도 이스며 例로 나무人 가지、그 數量的 程度를 意味함도 이스며 例로 한섬의 쌀、쏘 그

品格的 關係를 意味함도 이슴 例로 普通의 手段

所持格의 表示 所持格 名詞에는 名詞의 다음에 「의」又는 「ㅅ＝ㅅ」가 使用됨

例　金氏의 논　범의 소리　물ㅅ 소리

【注意】名詞의 끝 音節이 中聲「ㅣ」로 마친 單語에는 所持格 助詞「의」音이 發音上 埋沒되야

서 表現되디 아니 하는 일이 만흠　例로 비둙기 소리、새 소리

五　補語格　用言의 性質에 따라서 補語가 이서야 完全한 文이 成立되는 것이 이슴　그러한 境

遇에 그 補語로 使用되는 名詞의 格을 補語格이라고 니름

例一　金剛山이 名山이오

例二　張君이 紳士가 되얏다

例三　許氏가 그 女子를 안해를 사마(맨드러)씁니다

右 例一에「名山」이 叙述語「이」(指定詞)의 補語임　例二에「紳士」가 叙述語「되야」(不完

全 自動詞)의 補語임　例三에「안해」가 叙述語「사마」(不完全 他動詞)의 補語임

六　呼格　부름에 使用되는 名詞의 格을 呼格이라고 니름

例　甲童아、乙甫야

名詞의 끝 音節이 바림으로 마친 境遇에는「아」、中聲音으로 마친 境遇에는「야」가 使用됨

「아、야」는 下對語이고 敬語를 使用하는 境遇에는 名稱下에 敬稱 尾附語(例로 님、氏、閣下 等)

만을 使用하며 敬稱語를 아니 使用하는 때에라도 助詞는 使用하디 아니 함

第二款 代名詞

代名詞는 名詞의 代身에 使用되는 單語이라

例 나(余)、 당신(當身)、 너(汝)、 그대(君)、 우리(我等)、 그이(其人)、 이것(此事物)、 그것(其事物)、 누구(誰) 무엇(何事物)、 어데(何處)、 언제(何時)

【註】 「이것、그것」 가튼 말은 그 內容을 分解하면 指定形容詞 「이、그」와 無形名詞 「것」과 連合한 熟語로서 代名詞로 使用되는 것임

代名詞의 種類 代名詞를 (一) 人稱 代名詞、 (二) 指示 代名詞、 (三) 疑問 及 不定 代名詞로 分類함

一 人稱代名詞
人稱代名詞에는 「나、당신、너、그이」와 가튼 사람을 名稱하는 代名詞를 人稱 代名詞이라고 니름 그 사람의 地位와 또 對話者間의 關係에 依하야 甚히 複雜하며 多端한 言語가 생겨씀 그러나 近年에는 時代의 思想과 社會의 制度가 變遷됨에 따라서 그 말도 만히 變更되야가는 中에 이슴 또 變更되야가는 말이 만히 流行되는 狀態이라

二 指示代名詞
指示代名詞는 事物을 指示함에 使用하는 代名詞를 指示代名詞이라고 니름 言語의 意義에 따라서 「이、그、저」의 세 가지로 使用하며 또 거긔에다가 「것」을 붙혀서 「이것、그것、저것」으로 使用함

(1) 「이、이것」은 近便、自便의 事物을 指示함에 使用함

(2)「그、그것」은 遠便、相對便의 事物을 指示함에 使用함

(3)「저、저것」은 遠便、客便의 事物을 指示함에 使用함

例　이를 어쎄하나……　　自己便에 잇는 때에

　이것이 文法冊이오……

　그는 그러하다……　　相對者便에 잇는 때에

　그것이 무엇인가?……

　저와 같히 하야라……

　저것을 보시오……　客便(第三便)에 잇는 때에

「이、그、저」를 應用하야 處所를 指示함에는 그 아래에 「긔」를 붙혀서 告 但「이」의 代身에

「여」를 使用하며 「그」의 代身에 「거」를 使用함

例　여긔、거긔、저긔

「이、그、저」의 意味를 더 狹小하게 말할 때에는 「요、고、조」로 使用함

【註】「이、그、저」等은 本來 冠形詞로서 代名詞에 應用되는 것임

三　疑問 及 不定代名詞　代名詞에는 疑問의 意義로 使用되는 것과 不定의 意義로 使用되는 것

이 이슴　疑問代名詞는 不定의 意義로도 使用됨

疑問代名詞		不定代名詞
	疑問用 不定用	
人稱	누구　누구	아모
一般事物	무엇　무엇	
處所	어데　어데	
時間	언제　언제	
數量	얼마、몃　얼마、몃	암만

疑問代名詞의 使用例를 보힘

누구를 부를가?

손에 가진 것이 무엇이냐?

어데서 宋氏를 맛나쓰오?

冬至ㅅ 날이 언제이오?

그 돈이 얼마이오?

그 車에 사람이 몃이 타개쓰오?

疑問代名詞가 不定의 意義로 使用되는 例를 보힘

저 사람이 누구를 차즈오

李君이 손에 무엇을 가졋다

아침에 어데서 宋氏를 맛나씁니다

그이가 언제에 왓든 사람입니다

주머니에 돈 얼마가 이서쓰오

웬 사람인다 房에 몃이 이습니다

不定代名詞의 使用例를 보힘

아모나 부써라

돈을 얼만을 바닷다

代名詞는 名詞의 代身으로 使用되는 것임으로써 文法上 모든 關係는 名詞의 規例에 依함

第三節 用言

第一款 存在詞

存在詞는 事物의 存在를 表示하는 單語이라

存在詞에는 左記의 두 單語가 이슴

이스(有、存、在)

업스(無、不存、不在)

存在詞가 叙述語로 쓰히는(叙述的 使用) 例를 보힘

房에 사람이 이스오、 잇 略音 다、 이서 變動段 요

뜰에 나무가 업스며、 업 略音 고、 업서 變動段 서

【註】「이스」는 元來는 「이시(略音 잇、 變動段 이셔)」로서 語音 變遷에 因하야 中聲「ㅣ」가 「ㅡ」로 變更된 것이라

存在詞가 冠形詞形으로 쓰히는(修飾的 使用) 例를 보힘

잇는 사람、 이스ㄹ 사람、 잇든 사람

업는 나무、 업스ㄹ 나무、 업든 나무

【註】用言이 冠形詞形으로 使用됨에는 助詞의 添加로 冠形詞句가 成立되는 것임

存在詞가 英語와 日本語에는 動詞中에 編入되야이슴 朝鮮語에는 存在詞가 獨立한 한 品詞로 되야이슴 이는 朝鮮語의 長處이라(詳論은 第五款에)

第二款 指定詞

指定詞는 事物의 是非(이며、 안임)를 指定하는 單語이라

指定詞의 單語는 「이(是)」임

指定詞가 叙述語로 쓰히는 例를 보힘

金剛山은 名山이오 孔子는 聖人이시다 今日이 公休日이야 變動段 요

指定詞가 冠形詞形으로 쓰히는 例를 보힘

先生이ㄴ 사람　　先生이든 사람　　先生이ㄹ 사람

【注意】前記 各 例엣「이오, 이시다, 이야요, 이ㄴ, 이든, 이ㄹ」을「하오, 하시다, 하야요, 하ㄴ, 하든,

하ㄹ」과 對照하야「이ㄴ가」「하ㄴ」와 가튼 用言의 一種임을 認識하라

指定詞는 그 性質上 다른 單語의 補充이 업시는 그 意味가 完成되디 못 하는 것임 그것을 補充

하는 單語를 指定詞의 補語이라고 니릏

指定詞의 補語에는 主로 名詞가 使用되며(例一) 或 副詞도 使用됨(例二)

例一　그 사람이 先生이오　　金剛山은 名山이라

例二　그 사람이 뻬이다　　그 말이 제법이오

【註】副詞를 指定詞의 補語로 使用하는 境遇엣 狀態는 副詞를 名詞와 갈히 看做하는 觀念으로

써 이를 使用하는 것임

指定詞의 否定에는 指定詞「이」의 우에 否定 副詞「안」을 너허서「안이ㄴ(不是)로 됨

例　고래는 魚類가 안이오……叙述的 使用
　　先生이 안이ㄴ 사람……修飾的 使用

指定詞의 否定語「안(不)이(是)」는 指定詞「이」의 우에 否定 副詞「아니」의 略音「안」이 부터 잇

는 것임 그러한데 그 結果의 發音은 否定 副詞의 原音「아니」와 가타며버려서 區別이 매우 不

便함이라 言語의 境遇에 따라서 否定 副詞만인디 否定 副詞와 指定詞와가 合한 것인디를 區別
하야야 되는 것임

否定 副詞는 아조 獨立하야서 感歎詞로 使用되는 境遇를 除한 外에는 어느 한 用言을 否定하는
任務를 가져서 用言의 우에 密接하야 使用되는 것인 故로 各 境遇에 살펴보면 그것이 어느 用
言을 否定하는 것인디를 아을 것이오 따라서 前述한 區別을 알게 됨이라

例一 否定詞만의 「아니……「아니」의 다음에는 用言이 連接함

　　말이 아니 가오　　말이 가다 아니 하오

　右에 境遇에는 「아니」의 原音이 略될 수 잇는 故로 略音으로 하면 左와 가름

　　말이 안 가오　　말이 가다 안 하오.

例二 否定 副詞와 指定詞와 連用된 境遇의 「안이」……「안이」의 다음에는 用言助詞가 連接함

　　(A) 오날은 休日이 안이오　　(B) 休日이 안이ㄴ 날

右의 境遇에는 副詞 「아니」가 이믜 「안」으로 略된 發音임 만일 이 境遇에 「안이」를 否定副
詞 「아니」로 보면 (A) 「아니」에 否定될 用言이 업서디는 結果가 생기며 (B) 副詞 「아니」에
用言助詞 「오, ㄴ」이 承接되는 結果가 생긴다니 不當함은 勿論이라

【參考】「안이」와 「아니」는 普通으로 混用되나니 만일 指定을 否定하는 境遇에 「아니」가 쓰힌
데에는 그 「아니」를 普通 使用되는 否定 副詞의 資格 以外에 否定 指定詞의 單語(用

言）도도 됨이라고 解釋할 수 밧에 업슴

이와 갓히 解釋하면 「아니」는 副詞의 「아니」와 用言인 指定詞의 「아니」와의 두 가지

의 單語로 될 것이라 그러나 이와 갓히 解釋함은 그 言語의 眞相이 안이라

指定詞가 英語에는 動詞에 混入되야이스며 日本語에는 그와 가튼 用言이 업슴 朝鮮語에는 指

定詞가 獨立한 한 品詞로 되야이슴 이는 朝鮮語의 長處이라（詳論은 第五款에）

第三款　形容詞

形容詞는 事物의 狀態를 叙述하는 單語이라

例　차（冷）、　크（大）、　노프（高）、　기프（深）、　더우（暑）

形容詞가 叙述語로 쓰히는 例를 보힘

집이 크오、　크고、　커變動段서

山이 노프며、　놉略音다、　노파變動段서

날이 더우며、　덥略音다、　더워變動段요

形容詞가 冠形詞形으로 쓰히는 例를 보힘

크ㄴ 나무、　크ㄹ 나무、　크든 나무

노프ㄴ 山、　노프ㄹ 山、　놉든 山

더우ㄴ 날、　더우ㄹ 날、　덥든 날

形容詞를 (一) 普通 形容詞 (二) 指示 形容詞 (三) 疑問 及 不定 形容詞로 分類함

一 普通形容詞 普通으로 事物의 가지고잇는 狀態(屬性 及 關係)를 表示하는 形容詞를 니름이

니 그 內容의 主要한 種類를 列擧하면 左와 가틈

(1) 性質、例 착하오 미련하오 구드오 더우오

(2) 形狀、例 크오 둥그르오 노프오

(3) 色彩、例 불고오 거므오 희오

(4) 數量、例 만흐오 저그오

(5) 時間、例 이쓰오 느즈오

(6) 距離、例 갓가오오 머르오

(7) 意志、例 시프오 실흐오

【註】右는 그와 가튼 種類가 이슴을 列擧하야 參考에 供할 뿐이오 文典上으로는 그와 같히

分類하야 說明할 特別한 必要가 이슴은 안이라

二 指示形容詞 事物의 狀態를 指示함에 使用하는 形容詞를 니름

이러하오 그러하다 저러하니

요로하며 고로하다 조로하오

【註】이 種類의 單語는 冠形詞「이、그、저」의 應用으로 成立된 單語임 이것에 關한 解說은

指示代名詞에 說示한 것과 同一함(第二節第二款 代名詞의 部、第六節 冠形詞의 部 叅照)

三 疑問及不定形容詞　事物의 狀態에 當하야 疑問의 意義 又는 不定의 意義로 使用되는 形容詞를 니름

用例

어떠하(疑問、不定)오　　　아모러하(不定)오

形便이 어떠하오?……………疑問

눈치가 좀 어떠하다………不定

눈치가 아모러하더라도 아니 하오……不定

形容詞의 構成　本來에 單純한 形容詞로 構成된 單語(例로 크大、노프高)에 當하야서는 그 構成에 關하야 論議할 바가 업슴 다른 語源으로브터 構成된 形容詞에 文法的으로 論議할 價値가 잇는 主要한 것을 以下에 論述하랴 함 그 中에도 가장 重要한 것은 語尾「하(ᄒ)」에 關한 部分이라

一 「다오」의 添附

例 윳다오며 芳、情다오니

二 「스러우」의 添附

例 常스러우니、쌘쌘스러우오

【註】名詞에 「다오、스러우」가 連續한 말에 「다오、스러우」를 不完全 形容詞로、名詞를 그 補語로 說明하게 되는 것이 原則임 例로 「男子 다오며、勇猛 스러우오」 그러나 右記 「一、二」의 例

에 記載된 말과 가튼 것은 一個의 單語로 處理함이 可한 것임

三 語尾「하(호)」形容詞 무슨 말이 語幹이 되고「하(호)」가 語尾로 添附되야서 形容詞인 한

單語로 組成되는 것을 니뜸이라

例 서늘(凉)하오, 弱하오 부지런(勤)하다

正直하오, 우뚝하오, 등굴등굴하다

右記 例示中 語幹된 말들(서늘、弱、부지런 等)은 事物의 무슨 狀態를 表示하는 意義를 含

有하야쓰나 文法上 形容詞됨의 勢가 具備되디 못하야서 거긔에 形容詞의 勢만을 表示하

는 形容詞「하」가 語尾로 添附되야서 비로소 形容詞인 品詞가 完成되는 것임

【註】本來에 形容詞로 成立된 單語(例로 크、기프)는 그 單語의 內容에 어떠한 狀態를 表示

하는 意義와 文法上 形容詞됨의 勢를 具備하야이슴

「하」는 元來「호」인데 近來에「하」로 記寫하는 方針으로 進行되는 것임

「하(호)」는 形容詞의 勢를 表示하는 말이니 品詞의 分類에 形容詞에 屬한

形容詞「하(호)」

形容詞「하(호)」는 事物의 무슨 特定한 狀態를 表示하는 意義를 含有하다 아니 하고 오직 狀態를

表示하는 意味 卽 形容詞의 勢만을 表示하는 單語이라

그러하야서 여긔의 무슨 語幹에 語尾로 添加되야서 使用되는 境遇에는 그 語幹과 語尾가 合하

야서 한 形容詞의 單語로 組成되며 이것이 獨立하야서 使用되는 境遇에는 形容詞의 勢만을

表示하는 한 單語가 되는 것임

形容詞 「하」에 關한 事項은 動詞 「하(爲)」에 關한 事項과 그 條理가 同一한 故로 左에 動詞

「하」에 關한 記述을 하고 다음에 形容詞와 動詞를 對照하야서 그 例示를 보히랴 함

動詞 「하」는 動詞의 勢를 表示하는 말이니 品詞의 分類에 動詞에 屬한 한 單語가 됨이라

動詞 「하」는 事物의 무슨 特定한 動作을 表示하는 意義를 含有하디 아니 하고 오직 動作을 表

示하는 意味 卽 動詞의 勢만을 表示하는 單語이라

그러하야서 이것이 무슨 語幹에 語尾로 添加되야서 使用되는 境遇에는 그 語幹과 語尾 合하

야서 한 動詞의 單語로 組成되며 이것이 獨立하야서 使用되는 境遇에는 動詞의 勢만을 表示

하는 한 單語가 되는 것임

左에 例를 드러서 形容詞와 動詞를 對照하야 봄

形容詞	動詞
公平하오	活動하오
서늘(凉)하오	사랑(愛)하오

右는 「하」가 語尾로 添加된 것

日氣가 [서늘하]다 나라를 [사랑하]ㄴ다

意思가 [公平하]다 사람이 [活動하]ㄴ다

右는 形容詞와 動詞의 特定한 意義를 表示하는 말을 除去하고 各其 勢를 表示하는 「하」

만을 두고 觀察한 것

⎰어둡기도 하며　⎰놀기도 하며
⎱칩기도 하오　　⎱자기도 하오
⎰잡이 비싸도　　⎰잠을 자도
⎱훌룡은 하이　　⎱呼吸은 하네
⎰붉그며 푸르드며　⎰날며 싁며
⎱하고나!　　　　⎱하는고나!

右는 「하」가 獨立하야서 單語로 使用된 것

語尾「하」 形容詞엣 語尾「하」는 假語(무슨 意義를 合有하야쓰나 아직 品詞가 되다 못한 말)를 語幹으로 하고 거기에 添加되야서 한 形容詞가 組成되는 것과 무슨 品詞에 屬한

한 單語를 그 語幹으로 하고 거기에 添加되야서 한 形容詞가 組成되는 것과가 이슴

左에 各 種類의 語幹으로 組成되는 語尾「하」形容詞의 例를 보힘

假語　서늘(凉)하오　　흘릉(好)하며　　弱하다

名詞　부지런(動)하오　　미련(愚)하며　　正直하다

副詞　우뚝(聳)하오　　뭘뭘(動勢)하며　　둥굴둥굴하다

形容詞　맑가(淸)하오　　둥구러(圓)하며　　누르려(黃)하다(누무려?다)

假語 中에는 이의 成立된 한 單語에 무슨 音이 添附되야서 다시 品詞됨의 資格을 널히버리고 한 假語가 되는 것이 이서서 거기에 語尾「하」가 添附되야서 한 形容詞의 單語로 組成되는 것 이 이슴

例　불그(赤)스름하오

　　놉(高)다라하다

[注意] 右의 例示中「스름、다라」等은 그러하게 添附되는 音이오 品詞에 屬한 單語가 안이니 用言에 用言助詞가 添加된 것과 混同하디 마울더어라 複數의 單語가 集合되야서 한 句(phrase)가 되고 그 다음에 形容詞「하」가 連續하야서 使用 되는 言語가 이슴

例　불그며 푸르르며하다

　　작고 크고 하다

[註] 右와 가튼 言語에「불그며 푸르르며」와「작고 크고」는 한 單語의 語幹이 안이고

싸라서 「하」는 語尾가 안이라 形容詞 「붉그」, 助詞 「며」, 形容詞 「푸르르」, 助詞 「며」와

形容詞 「작」, 助詞 「고」, 形容詞 「크」, 助詞 「고」가 各各 集合되야서 한 句(副詞句……副

詞가 語幹되는 境遇 恭照)를 組成한 것이오 「하」는 不完全 形容詞의 單語이라 그러하

야 그 句가 「하」의 補語로 되는 것이라

語尾「하」形容詞에는 前述함과 같히 各 品詞에 屬한 單語를 그 語幹으로 하야서 組成되는 것이

잇는 바 그러한 形容詞를 쓰는 때엿 그 言語의 觀念은 그 語幹을 다 假語와 가튼 觀念으로

使用하는 것임

外來語를 비러서 形容詞로 使用하는 境遇에는 다 語尾 「하」를 添加하야서 使用함

例 强하오　正直하며　分明하다

야스이(やすい)하 오　나이스(nice)하 다

【註】外來語에는 形容詞의 意義는 이스나 朝鮮語 文法上 形容詞될 勢가 업는 故로 그 勢를

表示하기 爲하야 形容詞 「하」가 그 語尾로 되는 것임

【附記】前述中 假語이라고 니른 말들을 名詞로 處理함이 可하다 아니 할가 하는 考察이 이슴

그러하게 名詞로 考察되는 原由는 假語에 語尾 「하」가 붙다 아니 하고 體言助詞가 부

터서 쓰히는 言語가 이슴에 因함이라　例로

서늘아 자나서 치웁너다

훌륭은 하다만 갑이 비싸오

第二章　第三節　第三款　形容詞

二〇一

그러나 우리의 言語를 洞觀的으로 考察하야서 吟味하야보면 此等의 말을 名詞로 認定

함은 適當하디 아니 한 줄로 認함 그러하고 右記 例示엣

「서늘이」는 「서늘하기가」의 略語

「훌륭은」은 「훌륭하기는」의 略語

로 解釋함이 合當함으로 認定함

또 左記와 가튼 語幹된 말을 名詞로 處理하기 어려움

例 ●환하오　썬하다　민하다　强하며

不完全形容詞

한 形容詞를 不完全形容詞라고 니르며 그것을 補充하는 單語를 不完全形容詞의 補語라고 니

形容詞에 다른 單語의 補充이 업시는 意味가 完成되디 못하는 것이 이슴 이러

哭

(1) 다오……例 그 사람이 男子 다오니

(2) 스러우……例 行動이 精誠 스러우오

(3) 가트……例 얼굴이 玉 가트오

(4) 시프……例 내가 자고 시프다

(5) 실호……例 나는 가기 실호오

(6) 보……例 비가 올가 보다

(7) 부션……例 일이 될성 브르오

(8) 시브……例 일이 될듯 시브다

右 (1)에 「男子」、(2)에 「精誠」、(3)에 「玉」은 單語(名詞)가 補語로 쓰힌 것이고 (4)에 「자고」、(5)에 「가기」、(6)에 「올가」、(7)에 「될성」、(8)에 「될듯」은 單語가 集合된 句(名詞句)가 補語로 된 것임

【附記】不完全 形容詞 「하」에 關하야서는 「語尾하 形容詞」의 題目에 特別히 論述하야씀

形容詞가 動詞로 使用됨

朝鮮語의 形容詞는 單語의 形相이 變함이 업시 그대로 動詞로도 使用됨

例 아이가 잘 크오……커담의 意義……動詞

날이 밝는다……밝가담의 意義……動詞

날이 어드웟다……어드워뎌씀의 意義……動詞

【參考】英語에는 形容詞가 叙述部에 使用되는 때에는 動詞 Be 와 連結되야 그 動詞의 活用으로써 여러 가지의 意義를 表示하게 되며 日本語에는 形容詞가 叙述語로 使用되다마는 形容詞는 그 語尾의 活用 法則이 動詞와 區別되야이스며 쏘 形容詞를 動詞의 意味로 使用하는 때에는 그 語尾에 다시 무슨 音을 添加하야서 形容動詞의 形狀으로 만드러가지고 使用함

形容詞와 動詞의 區別   朝鮮語엣 形容詞와 動詞는 그 使用되는 形相에는 조곰도 差異가 업슴

그 러 하 야 서 單語의 外形上만으로는 二者가 區別되더 아니 하는 빠이오 文의 組織과 內意를 考察

하야서 비롯서 二者가 區別되는 것임

形容詞와 動詞와의 對照 考察에 必要한 條目을 左에 指示함

一 助詞中에 動詞에 使用되고 形容詞에는 使用되디 못 하는 것이 이슴

例 는다(略音 ㄴ다) 느냐? 나? 는 等

右記의 助詞가 動詞에 承接한 말

例 말이 차(蹴)ㄴ다 차 느냐? 차 나? 차、는 말

　콩을 심(植)는다 심 느냐? 심 나? 심 는 콩

本來 形容詞에 右記와 가튼 助詞가 承接한 예에는 그 形容詞가 動詞로 使用된 것임

例 날이 어둡 는다 아이가 잘 크 ㄴ다

　물이 덥느냐? 날이 밝 나?

　어둡 는 날 크 는 아이

二 助詞中에 形容詞에 使用되고 動詞에는 使用되디 못 하는 것이 이슴

例 냐? ㄴ가? 이 等

右記의 助詞가 形容詞에 承接한 말

例 물이 차(冷)냐? 차 ㄴ가? 차 이

　딸아 밝그(明)냐? 밝그 ㄴ가? 밝그 이

三 形容詞와 動詞에 同一한 助詞가 承接된 境遇에 文法的 關係가 서루 다뜨게 되는 것이 이슴

例 山이 높(形)다 現在
　　戰爭이 니러나(動)다]過去
　　차(形)ㄴ 물]
　　가(動)ㄴ 사람]過去

助詞「다」는 朝鮮語 文法上 原則으로 形容詞에 添加되야서 單純한 敍述(平敍法)의 意思를 表示하는 助詞이고 過去의 意義를 가진 것이 안임 그러하나 例外의 慣例로 動詞에 添加되는 데에는 泛稱過去를 表示함이 됨 이와 가튼 文體는 文章體에만 使用되는 한 慣例이라

四 形容詞와 動詞에 同一한 助詞가 承接되아서 同一한 文法上 關係가 表示되는 境遇에는 그 文의 外形上으로는 아모 區別이 업고 그 文의 內意를 考察하야서 비로소 二者를 區別하게 되는 것애 이슴

例一 孫子가 어러(幼)오、 어려보니다……形容詞
例二 祖父가 늘그(老)오、 늘그보니다……動詞

右 例一은 幼年인 狀態를 表示하는 形容詞이고 例二는 늘거감의 動作 即 進行을 表示하는 動詞임

形容詞는 動詞로도 使用되는 故로 同一한 形容詞에 同一한 助詞가 承接된 文의 意義가 두가지의 서루 다른 意思를 表示하게 됨

例一 잡아 매우 크오、 크보니다……形容詞
　　야야가 잘 크오、 크보니다……動詞로 쓰혀씀

例二　달이 밝고오、　밝고ㅂ니다……形容詞

날이 밝고오、　밝고ㅂ니다…… 動詞 로 쓰혀씀

右의 「크오、크ㅂ니다」와 「밝고오、밝고ㅂ니다」와 가튼 文句는 그 뼈엣 言語의 趣意에 **따라**

서 形容詞도 되며 動詞도 됨이라

例一의 「매우 크오、크ㅂ니다」는 副詞 「매우」가 形容詞를 修飾〈原則으로〉하는 單語인 故로 動

詞가 안이고 形容詞임이 決定되며 「잘 크오、크ㅂ니다」는 副詞 「잘」이 動詞를 修飾하는 單語

인 故로 動詞임이 決定되더마는 例二의 「밝고오、밝고ㅂ니다」는 그 言語 自體로는 形容詞로

使用된 것인디 動詞로 使用된 것인디를 區別할 材料가 업고 그 뼈엣 言語의 意思에 조차서 區

別될 쑨임 그 意思가 「밝다」 함에 이스면 形容詞로 使用함이오 그 意思가 「밝가딘다」 함에

이스면 動詞로 使用함이라 이와 가튼 言語에 動詞로 使用하는 意思를 分明하게 하고자 하는

떼에는 形容詞의 다음에 助用詞 「디」를 連結하거나 쏘는 다른 動詞의 單語를 連結하야 使用

함

例　커디오　　밝가디ㅂ니다

　　커가오　　밝가오 ㅂ니다

助用詞 「디」의 添加　形容詞에 助用詞 「디」가 連結되면 形容動詞의 資格으로 되야서 그러한

狀態로 됨의 意義가 表示됨

例　커더오　　노파덥니다　　됴하디갯네

커뎌요　　노파뭿다　　됴하뎌서

第四款　動詞

動詞는　事物의　動作을　表示하는　單語이라

例　가(徃)、　자브(捕)

動詞가　叙述語로　쓰히는　例를　보힘

말이　가오、　漁父가　고기를　자브<u>오</u>、　잡略音고、　자바^{變動段}서

動詞가　冠形詞形으로　쓰히는　例를　보힘

가는　말、　가ㄴ　말、　고기를　잡는　漁父、　고기를　자브ㄹ　漁父

自動詞와　他動詞　　動詞의　動作이　그　主語　自身에　그치는　것을　自動詞이라고　니뜸　動詞의　動作

이　그　主語　自身에　그치디　아니　하고　다른　事物에　미치는　것을　他動詞이라고　니뜸

【註】「主語」는　叙述語의　主體되는　事物을　表示하는　名詞임

例　自動詞　……가(去)、　자(睡)

他動詞……따(摘)、　자브(捕)

한　單語가　自動詞와　他動詞로　倂用되는　것이　이슴

例　지나(過)　時間이 지나서………自動

　　　　　　　山을 지나서………他動

　　그치(止)　비가 그치고………自動

　　　　　　　아이가 우름을 그치고……他動

自動詞　自動詞는 그 動作이 그 主語 自身에 그치는 것인 故로 目的語를 要하디 아니 합

【註】「目的語」는 動詞의 動作을 받는 事物을 表示하는 名詞임

例　아이가 자오, 새가 우러요

自動詞가 他動詞로 使用되는 境遇가 이슴　自動詞가 그것의 意義와 가튼 意義를 가진 名詞를 目的語로 取하야 使用되는 境遇에는 他動詞로 됨　그러한 目的語를 同類 目的語이라고 니름

同類 目的語를 두 가지로 細分하면 左와 가름

(1)　動詞와 目的語가 全然 同一한 語源으로 組成된 境遇

例　아이가 잠(睡)을 자오, 그 사람은 싸홈(鬪)을 싸호비니다

(2)　動詞와 目的語가 語源은 다르나 同一한 또는 類似한 意義를 가진 것인 境遇

例　저 사람이 病을 알호오, 金乙男이가 高跳를 쒸ᄂ다

　　馬夫가 갈을 가오, 崔甲龍이가 旅行을 떠나ᄉ다

右 (1)、(2) 엣 動詞는 그 本質은 自動詞인데 右記와 가튼 特殊한 境遇에 他動詞로 使用되는 것

右의 外에 言語의 外形上 自動詞가 目的語를 取하야서 他動詞와 가튼 形狀이 됨이 이슴

(1) 단김의 目的地를 指摘하는 境遇

例 釜山을 가오

右와 가튼 言語는 그 內意에 조차서 두 가지로 區別하야 觀察함이 可함

其一 그 旅行함을 表示하는 動詞「가」가 그 言語의 主된 目的인 境遇에는 即 前述한 同類 目的의 語를 取하는 自動詞의 使用의 種類에 屬한 것이니 「釜山」은 가는 길의 內容을 表示함에 이슴이라 故로 「釜山을 가오」는 「길을 가오」即 「釜山ㅅ 길을 가오」이라는 意義임

其二 그 가는 目的地를 表示함이 그 言語의 主된 目的인 境遇에는 即 木浦가 안이고 釜山이라는 意思를 表示함이 主된 目的인 境遇에는 正確한 言語로는 「釜山에를 가오」이라고 하는 것인데 發音中 音便으로 「에를」이 略되야서 「釜山엘」다시 「釜山을」이라고 된 것임 故로 이 境遇엣 「釜山」은 直接 目的語가 안이오 叙述語를 修飾하는 副叙格 名詞임

(2) 動詞의 內容인 動作의 分量的 關係를 表示하는 境遇

例 세 時間을 자오　　十里를 거러(步)오

두 番을 갓다　　長時間을 우러쏩니다

右와 가튼 言語는 그 外形은 「세時間、두番、十里、長時間」이 直接 目的語임과 가트나 그

內容은 叙述語를 修飾하는 副叙格 名詞임

不完全 自動詞　自動詞에 다른 單語의 補充이 업시는 그 意味가 完定되디 못하는 것이 이
슴 그러한 動詞를 不完全 自動詞이라고 니쓰며 그것을 補充하는 單語를 不完全 自動詞의 補
語이라고 니씀

補語에는 主로 名詞가 使用되며　或 副詞도 使用됨

例一　蒸汽가 비가 되오　　　徐君이 學者가 되얏다

例二　電燈이 어듭게 되ㄴ다……밝든 電燈이 어드워됨
　　　名譽가 놉히 되얏소……낫든 名譽가 노파딤

右例一은 名詞(비、學者)가 補語로、例二는 副詞(어듭게、놉히)가 補語로 使用된 것임

【註】自動詞「되」는 두 가지의 意義로 使用됨　(1)은 化成 或 變成의 意義로　(2)는 成就 或 完
成의 意義로 使用됨　(1)의 意義로 使用되는 境遇에는 前記함과 갓히 補語를 要함이오
(2)의 意義로 使用되는 境遇에는 獨立하야서 그 意味가 完成됨 故로 거긔에 副詞가 使
用되는 境遇에　(1)의 境遇에는 그 補語로 使用됨이오　(2)의 境遇에는 그 修飾語로 使用
됨이라

他動詞　他動詞는 그 動作이 主語 自身에 그치디 아니하고 다른 事物에 미치는 것인 故로 目
的語를 要함

例 매가 셩을 자브오　學生이 冊을 보나니다

他動詞가 自動詞로 使用되는 境遇가 이슴　他動詞가 某 指定된 目에 限定되디 아니 하고 一

般的의 意味로 使用되는 때에는 그 目的語가 省略되야서 自動詞로 使用됨

例 갓난 아이가 보네、　말이 차ㄴ다

右와 가튼 動詞는 그 本質은 他動詞인데　右記와 가튼 特殊한 境遇에　自動詞로 使用되는
것임

他動詞 中에 目的語 둘을 要하는 것이 이슴

例 李君이 金君을 冊을 줘시다

右 動詞「줘」를 授與 動詞이라고 니쓰며　「冊」을 直接 目的語、「金君」을 間接 目的語이라
고 니씀

【注意】「金君을」을 「金君에게」로 變更하면 그것은 副叙格 名詞로 되는 것임

不完全 他動詞　他動詞에 目的語 以外에 쏘 補語를 要하는 것이 이슴　그러한 他動詞를 不完
全 他動詞이라고 니씀

例 李도령이 成春香이를 안해를 사마(맨드러)ㅅ다

農夫가 밭ᄐ 논을 맨드럿다

右의 「成春香、밭」은 目的語이고 「안해、논」은 補語임

語尾「하(ᄒ)」動詞　무슨 말이 語幹이 되고 「하(ᄒ)」가 語尾로 添附되야서 動詞인 한 單語

로 組成되는 것을 니름이라

　例　求하오、 사랑(愛)하며、 活動하오、 미워(憎)하고、 번쩍(閃)하ᄂ다

右記 例示中 語幹된 말들(「求、사랑、活動」等)은 事物의 무슨 動作을 表示하는 意義를 含有하

야쓰나 文法上 動詞됨의 勢가 具備되디 못하야서 거거에 動詞의 勢만을 表示하는 動詞「하」

가 語尾로 添附되야서 비로소 動詞인 品詞가 完成되는 것임

【註】本來에 動詞로 成立된 單語는 그 單語의 內容에 어떠한 動作을 表示하는 意義와 文法上

動詞되는 勢와를 具備하야이슴

「하」는 元來 「ᄒ」인데　近來에 「하」로 記寫하는 方針으로 進行되는 것임

動詞 「하(ᄒ)」　「하(ᄒ)」는 動詞의 勢를 表示하는 말이니 品詞의 分類에 動詞에 屬한 한 單

語가 됨이라

動詞 「하」는 事物의 무슨 特定한 動作을 表示하는 意義를 含有하디 아니 하고 오직 動作을 表

示하는 意義 卽 動詞의 勢만을 表示하는 單語이라

그러하야서 이것이 무슨 語幹에 語尾로 添加되야서 使用되는 境遇에는 그 語幹과 語尾가 合하

야서 한 動詞의 單語로 組成되며　이것이 獨立하야서 使用되는 境遇에는 動詞의 勢만을 表示하

는 한 單語가 되는 것임

「하」는 動詞의 勢만을 가젓고 特定한 動作의 意義가 업는 것인 故로 特定한 動作의 意義를

가진 單語와 連絡이 되야야 비로소 그 意義가 表示됨이라

例　工夫를 하오　　決定은 하야스다

【注意】「그 사람이 하오, 나무가 하ㄴ다」는 아모 意義도 表示되디 못함

語尾「하」動詞엣 語尾「하」는 아직 한 品詞로 成立되디 못 한 말 卽 假語를 語幹으로 하고 거

긔에 添加되야서 한 動詞가 組成되는 것과 무슨 品詞에 屬한 單語를 그 語幹으로 하고 거긔

에 添加되야서 한 動詞가 組成되는 것과가 이슴

左에 各種類의 語幹으로 組成된 語尾「하」動詞의 例를 보힘

假語　번(曙)하ㄴ다　　求하오　　定하며

名詞　사랑(愛)하오　　活動하며　　決定하고

形容詞　부러워(羨)하며　됴하(好)하며　스러(悲)하오

副詞　번썩(閃)하네　출렁(搖貌)하고　굽실(俯屈)하며

語尾「하」動詞에는 右와 같히 各品詞에 屬한 單語를 그 語幹으로 하야서 組成되는 것이 잇는

바 그러한 動詞를 쓰는 째엣 그 言語의 觀念은 그 語幹을 다 假語와 가튼 觀念으로 使用하는

것임

【註】固有朝鮮語에는 右記 假語로 處理되는 말이 매우 稀少함　固有朝鮮語에 單音節의 말이

語幹으로 된 語尾「하」動詞가 매우 稀少하며(例로 「女子에게 반하ㄴ다、東方이 번하네」)

그 語幹이 複音節인 境遇에는 그 語幹은 그 動詞의 意義를 含有한 無形名詞로 處理됨이 普通인 故로(例로 사랑、생각) 單純한 假語로 處理될 境遇가 極히 稀少함이라

漢文系 朝鮮語에는 單一의 漢字가 그 語幹으로 되는 境遇가 甚히 만흐며 漢字의 音은 單一의 音節로 發音되는 故로 假語로 處理되는 말이 甚히 만흔 바이라(例로 「求하오、定하며、動하ㄴ다」)

外來語를 비러서 動詞로 使用하는 境遇에는 다 語尾「하」를 添加하야 使用함

例 求하오 活動하오 決定하ㄴ다

　다노무(たのむ)하오 노리가에(のりかへ)하세

　코피(Coppy)하오 써브(Love)하ㄴ다

【註】外來語에는 動詞의 意義는 이스나 朝鮮語엣 動詞될 勢가 업는 故로 그 勢를 表示하기 爲하야 動詞의 狀態는 語尾「하」가 그 語尾로 添附되는 것임

語尾「하」動詞의 狀態는 語尾「하」形容詞의 狀態와 그 趣意가 同一한 것이라(前款中 語尾「하」形容詞의 部 叅照)

第五款 用言과밋그分類

用言의 意義　事物을 叙述하는(文의 叙述語되는) 單語를 用言이라고 니름　用言은 存在詞、指

定詞、形容詞、動詞의 總稱이라

用言의 任務　用言의 任務는 事物을 叙述함에 이슴이니 體言의 叙述語로 使用됨이 그 本質的

使命이라 그 外에 用言에 助詞를 添加하야 冠形詞形、名詞形、副詞形 等으로 應用함이 이슴 그 中

에 가장 重要한 것은 冠形詞形으로 使用되야서 體言을 修飾하는 일이라

例一　用言의 叙述的 使用

學校에 사람이 이스오　「이스」……存在詞

그 사람이 先生이오　「이」……指定詞

그 先生이 착하오　「착하」……形容詞

先生이 數学을 가르치오　「가르치」……動詞

例二　用言의 修飾的 使用

學校에 잇는 사람　「잇」……存在詞

敎育者이ㄴ 先生　「이」……指定詞

착하ㄴ 先生　「착하」……形容詞

數學을 가르치는 先生　「가르치」……動詞

用言과 文　用言은 文을 構成함에 要件되는 單語이니 用言이 업시는 한 文이 構成되디 못함」

文을　構成함에는　如何히　單簡한　文이라도　主成部分으로　體言(主語)　하나와　用言(叙述語)　하나가

이슴을　要함　그러하고　體言과　用言에　各其　助詞가　添加함이라

例　아이가　자오　비가　오네

用言의　種類　朝鮮語의　用言에는　存在詞、指定詞、形容詞　및　動詞의　네　種類가　이슴　그와　같히

用言이네　種類로　分立되야이슴은　實로　言語의　原理에　符合되는　바이니　이는　朝鮮語의　優越한

特長이라

英語　對照　英語에는　叙述語로　使用되는　單語는　動詞뿐으로　되야이슴　그러하야서　事物의　動

作을　叙述하는　말　以外에　그　狀態(어떠함)를　叙述함에도、그　指定(무엇임)을　叙述함에도、그

存在(이슴)를　叙述함에도　다　動詞가　그　叙述詞로　使用되며　또　그　動詞는　同一한　單語　Be　가

使用됨이다

言語의　例를　드러서　對照함

一　房에　사람이　이스오(存在)……A man is in the room

二　그이가　나의　벗이오(指定)……He is my friend

三　그이는　매우　크오(形容)……He is very large

四　그이가　英語冊을　닐그오(動)……He reads the English book

右記　네　文의　叙述語의　意義는　各히　다뜬　觀念을　가진　것인데　英語에는　그　叙述語가　다

動詞로 處理되는 것이며 또 (一、(二、(三에는 同一한 單語(be 의 變動形 is)로 通用함이라라 이

는 英語의 不合理한 制度이라

英語는 이와 같히 不合理의 制度로 되야잇는 故로 文典上에도 甚히 複雜하며 眩亂한 狀態로

되야이슴

(1) Be 를 그 使用되는 境遇에 따라서 (가) 繫辭이라는 特別한 名稱을 쓰기도 함(指定詞로 使用

된 境遇에) (나) 不完全自動詞이라고 널컫기도 함(狀態를 叙述하는 境遇에 形容詞인 補語를

要함으로)

【註】 "is large" 는 「大하오」에 該當함 "is" 는 朝鮮語 形容詞의 勢만을 表示하는 「하」에

該當함

(2) Be 는 (가) 人稱과 時相에 따라서 使用되는 規例가 甚히 複雜함 (나) 그中에도 그 單語의

原形(Root)인 Be 가 基本 時相 現在에 使用되다 못함은 實로 奇怪한 現象이라 (다) 그 單語

는 境遇에 따라서 助動詞로도 使用됨

右와 가튼 말성스러운 眩亂한 現狀이 나타남은 言語의 天然的 條理가 叙述語에 네 가지 各히

다른 種類가 이슴에 反하야 그 叙述語를 動詞만으로 處理하게 되고 또 形容詞에 連結되는 單

語와 存在詞에 使用되는 單語와 또 指定詞에 使用되는 單語를 다 同一한 動詞로써 그 意思를

表示하게 된 緣故에 因하야 生한 바이라

日本語　對照　　日本語에는　叙述語로　使用되는　品詞가　形容詞와　動詞임　그러하야　朝鮮語에서

動詞로써　表示하는　叙述語는　日本語에도　動詞로써、朝鮮語에서　形容詞로써　表示하는　叙述

語는　日本語에도　形容詞로써　表示하게　되야잇는　故로　그　두　種類의　用言을　使用하는　經緯는

朝鮮語와　다믈이　업슴(語尾　活用이　다믈은　格別의　問題이라)

(一)　存在詞　對照　　朝鮮語의　存在詞에　該當되는　用言은　日本語에는　그　意義로　使用되는　單語

(アリ)가　이스며　그것을　文典上　存在詞이라고　널컫는　術語도　이슴

그러나　그　存在詞를　動詞의　한　種類로　處理하고　動詞의　定義를「事物의　動作　又는　存在를

表示하는　單語이라」고　定하야슴

그러함으로　日本語는　文典　著述者가　品詞의　分類를　함에　當하야　動作을　表示하는　單語와　趣

意가　다믄　存在를　表示하는　單語를　動詞이라　하는　名稱에다가　合併시켜쓸　쑨이고　그　言語

自體로는　存在詞가　따로히　成立되야잇는　바이라

그러나　日本語의　存在詞를　考察함에　當하야서　쏘한　한　畸型的인　現象이　이슴　우리가　自由

의　意思로써　天然的　眞理에　就하야　觀察하는　쎄에「有」와「無」는　對語이며　따라서　文

法上　同種類에　屬할　性質의　單語임이　알게　됨이라　故로「有」의　對語인「無」를　表示하는　叙

述語가　따로　생기디　아니　한　言語는　格別이고(英語와　가튼　言語)「無」의　叙述語가　따로　잇

는　以上은　그　單語는　當然히「有」와　同一한　品詞에　屬할　것임　그러한데　日本語에는「有」의

單語「アリ」는 動詞의 一種인 存在詞가 되고 「無」의 單語 「ナシ」는 形容詞가 되야이스니 그

것은 그 語尾 活用의 狀態가 서루 다름에 因함이라 그러하야서 文典上 處理로는 「ナシ」가

「アリ」의 對語가 되다 아니 하고 「アリ」의 反對語를 使用함에는 否定語 「ズ」를 添加하야 使

用할 섇인이라 그러나 口語에는 「アリ」와 「ナシ」를 對語의 資格으로 使用하며 文章體에도 그

두 單語의 使用되는 各 境遇에 就하야 比較하야보면 二者가 서루 對語되는 經緯로 應用됨이

만흠

右述한 바와 같히 日本語에는 「有」와 「無」의 單語가 各別히 存在하며 그 두 單語의 意義도

를림 업는 對語이더마는 두 單語의 語尾의 活用되는 狀態가 「アリ」는 動詞와 같고 「ナシ」

는 形容詞와 가틈에 因하야 文典上으로는 그 品詞를 다쯔히 하게 되는 變態的 現狀이 生한

것이라

朝鮮語에는 「이스有」와 「업스無」의 單語가 完全한 對語이며 그 活用되는 一切의 狀態가 同

一한 規例에 屬하야이슴 그러하야 그 두 單語가 同一한 品詞에 歸屬되게 되야씀은 當然한

事理이라

朝鮮語엣 存在詞는 다른 品詞에 編入되다 못할 여러 가지의 理由가 이슴

存在詞를 動詞에 混入함에는 左와 가튼 不適當한 理由가 이슴

(1) 그 性質이 서루 맞다 아니 함 存在詞는 動詞의 本性인 動作(進行)의 意義가 조끔도 含

有되야잇다 아니 함 故로 純理論上 同一한 品詞에 歸屬될 것이 안임

(2) 朝鮮語의 存在詞는 그 活用이 動詞와 다른 點이 이슴 用言의 現在 時相에 助詞「다」
이나「는다」가 承接되는 境遇에 動詞에는 進行의 意味를 띈「는다」가 承接되며 存在詞에
는 現狀을 表示하는 意味인「다」가 承接됨(이 點은 形容詞의 活用 狀態와 가틈)

例 動詞 웃 는다 가 ㄴ다

存在詞 잇다 업다

(3) 「이스」의 對語인「업스」를 動詞로 處理함은 外國語의 文典에 對照하야 보드라도 그 例
가 업슴 따라서 外國語 文典으로 注入된 慣習性 觀念에 拘束되야서「이스」를 動詞에 編
入하고자 하드라도「업스」를 動詞에 編入함은 그 觀念에도 合하디 아니 함

(4) 「이스」는 動詞로 하고「업스」는 形容詞로 하라 하는 論者도 이스나「이스」를 動詞로 處
理함에는 前記 (A)와 (B)에 論述한 不合理가 이스며 또「이스」와「업스」는 그 活用에도 少
毫의 다름이 업슴에 不拘하고 觀念上 對語되는 두 單語를 난화서 各히 다른 品詞에 分屬
시김은 不合理한 措處임 이와 가티 處理하랴 함은 外國語 文典에서 생긴 先入主見에 因
한 無理한 盲從에 지나디 아니 함이라(「업스」의 活用도 形容詞의 活用과 다른 點도 이슴
다음 論述 恭照)

存在詞를 形容詞에 混入함에는 左와 가튼 不適當한 理由가 이슴

(1) 그 性質이 서루 맞디 아니 함 存在詞와 形容詞와는 動詞와 같히 動作의 意味가 업슴은

同一하다마는 存在詞는 事物의 存否를 意味함으로서 그 事物 自體를 論하는 것이오 形

容詞는 存在한 事物에 當하야 그 事物의 어느 方面의 狀態를 論하는 것임

(2) 「이스」를 形容詞로 處理함은 外國語와 比較하는 觀念上에도 그 例가 업슴

(3) 存在詞는 그 活用이 形容詞와 다른 點이 이슴 用言에 助詞가 連結되야서 冠形詞形으로

使用되는 境遇에 形容詞에는 「ㄴ」이 添加되며 存在詞에는 「는」이 添加됨(이 點은 動詞의

活用 狀態와 가틈)

例　形容詞　크(大)ㄴ 사람　불그(紅)ㄴ 꽃

　　存在詞　잇(有)는 사람　업(無)는 꽃

(二)

指定詞 對照　日本語에는 朝鮮語의 指定詞에 該當하는 用言이 업슴

그러나 日本語에도 指定詞로써 表示할 意思를 表示하디 아니 하고 견뒬 수는 업는 事理이라

그러하야 그 境遇엣 言語는 甚히 不條理한 畸形的 狀態로 되야이슴이라

指定의 意思를 叙述하는 境遇에는 「タリ、ナリ、デス」를 使用함 그것을 文典的으로 觀察하

면 左記와 가튼 缺陷이 이슴

(1) 「ナリ、デス」等은 品詞의 分類에 依하면 主된 用言인 單語가 안이고 한 助動詞이라 故

로 指定詞로 그것을 使用하는 言語에는 用言업는 助動詞(補助用言)가 獨立하야 使用되는

不條理의 現象이 됨

例　ウマ　ハ　動物　ナリ　　ウマ　ハ　動物　デス

(2) 文을 構成함에 要件인 叙述語가(用言이 文의 要件임으로 言語의 原理이며 日本語에도 文

典 說明에는 文의 構成에 用言이 要件임으로 되야이슴) 업시 한 文이 成立됨

例　ウマ　ハ　動物　ナリ　　ウマ　ハ　動物　デス

日本語에 右와 가튼 缺陷이 생김은 言語의 組織上 必要한 指定詞로 使用할 用言이 업슴에

因한 結果이라

朝鮮語에는 指定詞로 使用되는 用言「이」의 單語가 完全히 存在하야 文法的 活用의 一切의

關係가 다른 用言과 寸毫도 서루 틀림이 업스며 그 規則이 簡單하고 整然하야 應用上에 何

等 錯雜되거나 쏘는 疑義가 生할 餘地가 업슴이라

以上 論述한 바를 總括하야 보면 日本語에는 指定詞로 使用되는 用言이 업는、實로 言語 成立

上 重大한 缺陷이 이스며 存在詞에「有」와「無」가 品詞가 다르게 된 部分的 缺點이 이슴이

오 英語에는 存在詞이며 指定詞에 다 用言이 使用되는 故로 言語의 根本的 缺陷은 업슴 그

러나 同一한 單語 Be 가 形容詞에、存在詞에 및 指定詞에 通用됨에 因하야 쏘한 理論上과 및 實

用上에 缺點이 나타나게 되야씀이라

오직 朝鮮語는 言語의 原理에 依하야 用言의 네 種類가 整然히 分立되야이스며 쏘 그 네 種

類의 用言의 活用 法則은 一絲不亂의 整然한 狀態로 組織되야이슴이라

그러한데 爾來 朝鮮語를 論議하는 사람에 指定詞를 看出하디 못하고 畸形的 狀態에 잇는 日

本語에 當한 先入主見으로 朝鮮語의 用言인 指定詞「이」와 그 다음에 連結되는 用言助詞(例

로「다、며」)를 合하야「이다、이며」를 한 單語로 보고 그 品詞의 名稱을 或 助動詞、或 助詞、

或 助用詞이라고 널컫는 일이 만흠 이는 譬喩하야 말하자면 성한 사람이 病身의 숭내를 나

힘과 가틈이라

【附記】從來에 周時經氏의 學說에도「이다、이며」가 한 單語로 處理되야서 그 學派에 屬한 人

士도 다 그러하게 認識하며 總督府 學務局의 系統에 屬한 人士들도 다 그러하며 日

本人側 朝鮮語學者도 다 그러하야서 그 單語를 指稱하는 品詞의 名稱은 各히 서루 갓

디 아니 할더라도 그 文典的 觀察은 다 서루 가틈이라 그러하야서 도로혀 余가「이」

를 用言으로 處理함에 對하야 驚異의 感으로 보는 狀態이라

이제 다시「이」가 用言임을 明白히 하기 爲하야(余의 생각으로는 證明을 要하디 아니 하고 스

스로 明白한 것 같더마는) 다른 用言과 그 使用되는 狀態를 對照하야 보힘

例

	用言	助用詞	助詞	
今日에는 내가 宿直	이	다………		指定詞
今日에는 바람이	차	다………		形容詞

今日에는 先生님이 宿直 이 시 고 ………… 指定詞

今日에는 비가 오 시 고 ………… 動詞

來日은 休日 이 개人 다 ………… 指定詞

來日에는 결흘이 이人 개人 다 ………… 存在詞

昨日 蹴球는 어려운 競技 이야 쓰 ……… 指定詞

昨日에는, 蹴球를 하야 쓰 ㅂ니다 ……… 動詞

右記 例에 보면 指定詞의 다음에 用言助詞이며 助用詞의 添加되는 狀態가 다른 用言인 存
在詞、形容詞、動詞엣 狀態와 寸毫도 다름이 업스며 쏘 用言 以外의 말에는 그와 같이 用言助
詞이며 助用詞가 承接될 理致도 업고 싸라서 그러한 例도 업슴

쏘 漢文 書籍 懸吐에 「하며」에 「하」가 用言이고 「며」가 助詞인 줄을 아으는 同時에 「이며」
에 「이」가 用言이고 「며」가 助詞임을 아을 바이라

【注意】朝鮮語의 發音上에 中聲音의 아래에 指定詞 「이」가 連續되는 境遇에 그 音이 埋沒되
는 現象이 이슴 그러나 그것은 發音의 促略에 因하야 생긴 音便이 習慣이 되야쓸 쑨
이오 文法上의 規則으로 볼 바는 안이라 從來의 書籍에 보면 「이」를 아니 쓴 境遇
에는 「ㅣ」를 써서 그 音을 表示하야쓸

무릇 叙述語로 使用되는 用言이 存在詞와 指定詞와 形容詞와 및 動詞와의 네 種類로 各히 分立하

야 存在함은 言語의 原理에 符合되는 바이라 이제 우리는 旣存한 어느 民族의 言語의 制度에도

抱泥하디 말고 言語가 업섯든 原始 時代의 사람으로 밧과되야서 不羇自由의 思想으로써 人類

의 言語의 叙述部는 어떠한 몇 種類로 區分될 것일가를 思考하야불더니 그 結果는 朝鮮語와 가

튼 네 種類의 用言으로 區分됨에 歸着될 것이라 言語의 例를 드러서 考察하야보면 左와 가틈

一 무엇이 잇다(存在) 存在를 前提로 하고야 다음 말이 이슴

二 그것이 말이다(指定) 存在를 認한 다음에는 무엇인가를 말함

三 말이 크다(形容) 그것의 狀態를 말함

四 말이 단기ㄴ다(動) 그것의 動作을 말함

右記의 言語에 就하야 考察하면 그 言語의 性質에 各히 다른 네 種類의 叙述語가 이슴이 明

白함이라

第六款 用言語尾의 活用

語幹과 語尾 用言인 單語를 語幹과 語尾로 난홈 語尾이라고 함은 한 單語의 最後의 音節을

너쁨이오 語幹이라고 함은 語尾보담 우에 잇는 音 全部를 너쁨임

例

望		高		待	
바 라		노 프		기 다 리	
語幹 語尾		語幹 語尾		語幹 語尾	

第二章 第三節 第六款 用言語尾의 活用

二三五

한 單語가 한 音節로 成立된 境遇에는 그 音節은 그 單語의 全體로서 兼하야 語尾로 되는 것

임

例 去가、消쇼、負지

【注意】「語幹」이라는 術語는 從來에 「語根」이라고 널커른 일이 만흠 그러나 「語根」은 英語의 Root 의 意義에 該當되야서 誤解를 니르키는 일이 만흠으로 써 그 術語를 避하고 語幹이라는 術語를 採用한 것임

日本 文典(大槻文彦 著)에 語根(語幹의 意義로 使用된 것)의 意義를 註釋함에 語根 即 Root 임으로 하야 「語根(Root)이라는 記寫를 하야 그것이 日本 辭書「言海」에 登載 되야씀 그러하야 그 語根(語幹의 뜻)이라는 術語의 意義를 英語 文典에 Root 와 가튼 것으로 誤解하기 쉽게 되야씃는디라 그러나 英語 文典엣 Root 와 日本 文典엣 語幹(言 海語根)과는 그 內容이 判然히 서루 다른 것임

英語에 Root 는 한 動詞의 原形(基本形)을 指稱하는 語이며 한 完成된 單語의 全部임 例로 Wait, Ask 는 그 動詞의 Root 로서 完全한 한 單語이며 그 動詞에 무슨 特定한 關係를 表示하기 爲하야 ed, ing, s 等을 添加하야 그 變動形을 構成하는 規例가 이 씀 또 어떠한 動詞에는 그 原形(Root)의 音字가 變更되는 것도 이슴 例로 Run, Try 의 Ran, Tried 와 가튼 것이라 右의 어느 境遇에든디 그 Root 는 完全한 한 單語임」

朝鮮語「기다리、무르」는 그 動詞의 Root에 該當하는 것이라

日本語 語幹(言海 語根)은 한 動詞의 一部分되는 音이니 아직 單語가 成立되디 못한 것임

例로 マツ、マチ 의 マ、トル、トレ 의 ト 는 各히 그 單語의 一部分되는 音이오 그 單語가 形成되디 못한 것임 또 그 單語의 意義가 決定되는 基礎되는 部分이 되는 것(에스페란토式 語根처럼)도 안임 右의 マ、ト 만으로는 何等의 意義가 나타나디 아니 하는 것이라

朝鮮語「기다리、기다려」의「기다、ㄱ자브、자바」의「자」는 語幹에 該當하는 것이니「語幹、語尾」의 用語는 單語의 音節의 區分에 關한 말이오 意義에는 無關한 것임 (語根에 對한 詳論은 後에 讓함)

右와 같히 두 가지의 意義가 判然히 서루 다른 것임을 認識하디 못하고 漫然히 그 두 가지의 意義로 使用된 語根이라는 術語를 使用하면서 스스로 이에 眩惑되야서 朦朧한 觀念으로 錯誤에 싸디는 사람이 만흐니 注意함이 可함

語尾이 變動　語尾는 用言의 使用되는 境遇에 따라서 規則的으로 變動됨

語尾에는 原段과 變動段이 이슴　原段은 用言의 原形(Root)인 音이오 變動段은 原段으로브터

變動되야간 音임　變動段을 活用形이라고도 니름

例

原段音　　食 머그　　　　學 배화(서)　　高 노프(며)　　大 크(며)　　消 쇠(며)　　勝 이기(며)

變動段音　머거(서)(며)　　노파(서)(며)

原段音　　挾 셔(서)(며)　　學 배화　　來 와(서)(며)　　大 크　　收 거둬(서)(며)　　給 취(서)(며)

變動段音　쎄(서)　　배호(며)　　오(며)　　커(서)(며)　　거두(며)　　주(며)

原段은 發音을 促急하게 하는 習慣에 依하야 境遇에 따라서 그 略音으로 發音하는 일이 만흠

그 音을 原段의 原音에 對하야 略音이라고 니름

例　原音　食 머그(며)　受 바드(며)　索 차즈(며)　高 노프(며)

　　略音　　머ㄱ(고)　　바ㄷ(고)　　차ㅈ(고)　　노ㅍ(고)

【註】原段의 原音이 略音으로 發音됨은 語尾의 變動에 屬한 것이 안이오 오직 促迫한 發音에 因하야 생긴 音便에 지나디 아니 하는 것임 그러나 便宜上 外形의 觀察에 依하야서 語尾 變動에 合하야 論述함

用言의 語尾 變動의 狀態를 圖解로 써 보힘

語幹──語尾┬原段┬原音(原形)↑──承接語(例 며)
　　　　　　　　　└略音(音便)↑──承接語(例 고)
　　　　　　└變動段↑──承接語(例 서)

例

(1) 머그며　ㄱ고　거서
(2) 바드며　ㄷ고　다서
(3) 기프며　ㅍ고　퍼서
(4) 쓰며　고　써서
(5) 이기며　고　겨서
(6) 바라며　고　서
(7) 가며　고　서

右 (1)(2)(3)은 原音、略音、變動段音이 다 使用되는 單語임 (4)(5)는 略音이 使用되다 아니 하는 單語임 (6)(7)은 略音이 使用되다 아니 하고 變動段音도 原音에 變更이 업는 單語임

語尾變動은 用言의 品詞에 따라서 法則을 다쓰히 함이 업고 네 種類의 用言이 다 同一한 法則으로 活用됨

語尾變動의 趣意　用言의 語尾가 變動됨은 오직 그 音이 變動될 뿐이오 用言의 意義에는 關係가 업는 것임

朝鮮語의 用言은 그 用言 自體에 含有한 單純한 意義를 表示할 뿐이오 文典上으로 應用되는 여러 가지의 特定한 意義를 表示하는 任務는 用言에 添加되는 助詞이며 助用詞에 屬한 것이라 그러하야 用言의 語尾가 變動되야도 그 意義에는 아모 關係가 업스며 오직 그 다음에 오는 承接語와 連結되는 方法이 됨일 뿐이라

「바드」、「받」、「바다」는 「受」ㅅ 字의 意義、

「노프」、높、노파」는 「高」ㅅ 字의 意義 뿐이오 그 以上 다른 特定한 意義가 表示되는 것이 안일

【參考】日本語 動詞의 語尾變動은 그 語尾變動 自體에 依하야 用言의 特定한 意義가 付與

第二章　第三節　第六款　用言語尾의 活用

되는 것이 이슘(日本語에도 動詞 語尾 變動의 主된 關係는 承接語 連結을 爲함이더마

는) 例로 「徃ク」는 平叙 終止, 「徃ケ」는 命令。日本語에는 動詞가 助詞의 添加가 업

시도 使用될 수 이슘이 朝鮮語에 用言의 使用에는 반드시 助詞의 添加를 要함과 그

組織이 서루 다름에 因한 差異이라

原段의 音　用言의 語尾 原段에 左와 가튼 各段의 音이 이슘

아段 去가 冷차 望바라

어段 立서

여段 鉅커 敷퍼

오段 來오 學배호 麗고오

우段 借우 收거두 易쉬우

으段 大크 深기프 植시므

이段 負지 腥비리 持가지

右記 語尾의 音에 조차서 各其 單語를 「아段 用言、으段 用言、……」이라고 닐커름

우段과 오段에는 特殊한 關係에 因한 規例로 成立된 單語가 이슘 古代語音 「ㅸ」가 淘汰됨에

當하야 用言 語尾 「브」는 「우」로、「오」는 「오」로 化成되고 그 略音은 「ㅂ」이오 「ㅸ」의 變動

段 「뷔」는 「워」로、「ㅸ」의 變動段 「뱌」는 「와」로 되야슴 그러하야 그 種類의 單語를 特殊우段

特殊오段이라고 닐커름

例　古語 易 쉬봉　現行 쉬우
　　（쉬ㅂ가　쉬ㅂ로、
　　　쉬버　쉬워）

　　古語 麗 고봉　現行 고오
　　（고ㅂ가　고ㅂ로 된 類
　　　고바　고와）

特殊우段、特殊오段에 屬한 單語는 元來는 으段、오段에 屬하얏든 것인데 「ᄫ、ᅙ」의 音이 아

行音으로 變함에 「우、오」로 되야씀은(「으」로 되디 아니 하고) 그 音의 特別한 性質에 因한 것

임

「ᄫ」音의 初聲 「ᄫ」는 그 音의 本質이 中聲 「ㅜ」와 調和性이 잇는 音인 故로 「ᄫ」의 發音은

「부」로 普通이라 그러하야 그 音이 아行音으로 轉成되는 때에 「으」으로 發하디 아니

하고 「우」音으로 發하게 된 것이라 元來「ㅂ」의 系統에 屬한 音은 「우」音과 調和性이 잇는데

그 中에도 朗音性을 띈 間音은 더욱 그 調和性이 濃厚함이라 左에 그 對照할 實例를 보힘

英語	原字	原音	發音
Play	프ᄙ이	＝	푸뤠이
If	이ᄙ	＝	이쁘
Have	해ᄫ	＝	해부

漢字音	原字	原音	發音
北	븍		북
朋	붕		봉
不	블		불

英語의 音을 日本 文字로 記寫함에 ウ段音을 너허서 씀은 쏘한 그 音理에 因한 것이라

例 Fan＝ファン、 Victory＝ヴィクトリ……「フ、ヴ」等 우段音을 너허서 記寫함

「ᄫ」音이 「오」로 되야씀은 「ᄫ」가 「우」로 됨과 同一한 關係로서 後者는 濃音이오 前者는 淡

音이라

中聲「ㅡ」音은 淘汰된 것인 故로 「ᄫ」가 「오」로 된 關係를 現時의 發音으로써 明瞭하게 說明

하기 어려운 點이 이스나 「ㅣ」의 淡音은 「ㆍ」이오 「ㅜ」의 淡音은 「ㅗ」이니 「ㅸ」가 「ㅜ」로 됨

과 同一한 狀態로 「ㅸ」가 「ㅗ」로 됨의 音理를 推察할 수 이슴이라

【附記】特殊오段의 單語 例로 「麗、助、芳」等의 語音(「ㅸ原段、ㅸ變動段」의 化成音)과 記寫를

整理함에 當하야

原段　(1)(A)고우며、　도우며、　맞다우며

變動段　　(B)고워서、　도워서、　맞다워서

原段　(2)(A)고우며、　도우며、　맞다우며

　　　　(B)고와(서)、　도와(서)、　맞다와(서)

原段　(3)(A)고오며、　도오며、　맞다오며

變動段　　(B)고와(서)、　도와(서)、　맞다와(서)

의 세 規例를 考察하게 되는 바임 著者가 過

去에 右 (2)의 規例를 採用하얏드니 다시 (3)의 規例에 조츰이 가장 正當함을 쌔다라서

이를 特殊오段으로 處理하고 前에 採用하얏든 (2)의 規例에 關한 論述과 그 記寫를 取

消하야씀

右는 現行 發音、古書 記寫 및 中聲調和 法則을 綜合하야 考察한 結果 그와 같히 決定

된 바이라

古書에 「ㅸ」의 初聲을 廢한 以後에는 前記의 語音을 「오、와」로 記寫하야씀

現行 發音에 그 「오」音이 「우」로 됨이 만흠은 「오段音을 우段音으로 發하는 訛音의

慣例에 依한 것이라(「나도 가고」를 「나두 가구」로 「댕고、환도」를 「댕구 환누」로 發

變動段의 音

變動段音은 原段音에 「ㅜ」(濃音에) 又는 「ㅗ」(淡音에)를 加하야서 한 音節로 發하는 音이라 말을 밧과서 說明하면 原段音으로브터 어段 又는 아段의 音으로 도라가는 音이나

例一 原段 大 크(며)　附 부트(며)　深 기프(며)　「크·트·프」에 「ㅜ」를 加한 音은
　　變動段 커(서)　　부터(서)　　기퍼(서)　「은·커·터·퍼」가 됨

例二 原段 負 지(며)　勝 이기(며)　忌 쓰리(며)　「지·기·리」에 「ㅓ」를 加한 音은
　　變動段 져(서)　　이겨(서)　　써려(서)　「져·겨·려」가 됨

例三 原段 給 주(며)　收 거두(며)　易 쉬우(며)　「주·두·우」에 「ㅓ」를 加한 音은
　　變動段 줘(서)　　거둬(써)　　쉬워(서)　「줘·둬·워」가 됨

右諸例는 濃音인 原段에 「ㅓ」를 加한 發音이라

例四 原段 來 오(며)　學 배호(며)　麗 고오(며)　「오·호」에 「ㅏ」를 加한 音은
　　變動段 와(서)　　배화(서)　　고와(서)　「와·화」가 됨

右는 淡音인 原段에 「ㅏ」를 加한 發音이라

前記 例一엣 單語들과 가티 原段이 으段인 單語의 變動段에는 「ㅓ」가 添加된 發音으로 됨이 原則이라 그러나 그것에 對한 變則(現行 語音 及 記寫를 對象으로 하야서 變則이라고 말함)으로

으段의 變動段에 原段音에 「ㅏ」가 添加된 音으로 되는 것이 이슴 그 語幹이 淡音인 境遇에

그러함

例五　原段　受 바드(며)　如 가트(며)　高 노프(며)　「드、트、프」에 「ㅏ」를 加한 音은
　　　變動段　바다(서)　가타(서)　노파(서)　「다、타、파」가 됨

右 例五엣 單語의 古代語는 原段 바드 가트 노프 (淡音)로서 「ㅡ」가 「ㆍ」에 合併된
　　　　　　　　　　　　　 變動段 바다 가타 노파

結果로 그 原段音이 「바드、가트、노프」로 되고 그 變動段音은 原音이 維持되며 그 語幹과의
中聲調和(淡音)가 維持되야서 現行 語音으로는 原段 으段에 變動段 아段되는 變則的 規例가
생겨쓰며 쏘「ㅣ」를 準濃音으로 說明하게 된 것이라

【附記】右 例五에 記載된 種類에 屬한 單語의 變動段音을 어段으로 卽「바더、노퍼」로 發하는
語音이 만히 생겨이슴 그 音을 아段으로 發音함은 原語의 發音의 維持와 語幹音과의
中聲調和에 依한 것이오 어段으로 發音함은 語尾 原段 으段의 變動段音이 어段으로
됨의 原則에 協隨한 깃이라

例六　原段　去 가(며)　立 서(며)　敷 펴(며)　「가」에 「ㅏ」를、「서、펴」에 「ㅓ」를 加하야도
　　　變動段　가(서)　서(서)　펴(서)　그 音은 變함이 업슴

아段 어段、여段은 그 音이 變하디 아니 함

語尾 各段의 原段音이 變動段音되는 規例를 具體的으로 表示하면 左와 가틈

	아段	어段	여段	오段	우段	으段(元ㅇ)
原段	아	어	여	오	우	으
變動段	아	어	여	와	워	어 또는 아・여・이
例(서)	가(서) / 바라(서)	서(서)	켜(서) / 펴(서)	와(서) / 배화(서)	워(서) / 거둬(서)	마가(서) 쇠(서) 미더(서) 져(서) 고다(서) 그려(서)
例(며)	가(며) / 바라(며)	서(며)	켜(며) / 펴(며)	오(며) / 배호(ㄴ)	우(며) / 거두(며)	마그(며) 쓰(며) 미드(며) 지(며) 고드(며) 그리(며)

【註】語尾 아段、어段、여段은 變動段音도 原段音과 가틈 그 原段音은 그 自體가 이미 아段 又는 어段의 音韻을 씌고 잇는 故로 다시 變動될 餘地가 업는 緣故이라

語尾 으段 以外의 單語의 變動段音은 그 原段音과 「ㅓ」 或은 「ㅏ」와 合成된 重中聲音이 되 더마는 으段音은 그 音의 本質이 元來 弱하야서 「ㅓ」或은「ㅏ」와 合하는 때에는 「ㅣ」 音은 埋沒되며 「ㅕ、ㅑ」와 가튼 重中聲音은 이를 認定하디 아니 함으로 그 變動段音 은 어段 又는 아段으로 됨이라(英語 Make maker, Accept acceptor 의 發音 「메이크、 메이커ー、악셀트、악셀터ー」 參照)

以上 論述한 變動段의 音에 關한 規例를 左에 表로 써 보힘

原段「ㅡ」가 變動段에「ㅏ」로 됨은
그 語幹의 音이 淡音인 單語에 그러
함 그러나 單語에 依하야 又는 地方
에 依하야 淡音의 아래에도「ㅓ」가
使用되는 일이 이슴
그러한 語音은 中聲 調和 法則의 例
外가 되는 것이라

添尾用言
　特別의 規例로 原段音에 한 音節（야 又는 여）이 添加되야서 變動段으로 되는 單
語가 이슴

例一　爲하　成되　是이　　　例二　帶여　躍뛰
　　　하야　되야　이야（이여）
　　　하야　되야　의여　쒸여
　　　　　　　　　　　　　　　　　띄여

【註】右 例二의 種類에 屬할 單語와 語尾 原段「이」變動段「여」의 規例에 屬할 單語와는 그
區別이 判然하디 못한 것이 만흠 故로 各 單語에 當하야 個別的으로 考察하야 認定하
야 處理함을 要함

그러한 單語

(1) 숨을 수이며 (2) 사람을 쉬이며 (3) 쇠물 쇠 며 [이 세 가지의 表記로

돌은 수이며　쉬여서　쐬여서 區分될 바임

그러한데 例로 握 추이, 籠 고이 의 類는

(1) 추이며, 고이며, (2) 쥐이며, 괴이며,

　　　　주여서, 고여서, 쥐여서, 괴여서,

(3) 쥐 며, 괴 며 의 어느 語音으로도 通用됨으로 그 區分이 確然하디 못함

　　쥐여서, 괴여서,

斬 버이며 / 버여서 / 베며 / 베여서 …… 비며 / 비여서

空 부이며 / 부여서 / 뷔며 / 뷔여서 로 再轉하야 비며 / 비여서

枕 벼이며 / 벼여서 / 베며 / 베여서 가 로 되고 發音됨 비며 / 비여서

이와 가튼 것은 語音의 墮落이
라 모름지기 그 元來音 「버이,
버여, 부이, 부여ㄴ 等의 鄭重한
發音을 維持함이 可한 바이라

原段의 略音　用言의 語尾에 略音이 使用되는 規例는 語尾 으段의 單語와 特殊우段, 特殊오段

외 單語에 이슴

【註】右 으段은 古語 「ᆞ」가 「ᅵ」에 合倂되야서 으段으로 된 것도 包含된 것이라

古語에는 이段에도 略音이 認定되야써쓰나― 例로 「有 이시, 잇, 이셔」― 現時에는 그러한

單語가 으段으로 整理되야버려씀

一 으段의 略音　으段語尾의 略音되는 規例는 左와 가름

(1) 喉音 以外의 音　喉音 以外의 發聲音의 으段音이 略音으로 發하는 때에는 그 音節의 中

聲「ㅣ」가 省略되고 그 發聲音만이 나마서 그 우에 잇는 音에 바림이 되는 音으로 發音됨

例　原音　머그며(며)　시므며　가트며(며)　노프며(며)
　　略音　머ㄱ(고)　시ㅁ(고)　가ㅌ(고)　노ㅍ(고)

右와 같히 「ㅣ」의 中聲音으로 構成된 音은 그 發聲音만이 바림되는 音과 恒常 共通되는 性質을 가진 것임 이는 略音의 原則되는 規例이라(이 音理에 關하야서는 第二編第三章第二節、

第六節의 論述 恭照)

(A) 「르」의 略音「ㄹ」이 再轉하야서 「ㄷ」바림으로 되는 規例

例　原音　　略音　　再轉音
聞　드르며　드ㄹ고　드ㄷ고
潤　부르며　부ㄹ고　부ㄷ고

對照 悲 스르며　스ㄹ고
右와 가튼 規例는 平音「ㄹ」로 組織된 「르」에 잇는 것임(二編第三章第七節 恭照)

右는 「ㄹ」과 그 다음에 나는 硬音調의 促急한 音勢가 合하야서 「ㄷ」으로 轉成된 音이라

【叅考】이 種類의 略音의 狀態는 日本語 ら行 語尾 動詞의 「リ」의 音便의 發音과 恰似함

例로 「アッタ、トッテ」가 「アッタ、トッテ」로 됨과 가틈

「르」의 語尾로서 原音과 略音에 承接되는 各 單語의 承接에 「ㅂ、으、ㄹ」이 雜用되는

規例

例 吹 부르 오、 ㅁ、 시며
　　 부으 오、 ㅁ、 시며 } 原音에 承接될 單語의 連續된 것
　　 부르 며、 면
　　 부르 다、 세、 자、 고
　　 부으 다、 세、 자 } 略音에 承接될 單語의 連續된 것

右와 가른 規例는 間音「ㄹ」로 組織된 「르」에 잇는 것임

이 種類의 語尾의 音은 省略되는 것도 이슴 그 發音의 經路는 「르↓으↓ㅣ↓略」으로 進行된 것임

例 磨 가르오 ↓ 가으오 ↓ 가ㅣ오 ↓ 가오

右（B）의 規例는 元來 間音「ㄹ」로 組成된 「르」로서 間音「ㄹ」의 發音이 淘汰되며서 다른 發音에 歸屬된 現象인바 그 歸屬된 音이 아직도 確固┐다 아니 하야 同一한 言語를 數種의

音으로 發音하는 浮動 狀態에 잇슴이라(第二編第三章第七節 叅照)

(C) 語尾音 全體가 省略되는 單語 몇 個가 잇슴

原音 無 업스（며）　坐 안즈（며）　載 언즈（며）　舐 할트（며）　擦 훌트（며）

略音 업（고）　안（고）　언（고）　할（고）　훌（고）

右의 單語들은 語幹의 끝에 바림이 잇는 音이라 그러하야서 그 語尾에서 中聲「ㅡ」를 省略하고 보면 語尾의 發聲音만이 나머서 그 우人 音에 바림 들이 되게 됨 그러한데 바림 둘이 거듭되다 못 함은 音理上 原則이라 故로 다른 境遇엣 略音과 같히 中聲「ㅡ」만이 省略되다 못 함 이와 가튼 組織으로 된 單語가 略音을 使用하는 慣例의 勢力에 쓸려서 드드여 그 語尾音 全體가 省略됨에 이르른 것이라

右記 單語中「할트、훌트」는 語尾의 中聲「ㅣ」가 略되고 우人 音의 바림「ㄹ」이 中間 바림으로 되면 거거에「트」가 끝 바림으로 될 것임 그러한 境遇에는「ㄹ」은 그 調節性이 堙沒되고「트音＝長音」으로 되야서「하ㅡ트、후ㅡ트」으로 發音될 것임 그러한데 右記 單語엣「ㄹ」은 그 音質이 强하게 發音되는 것인 싸닭에 그러한 發音으로 되다 아니 하고「트」가 全部 省略된 것이라(第二編第三章第七節第三款、第五款 叅照)

略音과 硬音調　以上 ㅡ段 語尾가 略音으로 發音되는 데에는 硬音調가 發生함 中聲「ㅣ」는 連發音에「으」와 가트니「으音이 省略되며 硬音調가 發生하는 規例에 依함이라(第二編

第三章第六節及第九節　恭照）

【註】前記　(A) 平音「르」의 略音은「ㄹㅅ」가 合하야서 再轉音「ㄷ」(入聲音)이 된 것임　故로

다시 硬音調를 論議할 餘地가 업는 것임　(B) 間音「르」는 元來의 發音이「르」와「ㄹ」

이 區別되디 아니 하는 것인 故로「ㄹ」바림만으로 쓰히는 때에도「으」音의 省略에 因

하야 硬音調가 發生하는 習慣이 생기디 아니 한 것임　(C)는 略音에 硬音調가 發生하

는 一般的 規例에 隨應하야 그 略音에 硬音調가 發生되는 것임

硬音調가 發生되는 境遇에 發音上 硬音調가 表現되며 못 되며와 그 表現되는 方法은 硬音調

에 關한 一般 法則에 依함은 勿論이라（第二編第三章第九節　恭照）

例　　原音　　略音　　發音의 表現

原音	略音	發音의 表現	
抱 아느고	아ㄴㅅ고	안ㅅ꼬	
植 시므자	시ㅁㅅ자	십ㅅ짜	硬音調가 表現됨
悲 스르다	스ㄹㅅ다	슬ㅅ따	
食 머그자	머ㄱㅅ자	먹ㅅ짜＝먹자	硬音調가 表現되
捕 자브고	자ㅂㅅ고	잡ㅅ꼬＝잡고	硬音調가 表現되
抱 아느네	아ㄴㅅ네	안ㅅ네＝안네	硬音調가 表現되디 못함

【注意】右에 論述한 硬音調의 發生은 그 音理의 眞相을 論述한 것이어니와 實際上 記寫에

(2)
喉音　語尾「으」가 略音으로 發音되는 때에는「ㅎ」가 省略되고 激音調가 生함（硬音調와 激音調의 音理와 및 그 表現의 狀態는 第二編第三章第六節、第九節、第十節 參照）

는 從來의 慣例에 조차서 右의 境遇엣 硬音調 符號의 記寫는 省略함이 可함

【註】用言에 使用하는「하」即「하고、하다」의「하」는 元來「ᄒᆞ」이며「ᄒᆞ」의 音은「ㅎ」에 包含된 것인 故로 그 略音이「ㅎ」와 同一합

例

原音	略音	發音의 表現
作 지으며	짓고	지쇼 — 硬音調가 表現됨
酌 부으며	붓다	부ᄴ — 硬音調가 表現됨
放 노호며	녹고	노코 — 激音調가 表現됨
可 가하（호）며	각다	가라 — 激音調가 表現됨
多 만호며	만ᆨ디	만터 — 激音調가 表現됨
絕 쓴호며	쓴ᆨ네	쓴네 — 激音調가 表現되디 못함

【注意】여기에 論述한「으」音의 語尾는 語幹의 끝이 中聲音이고 거기에「으」音이 連續한 境遇에 該當하는 것이라

右記 語尾「으」가 省略됨과 前記 (1)엣 中聲「ㅣ」가 省略됨과는 連發音上「으」音이 省略됨은

同一함이라 故로 그 結果 硬音調가 發生함도 同一함 例를 드러서 二者를 對照하야봄

抱아늬＝안으 ＝안으 故로 안으ㅅ 고＝안 싀

作지으＝지으 지으ㅅ 고＝지 싀

語尾「으」인 前記 單語의 略音에 當하야서는 다른 方面에 또 合理的 見解가 이슴 左와 가틈

語尾「으」「ㅅ」의 略音은 「ㅅ(發聲音인 ㅅ)」으로 됨

例　原音　略音

作　지으며　지ㅅ 고＝짓고

酌　부으며　부ㅅ 고＝붓고

右는 前에 論述한 「으」音의 語尾에 當하야 그 略音을 硬音調로 解釋하다 아니하고 發聲

音「ㅅ」으로 解釋한 것임

右는 古代語音에 잇든 「ㅿ」音의 으段 用言의 語尾「스」가 그 音이 淘汰되는 즈음에 徐緩

하게 發하는 境遇에는 「으」가 되고 促急하게 發하는 境遇에는 「ㅅ」이 된 것이라(第二編第

三章第五節 參照)

以上 論述한 바와 갈히 「으」音의・略音은 硬音調로 하야도 合理的이고 發聲音「ㅅ」으로 하

야도 合理的이라 그러한데 學者的 立場에서 그 言語의 眞相을 審究하는 方面으로 보면 右

記 發聲音「ㅅ」으로 하는 見解가 正當한 것이며 一般的으로 그 語音의 使用되는 狀態는 「으」

가 略되고 硬音調가 生하는 一般的 慣例에 協隨하는 바이라 故로 二者의 中에 어느 規例로

處理함이 더욱 妥當함으로 認定함

二 우段과 오段의 略音　特殊우段에 屬한 單語의 語尾 「우」와 特殊오段에 屬한 單語의 語尾

「오」가 略音으로 發音되는 때에는 「ㅂ」으로 됨

例 易쉬우며　補기우며　麗고오며　助도오며
　鉛ㅂ(고)　기ㅂ(고)　고ㅂ(고)　도ㅂ(고)

右는 古代 語音에 잇든 「ㅸ」音이 淘汰되고 用言의 語尾 「ㅸ」는 「우」로 되며 「ㅸ」는 「오」로 되

고 그 促急한 發音은 「ㅂ」이 된 것이라

原音을 略音으로 發音함은 習慣에 依하야 成立된 規例인 故로 그 習慣이 不一하야 略音이 確立

된 것도 이스며(例三)　地方 或 사람에 따라서 略音을 쓰기도 하고 아니 쓰기도 하는 것도 이스

며(例三)　原音과 略音이 並用되는 것도 이스며(例二)　略音을 아니 쓰는 것도 이스

야흐로 略音을 쓰는 習慣이 成立되야가는 中에 잇는 것도 이슴(例五)

	原音	略音		原音	略音
例一	食 머그자	머ㄱ자		受 바드고	바ㄷ고
例二	植 시므고	시ㅁ고		可 가흐다	가ㄱ다

例三　痛　아프다　〔아ㅍ다〕　呼　부르고　〔부ㄹ고〕

例四　深　기프다　如　가트다　가튼다

例五　短　싸르고　짜르고　異　다르다　다른다

【注意】「으」의 略音「ㅅ」（例로 지으며 짓고）、「우、오」의 略音「ㅂ」（例로 쉬우며 섭고、고오며

곱고）은「스」와「봇、붓」가 두 가지의 音으로 分屬된 것이오　本來에 原音「으」나「우、

오」가「ㅅ」이나「ㅂ」으로 된 것이 안인 故로 그 略音은 確然하게 勵行되는 바이라

用言의 語尾와 承接語　　用言의 語尾의 變動은 用言인 單語의 自體의 意義에는 아모 變更이 업

는 것이오 오직 그 아래에 承接하는 單語와 連結되는 方法이라 함은 이믜 論述한 바임

用言에 承接하는 單語는 主로 助詞와 助用詞이오 그 外에 用言이 連用되는 것이 이슴

一　助詞의 承接　　助詞를 用言에 承接하는 關係에 依하야 分類하면 左와 가틈

(A)　原段　助詞　　原段에 承接하는 助詞를 原段 助詞이라고 니름（記號 A）

(1)　原音　助詞　　原段 助詞中 原音에 承接하는 助詞를 原音 助詞이라고 니름（記號 A1）

(2)　略音　助詞　　原段 助詞中 略音에 承接하는 助詞를 略音 助詞이라고 니름（記號 A2）

(B)　變動段　助詞　　變動段에 承接하는 助詞를 變動段 助詞이라고 니름（記號 B）

原段 助詞와 變動段 助詞의 區別은 그 音에 關한 標準이 이슴이 안이고 言語가 元來 그와 갈

히 區別되야잇는 것임

變動段에 使用되는 助詞는 그 數가 極히 저금 그 主要한 것을 列記하면 左와 가틈 요、라、서、도、는、야、나。「라」는 原段에도 使用됨

原段의 原音 助詞와 略音 助詞의 區別은 助詞의 頭音에 依하야 標準이 이슴

(1) 原音 助詞　左와 가튼 助詞가 承接되는 때에는 用言의 原音이 使用되고 略音은 使用되더 아니 함

(甲) 獨立한 發聲音

例 ㄴ、ㄹ、ㅁ、ㄴ다、ㅂ니다、ㅂ시다

(乙) 入聲音 바림되는 發聲音 以外의 音이 初聲으로 된 音　但 나行音에는 略音 助詞로 使用되는 것이 이슴

【註】「ㄹ」바림은 音理上 入聲音이 안임은 前에 論述한 바임

(2) 略音 助詞　左와 가튼 助詞가 承接되는 때에는 用言의 略音이 使用됨(略音을 使用하는 慣習이 잇는 말에)

例 오、마、며、리라、나(接續助詞인「나」)、 나(接續助詞인「너」)

(甲) 入聲音 바림되는 發聲音의 初聲으로 된 音

例 고、게、다、세、자

(乙) 나行音의 一部

例 나?、네、노라、는、느냐?、는다、니?

用言의 各種 助詞가 承接하는 例를 보힘

用言原詞	用言	助詞	用言	助詞
原段原音	植 시므	며......A1種	高 노프	오......A1種
略音	시ㅁ	고......A2種	노ㅁ	다......A2種
變動段	시머	서......B種	노파	요......B種

用言에 略音을 쓰디 아니 하는 境遇에는 A2種 助詞가 原音에 承接함

例一 痛 아프ㅓ며   例二 深 기프ㅓ며   例三 植 시므ㅓ며   例四 可 가하(ㅎ)며
× 고   기ㅍ 고   시ㅁ 고   가ㅣ 고

右 例一은 略音을 쓰는 慣習이 업는 것임 例二는 略音을 쓰는 慣習이 成立되야이스나 地方 或 사람에 따라서 A2種 助詞 承接의 境遇에도 原音으로 發音함이 만흔 것임 例三、

例四는 A2種 助詞 承接의 境遇에 一般으로 原音과 略音이 混用되는 것임

右와 같히 어떠한 境遇임을 不問하고 略音을 쓰디 아니 하는 째에는 A2種 助詞가 原音에 承接함

用言에 變動段音이 따로 잇디 아니 한 境遇에는(原段音과 變動段音이 가튼 單語) B種 助詞가 原段音에 承接함

例 徃 가ㅣ며   立 서ㅣ며   敷 펴ㅓ며
서   서   서

二　助用詞의 承接

(1) 尊敬 助用詞「시」의 承接에는 原音이 使用됨

例

去가 ⎱며　　大크 ⎱며
勝이기 ⎰시고　　作지으 ⎰시고
防마그 셔서　　暑더우 셔서
受바드　　好됴흐

(2) 時相 助用詞 未來「개쓰」의 承接에는 略音이 使用됨　略音을 아니 쓰는 때에는 原音이 使用됨

例

(1) 防막 개쓰며　　(2) 去가 개쓰며
受받 개ㅅ고　　勝이기 개ㅅ고
暑덥 개써서　　植시므 개써서
　　　　　　例(2)는 略音을 아니 씀으로 原音에 承接되는 例임

(3) 時相 助用詞 過去「쓰」의 承接에는 變動段音이 使用됨　變動段音이 따로 잇디 아니한 境遇에는 原音이 使用됨

例

(1) 大크 쓰며　　(2) 去가 쓰며
受바다 ㅅ고　　望바라 ㅅ고
作지어 써서　　立서 서서
　　　　　　例(2)는 變動段音이 따로 잇디 아니 함으로 原音에 承接되는 例임

變動態 助用詞는 境遇에 따라서 各段의 音에 承接됨

例一 原音에 承接
쓰(書)하며、 밧고(換)히고、 부쯔、(呼)히며、 시므(植)허人다

例二 略音에 承接
잡(捕)히며、 안(抱)기고、 들(聞)리오、 심(植)겨人다

例三 變動段音에 承接
써(書)다며、 아라(知)다오、 커(大)다오、

變動態 助用詞는 그 自體가 煩雜하게 되야이슴에 因하야 그 承接되는 狀態도 또한 單純하디 못하고 發音의 狀態에 依하야 原音、略音 又는 變動段音에 承接됨(變動態 助用詞에 關한 詳論은 第四節 助用詞의 論述에 讓함)

助用詞는 用言에 連結되는 것인 故로 一常 用言의 아래、助詞의 우에 드러가는 것임 그러하고 助用詞의 語尾는 用言의 語尾 變動과 同一한 規例로 變動되며 그 다음에 오는 承接語는 用言에 承接됨과 同一한 法則으로 承接됨이라

助用詞의 承接에도 略音을 쓰디 아니 하는 쌔에는 略音에 承接할 單語가 原音에 承接됨과 變動段音이 따로 잇디 아니 한 境遇에는 變動段에 承接할 單語가 原段에 承接됨은 助詞의 承接엣 狀態와 同一함

三 다른 用言의 承接 다른 用言이 連用되는 境遇에는 用言의 變動段에 承接함 變動段音이 따로 잇디 아니 한 境遇에는 原音에 承接함은 勿論이라
例 開放 여러노흐며 受見 바다보고
連書 니어쓰라 飛去 나라가오

走出(奔) 다라나오
入臥(臥) 드러누워서
望見 바라보고
舖置 펴두고

「바라、펴」는 原音으로서 그 變動段音이 따로 잇디 아니 한 單語임

이러한 말은 두 單語가 合하야서 아조 한 單語로 化成된 것이라

【注意】한 用言의 原段에 다른 用言이 連結되는 言語도 이슴(그 數는 甚히·져금) 그러한 境遇에는 두 用言이 合하야 한 單語가 組成된 言語로 使用되는 것이라

例 보살피(見察)며、 불잡(附執)고
굳서이(堅强)며、 검불그(黑赤色)오

用言 語尾와 承接語의 關係를 圖式으로써 보힘

用言 語尾 ── 原　段 ┬ 原音 ┬ A1助詞……며、오
　　　　　　　　　　　│　　　└ 助用詞……히、시
　　　　　　　　　　　└ 略音 ┬ A2助詞……고、다
　　　　　　　　　　　　　　　└ 助用詞……히、기 리、개쓰
　　　　　　── 變動段 ┬ B助詞……서、요
　　　　　　　　　　　├ 助用詞……더、쓰
　　　　　　　　　　　└ 用言連用……例 여러노흐며

用言語尾 不變을 主張하는 周時經 學說에 依한 見解를 記述하고 그 不合理됨을 摘示하야 辯證

하랴 함

【附記】對照 說明上의 便宜를 爲하야 以下 周時經氏 說 又는 그 式을「周說、周式」이라、余의

說 又는 그 式을「朴說、朴式」이라는 略記를 使用함

周說의 要領은 左와 가틈

一 用言의 語尾 活用을 否認함 用言은 單語의 原形이 變하디 아니 하는 것으로 함

用言(原形)의 標準은 朴說 A2種 助詞(例 고、다)의 承接되는 音에 該當하는 音으로 一定함

右의 結果를 朴說에 對照하면

(1) 朴說에 略音이 使用되디 아니 하는 單語에는 朴說 原音과 一致됨

例一 가(去)、바라(望)、서(立)、펴(敷)、오(來)、배호(學)、두(置)、거두(收)、

크(大)、아프(痛)、쥐(挾)、이기(勝)

(2) 朴說에 略音이 使用되는 單語에는 그 略音에 該當함

例一 막(防)、안(抱)、곧(直)、슬(悲)、감(捲)、잡(捕)、벗(脫)、창(創)、

갇(如)、뎌(短)、높(高)、찾(索)、委(從)、맑(淸)、젺(少)

右는 朴說 原音에 該當함

例二 붏(好)、 핧(舐)、 앉(坐)、 않(絕)、 잃(失)

右는 朴說 原段 略音에 類似하나 그 音理에 當한 見解가 다따서 그 記寫法이 朴說에 一致되다 아니 함

二 助詞의 頭音의 添加를 認定함 그러하야 助詞에 當한 說明은 左와 가틈

(1) A2種 助詞(例 고、다 即 朴說에 略音을 使用하는 때에는 略音에 承接하는 助詞)는 變更됨이 업시 用言에 承接함

例 가(去)고、 크(大)다、 배호(學)고、 아프(痛)다

막(防)고、 곧(直)다、 앉(坐)고、 않(絕)다

【注意】이 種類의 助詞(그中에도 「다」의 承接되는 關係가 周說의 見解의 出發된 基本이라

(2) A1種 助詞(例 며、오 即 朴說에 原音에만 承接되고 略音에는 承接되다 아니 하는 助詞)

A1種 助詞의 音이 中聲音인 境遇에는 그 助詞가 原形대로 使用됨

例 가(去)며、 서(立)오、 거두(收)며、 쇠(消)오、 아프(痛)며、 이기(勝)오

用言의 끝에 바팀이 잇는 境遇에는 그 助詞는 머리에 「으」音이 添加됨

例 막(防)으며、 곧(直)으오、 갈(如)으며、 묶(束)으오、 앉(坐)으며、 않(絕)으오

(A)는 그 承接하는 用言의 語尾에 따라서 變更됨

(B) B種 助詞(例 서、야 即 朴說 變動段에 承接되는 助詞)는 그 單語(朴式에)의 머리에 「어

(3) (又는 아)를 加한 것을 그 助詞의 單語로 함 故로 「어(又는 아)」가 加入되다 아니 한 單語

는 否認한

例 가(去)아서、 퍼(敞)어서、 오(來)아야、 막(防)아도、 믿(信)어라
【朴式對照】가 서、 퍼 서、 와 야、 마가 도、 미더 라

例 찾(尋)아라、 높(高)아요、 앉(坐)아서、 돛(好)아요、 끔(絕)어라
【朴式對照】차자 라、 노파 요、 안자 서、 묘하 요、 끈허 라

例 쇼(消)어서、 씨(挾)어라、 이기(勝)어야、 지(負)엇다、 가지(持)어라
【朴式對照】外 서、 셔 라、 이겨 야、 져 다、 가져 라

三 用言이 連用되는 境遇(例 開放 여러노흐며)에는 두 用言의 사이에 「어(或「아」) 音이 싸로

이슴으로 認定함.

例 開放 열어 놓으며、 走出(奔) 달아 나오

右記 周說을 一括하야서 圖解로써 보힘

用言 ─
　語尾區 別無 {甲乙共} ── (甲)
　語尾의 中聲(甲) ── A1種助詞承接 …… 가, 며, 아프며, 크오, 이기오
　區別 바팀(乙) ── (으)A1種助詞承接 …… 먹으며, 곪으며, 돛으오, 앉으오
　(어)(아) A2種助詞承接 …… 가고, 이기고, 곪다, 돛다
　(어)(아) B種助詞承接 …… 가아서, 이기어서, 곪어요, 돛아요
　(어/아/他 用言承接 …… 가아 보자, 지어 가고, 트어 놓아라

열어 놓으며, 달아 나고, 앉아 놀으오

周說에 對한 辯證　　右記　周說의 見解는 不合理되는 缺陷이 만흠　便宜上 原段 關係 即 「으」音

의 關係와 變動段 關係 即 「어(아)」音의 關係를 兩分하야 說示하랴 함　그러나 그 두 關係는 不

可分의 關係이며　짜라서 서루 關聯되는 說明이 만흠

本論에 드러가기 前에　總括的으로 한 말을 함　우리는 우리 言語를 잘 習得하야이스니 常識的

으로 考察하며 그 句讀를 試驗하야보면 그 語感에 因하야 直判的으로 言語의 組織이 아라딀 것

이라　左記 例에 就하야 各其 區分된 界境에 句讀를 써여서 對照 吟味함이 可함

(1) 周說, 먹 으며, 믿 으오, 찾 으랴고, 똥 으니, 앉 으면
    朴說 머그며, 미드오, 차즈 랴고, 도호 니, 안즈 면

(2) 周說 먹 어요, 믿 어요, 찾 아라, 동아요, 가 아서, 지 어라
    朴說 머거서, 미더 요, 차자라, 도하 요, 안자 도, 가 서, 저 라

(3) 周說 道를 닦 으시 어야 마음 이 크 어디 어서 높은 자리 에 앉 으십니다
    朴說 道를 다쇠 셔야 마음 이 커 더서 노픈 자리 에 안즈 십니다

一　原段 關係　　原音中 兩說의 圭角되는 每點은 으段 語尾의 單語와 特殊우段、特殊오段의 單

語에 이슴　그 以外의 用言은 原段의 關係에는 서루 一致됨

【注意】特殊우段、特殊오段에 屬한 單語는　原語는 元來의 으段(오段 包含)으로브터 轉成된 것

입

(1) 으段에 當하야

語尾 原段 原音이 促急히 發音하는 慣習에 因하야 略音으로 發音되는 音을 周說에는 그 單
語의 原形으로 認하고 用言 語尾의 變動을 否認하는 結果에 基因하야서 여러 가지의 抵觸이
생겨씀이라

(A) 一般的 語尾에 나타나는 缺陷　左記의 各 同一한 狀態의 語尾로 成立된 單語 又는 同
一한 單語를 文法上 異種類로 處理하야 그 記寫法이 서루 다짜딤 또 그 結果로 變動段音
에 語音과 記寫가 서루 맞디 아니 하는 것이 생김

(甲) 同一한 語尾 活用으로 發音되는 單音 單語와 複音 單語
　　 그 變動段音에는

例　消 쇼 며 {쇼 며} 가 　　　　 汲 퍼 며 {프 며} 가
　　　 써서 가 {쇼 어서} 로, 　 深 기퍼서 가 {깊 프 어서} 로됨
　　 束 무서 서 {뭄 어서} 로, 　 深 기프 며 {깊 으며} 로되고
　　　 무쇼 며 {뭄 으며} 로,

(乙) 同一한 語尾 活用으로 發音되는 두 複音 單語
例　痛 아프 며 {아프 며} 가 　　 正 바쁘 며 {바쁘 며} 가
　　 報 가프 며 {갑 으며} 로, 　 短 짜쁘 며 {짤 으며} 로되고

(丙)

同一한 單語에 略音을 쓰기도 하고 아니 쓰기도 하는 單語

例
報 가파서 가 {갑 아서 / 아프 아서} 로、 正 바빠서 가 {바쁘 아서 / 짭 아서} 이쓰며 短 짜라서 가 {짤 아서 / 바쁘 아서} 로됨

痛 아파서

그 變動段音에는
植 시므며 가 {시 므며 / 십 으며} 로、 부 이쓰며 가 {입 으며 / 이쓰 며} 로되고

그 變動段音에는
植 시머서 가 {십 어서 / 시므 어서} 로、 부 이써서 가 {입 어서 / 이쓰 어서} 로됨

(丁)

同一한 用言에 地方에 依하야 又는 兒童의 言語에 略音을 쓰기도 하고 아니 쓰기도

하는 單語

例
深 기프며 가 {깊 으며 / 기프 며} 로、 如 가트며 가 {같 으며 / 가트 며} 로되고

그 變動段音에는
深 기퍼서 가 {깊 어서 / 기프 어서} 로、 如 가타서 가 {같 아서 / 가트 아서} 로됨

【附記】(丙)「시므고、심고」、「이쁘다、읻다」의 言語、(丁)「기프다、꼽다」、「가트다、갇다」의 言語

가 아오짜 使用됨으로 周說에 依하면「시므、이쁘、기프、가트」는 語尾 中聲인 單

語이고「심、읻、꼽、갇」은 語尾 바팀인 單語이야서 그 두 가지의 法則으로 處理

하게 되는 結果로 右記와 가튼 畸形的 現象이 나타나며 그 記寫에는 조츨 바틀 아

을 길이 업게 됨

(B)

語尾 原段 原音「으」、略音「ㅅ」되는 單語에 나타나는 缺陷 이 種類의 用言을 語尾

「ㅅ」되는 單語로 하고 語尾의 變動을 否認하는 結果 一般的으로 通用되는 言語와 서루 容

許되디 못함

例

作 {지으며 / 지ㅅ고} 가 {짓으며 / 짓고}로、 注 {부으며 / 부ㅅ고} 가 {붓으며 / 붓고}로 됨

여긔에 當하야서 그 學派에서 두 가지로 說明하는 辯解가 이슴

(甲)「짓 으며、붓 으며」는 古代語에 마즈며 또 現今에도 地方에 그와 가튼 語音이 使用되

는 곤이 잇다고 함

古代語의「ㅿ」語尾가 現今 原音「으」略音「ㅅ」語尾로 歸屬된 事實을 余도 認識하는

바임(ㅿ와 ㅅ의 差異는 格別로 하고) 또 어떠한 地方에 前記와 가튼 語音이 若干 使

用되는 事實이 이슴을 余도 認識함 그러하나 原音「으」略音「ㅅ」으로 發音하는 事實을

또한 否認할 수는 업는 關係임　허물며 이 發音이 大多數의 發音임엘가보나

現今에 存在하야잇는 各 發音에 當하야서 各其 法則을 整理하고 또 그 理由를 說示

함이 可할디요　大多數가 發音하는 言語를 否認하고 言語의 音을 自立한 學說에 맞도록

改造하랴 함은 不可한 일이며 또 不能할 일이라

(乙)　「지으며」는 「짓으며」에서 「ㅅ」이 脫落된 發音이라고 함

右는 遁辭의 辯解에 지나디 못함

(a)　「ㅅ」이 脫落됨에 當하야 音理上 說明이 업슴(만일 朴說「스」가 「으」로 轉成된 音理

를 是認하면 「지으」가 用言으로 됨)

(b)　假定으로 右 (a) 의 見解를 是認하고 보면 用言「짓」에서「ㅅ」이 업서디고「지」만이

나믐 그 「치」만의 音이 「作」의 意義를 表示하는 單語가 됨이라고 함은（지作으며助詞）

到底히 首肯될 수 업는 妄說임

(c)　假定으로 右 (b)의 見解를 是認하고 보면 「지」는 尾末이 中聲이라　故로 周說에 依

하야 助詞「며」가 承接되야서 「지며」로 될 것이고 「지 으며」가 되디 못할 바임　이

는 自家撞着의 論法이 됨이라　　朴說 語尾「호」의 單語를 周說의 規例로 處理하는

(C)　語尾 「호」의 單語에 나타나는 缺陷

結果는 左와 가튼 形式으로 됨

例 好 {둏 으며 / 둏 고}　放 {둏 으며 / 둏 고}　多 {많 으며 / 많 고}　絕 {엃 으며 / 엃 고}

右는 音理上으로 發音되다 못 하는 單語가 됨의 큰 缺陷이 이슴　또 그 解說이 各 單語

의 境遇에 一貫되다도 못 함　이는 自說로 決定하야노흔 規則에 억지로 마초기 爲하야

그와 가튼 無理가 생긴 것이라

音理上「ㅎ」가 바팀되다 못 할 性質임과 「ㅎ(ㅎ並)」가 略되고 激音調가 生함에 關한 說明

은 第二編第三章第四節、第六節、第十節엣 論述을 引用하고 다시 重複하야 說明하다 아니함

右記 音埋에 關한 論述 以外에 周說 自體에 矛盾이 잇는 條目을 指摘하야 論述하랴 함

周說의 見解에 依하건대 左와 가틈

例一　好 됴ㅎ(ㅎ) 며 {고 / 를} {둏 으며 / 둏 고} 로(1)

例二　可하(ㅎ) 며 {可하(ㅎ) 며 / 可ㄱ 를 / 可ㅎ 고} {둏 / 고} 로(2)

右에 對한 見解는　(1)은 用言「둏」에 助詞「으며、고」가 承接한 것으로 함　(2)는 用言

「可ㅎ」에 助詞「며、고」가 承接한 것으로 하며 「可ㅎ 고」──發音「가 코」──는 用言「可

ㅎ」의「ㅎ」가 省略되고「ㅎ」가 그 우人 音節에 바팀되는 것으로 함

【註】「됴ᄒ、可ᄒ」의 原語는 「됴ᄒ、可ᄒ」임

右의 見解에、두 가지의 矛盾이 이슴

(甲) 例二의 解說에 當하야서

周說에 用言 原音 「가ᄒ」에 「ᄂ」가 略되고

「가ᄒ」[고]로 된다 함은

朴說에 用言 原音 「노ᄑ」에 「ᄉ」가 略되고

「노ᄑ[고]로 된다 함과 即 語尾 略音의 規則과 조곰도 差異가 업는 見

解이며

周說에 用言 노ᄑ [며] [고] 의 分解法과는 서루 矛盾되는 것이라

【註】「可ᄒ」가 用言이고 「며」가 助詞임은 다룰 수 업는 關係인 故로 周說에도 「可ᄒ」

(用言) 「ᄋ며」(助詞)이라고 主張하다 못 함이라

만일 周說과 같히 「ᄒ」 又는 「ᄒ」에서 그 中聲音이 省略되고 「ᄒ」가 우ᄉ 音節의

바팀이 되야서 그 아래ᄉ 音에 激音이 생김의 音理가 容許될 것 가트면 朴說에

는 「ᄒ」 語尾의 用言도 特別한 說明을 要하다 아니 하고 原音 略音의 一般的 規

則에 그대로 收容되야버려쓸 것이라 그러나 그것은 다만 外形上으로 보는 皮相的

觀察일 뿐이고　音理의　眞相으로는「ㅎ」에 그와 가른 發音이 나디 못하는 것인

故로「ㅎ」의　略音은 그　語音의　眞相에　依하야　激音調로　說明하게 된 바이라

(乙)　例一과 例二를　對照함에

例二의「可ㅎ」가

「可ㅎ(或 ㄱ)」고」로 되는　發音의　狀態와

例一의「노ㅎ」가

「노ㅎ(或 ㄱ)」고」로 되는　發音의　狀態와는

조끔도 틀림이 업는 것이 안인가? 그러한데 例一에는 可ㅎ(用言) 며(助詞)임으로 區分

하면서 例二에는 놓(用言) 으며＝으며(助詞)로 區分함은 서로 矛盾되는 바이라

(D)　語尾「르」、略音「ㄷ」으로 發音되는 單語에 나타나는 缺陷　이 種類의 單語에 當하야

서 周式의 規例로 處理하면 그 發音이 全然히 抵觸됨

例 問　무르 며　무ㄷ 고 ⎱ 가　무르 고　묻 로 됨

【註】朴說 平音ㄹ 의 初聲으로 成立된「르」가 語尾로 된 單語의 大部分이 이 種類에 屬한

것이라 例「潤 부르、走 다르、步 거르」等

(E)　語尾에「으」와「르」이 使用되는 單語에 나타나는 缺陷　周式의 規例로 하야서는 語音

과 맛디 아니 하는 것이 만흠

(F)

例 吹 부으니 가 붙으니 로 되며,
　　　부르며 붙으며 의 語音은 이를 否認하게 됨

［註 右는 朴說 間音ㄹ 의 「르」로브터 轉成된 語音이라 「耕 가르、活 사르、游 노르」의
語幹의 끝에 바림이 잇는 單語에 나타나는 缺陷 周式에 左記와 가튼 單語를 認定하나
「가으니、갈면。사으니、살면。노으니、놀며」等은 다 이種類에 屬한 單語이라
音理와 및 發音에 맛디 아니 함

(甲) 坐 앉 안즈 에서 「ㄴ」를 除去한 것을 用言의 單語로 하고 거긔에 助詞 「고、으
無 없 업스 며 가 承接하는 것으로、即 「앉 고、앉 으며」로 解釋함
右의 「앉」、「없」은 朝鮮語의 發音法으로는 發音되디 아니 함 英語式과 가티 그 끝 바림
으로 쓰힌 「ㅈ、ㅅ」에 餘音을 發하면 「안즈」「업스」의 音으로 되야버림（第二編第三章第
一節、第二節、第七節第五欵 叅照）

(乙) 舐 핥 할트 에서 「ㅡ」를 除去한 것을 用言의 單語로 하고 거긔에 助詞 「고、으며」
가 承接하는 것으로、即 「핥 고、핥 으며」로 解釋함
「핥」의 音節의 發音은 그 「ㄹ」을 間音ㄹ 로 하야서 中間 바림으로 使用하는 境遇에 限
하야 發音이 될 것인 바 그 發音은 「하ㅡ트」로만 될 수가 이슴이오 「ㄹ」의 音質은 나

타나디 못 하는 것이라 故로 「핥」에 「고, 으며」가 承接하면 「하ㅣ따 고」「하ㅣ따 으며」

모 發音될 것이니 「핥ㅅ고」「핥트며」의 實際의 發音과는 맞디 아니 함(仝上 恭照)

丙 少 젊......「젊므」에서 「ㅣ」를 除去한 것을 用言의 單語로 하고 거거에 助詞 「고, 으며」

가 承接하는 것으로, 即 「젊 고, 젊 으며」로 解釋함

「젊」에 잇는 「ㄹ」은 中間 바림으로 使用된 것이며 그 發音은 「저ㅣㅁ」으로 되는 것임

故로 「젊므」의 略音으로 되는 「젊고」와는 發音이 符合됨 그러나 그 原音을 發音하는 때에는 「젊 며」이라고만 發音하고 「저ㅣㅁ 으며」이라고는 發音하다 못함 그러한데 「젊 으며」의 發音은 「저ㅣㅁ 으며」로만 되고 「젊므 며」로는 되디 못함 故로 「젊 으며」로

解釋함은 發音에 矛盾되는 것임(仝上 恭照)

(G) 合理가 생김

尊敬 助用詞 「시」의 使用에 나타나는 不

「시」가 助詞의 허리를 卂ㄴ고 드러가는 不

(H) 互接檢察의 結果에 나타나는 缺陷

朴式對照

例 抱안 으며 안 으시며 信 믿 으며 믿 으시며
아느며 아느 시며 미드며 미드 시며

深 「기프 며 꼿 으며, 꼬 고」를 例로 取하야 說明함

(1) 例 「머, 고」가 助詞임은 다른 各段 語尾에 承接되는 狀態에 비추어서 分明하며(例로 「가

「머, 고」를 例로 取하야 說明함

며 가고 그리며 그리고」)周說과 朴說에 異論이 없는 것임

(2) 周說에도 助詞「고」에 「으고」가 업슴은 異論이 업슴……例 가고、꺾고

(3) 用言中에 助詞「며」가 承接하는 때에는 用言의 씉、助詞의 머리에 「으」흡이 나타나고

그「고」가 承接하는 때에는 「으」흡이 빠더는 말이 이슴(左記(1)과 가틈)

檢察
(1) (A1)기프 ─(으)─ 며
　　(B1)기프　　　　　고 }를
(2) (A2)기프 ─(으)─ 고
　　(B2)기프　　　　　며 }로 [檢察함]
　　助詞를 互接하야

右를 檢察한 結果 A2는 發音이 좀 서루쓰나 그 言語가 形成됨에 障碍가 업슴 B2는

全然히 그 言語가 形成되디 못함을 認識함

그러한즉 그 用言과 助詞의 사이에 「으」흡이 업는 것이 原則이 안이고 「으」흡이 잇는

것이 原則임을 認識함 그러한즉 그 「으」흡은 어데에 부튼 흡인가?

前記(1)、(2)의 關係에 依하야 「으」흡은 助詞에 부튼 흡이 안이라(「으고」이라는 助詞는 업

슴으로) 故로 用言에 부튼 흡인 것이 證明됨

即(a) 꺾 며 / 꺾 으며 가 안이고 꺾 고 / 꺾 으고 임 「으고」이라는 助詞는 兩說에 다 否定되는 것

(b) 기프 며 / 기프 고 임 故로 (a)가 안임이 決定됨
　　인

故로 檢察의 總結果는 그 原則흡은

꺾 며 / 꺾 고 가 안임　꺾 으며 / 꺾 으고 도 안임　기프 며 / 기프 고 임이 證明됨

故로 그 單語의 原音은 「기프」이고 「갚」은 그 原音으로브터 變成된 音 即 略音임이 判明
되는 바임

또 (植)「시므며」 又는 심 으며」、「심 고」를 例로 하야 檢察하야 보면

그 結果는
심 으며
심 며 }　심 고
가 안이고
심 으며
심 으 고 }　심 으며
도 안이고
시므 며
시므 고 }　임이 證明됨

(2) 特殊우段、特殊오段의 單語에 나타나는 缺陷
特殊우段、特殊오段의 語尾 「우、오」와 「ㅂ」으로 發音되는 單語를 語尾 「ㅂ」으로 一定하야 一
般的으로 通用되는 言語와 서루 容許되디 아니 함

例 煨
구우며
구우 고 }　가 굽 으며
굽 고 }　로、

麗
고ㅂ고
구ㅂ고 }　가 곱 으며
곱 고 }　됨

【附記】여기에 當하야 그 學派에서 古代語와 地方語를 材料로 하는 辯解的 說明이 이슴과
거기에 對한 余의 反駁的 論述은 前記 (1) 으段 B 語尾 으、ㅅ」엣 論述과 同一함으
로 그 論述을 引用하고 다시 重複하야 論述하디 아니 함

近者에 그 學派中에도 이 種類의 單語는 用言 語尾 不變 法則의 例外로 하야 그 語尾가
「우」와 「ㅂ」으로 變換됨이라고 說明하는 傾向이 느끼가는 現狀이라

그러나 이 特殊우段 語尾에 잇는 「우」音과 으段 用言의 語尾에 잇는 「으」音과는 同一한 資

格의 것이고 이를 區別하야서 各各 다른 資格으로 解釋할 수는 업는 것임 밧과 말하면 「우」

가 用言 語尾에 잇는 音이라 하면 「으」도 同一한 것이오 「으」가 助詞의 語頭에 잇는 音이

라 하면 「우」도 同一하게 解釋하다 아니 하면 아니 될 關係를 가진 것임 그 關係는 特殊

우 段 語尾의 成立된 經路를 考究하야보면 곳 明確하게 될 바임 左記 例示에 當하야 對照

考察함이 可함

(a) 쉬{쉬우
쉬웁}ㅇ (1)쉬우 (2) 쉬우 (3) 쉬우
쉬웁 쉬웁 쉬웁고

(b) 곱{구브
구브}ㅇ (1) 구브 ……(2) 구브고

(a)(1)과 (b)(1)은 各其 原形임 (a)(2) 「부」는 「ㅸ」와 「우」의 調和性에 因한 發音임 (3) 「우」는

「부」의 初聲 「ㅸ」音이 喉音 牙行에 歸屬된 發音임 (a)(2) 「쉬ᄫ」의 「ㅸ」는 「으」의 中聲 「ㅡ」가

省略되는 略音임 (a)(3) 「쉬ㅂ」은 「ㅸ」가 「ㅂ」에 歸屬된 發音임

故로 「쉬우」의 「우」는 「쉬ᄫ＝쉬웁」의 「부」에서 그 發聲音 即 그 音質이 變한 것이오 中

聲은 그대로 잇는 것이니 그것은 「구브」의 「브」에 잇는 中聲 「ㅡ」(連發音＝「굽으」의 「으」)

와 同一한 關係를 가진 것이라

故로 「쉬우 며」에 「우」가 用言 語尾에 屬한 音임을 아으는 同時에 「구브 며」의 「브」의 **中聲**

인 「ㅣ」도 用言 語尾에 屬한 音인 줄을 認識할 바이라

二　變動段 關係　　變動段으로 發音되는 用言의 語尾 活用을 否認하고 「어(又는 아)」音을 떠여

(1)　서 助詞의 머리에 添加하는 結果 左記와 가튼 缺陷이 나타남

左記의 言語에 發音과 符合되디 아니 하며 또 同一한 單語가 두 가지의 方式으로 處理하

게 되야서 그 記寫를 決定할 수 업는 境遇가 이슴

(A)　語尾 으段의 單音 單語　語音과 맞디 아니 함

例　消　쏘 며 / 쏘 어서 가 {쏘 며 / 쏘 어서} 로, 書　쓰 며 / 쓰 어서 가 {쓰 며 / 쓰 어서} 로 됨

(B)　語尾 이段의 單音 單語　語音과 맞디 아니 함

例　挾　껴 며 / 껴 어서 가 {껴 며 / 껴 어서} 로, 負　져 며 / 져 어서 가 {져 며 / 져 어서} 로 됨

【註】「껴 어서、져 어서」는 그 單語의 受動態 又는 使役態의 音과 混同됨

(C)　語尾 으段의 複音 單語中 略音을 쓰디 아니 하는 單語　語音과 맞디 아니 함

例　痛　아프 며 / 아파 서 가 {아프 며 / 아프 아서} 로, 渡　건너 며 / 건너 서 가 {건느 며 / 건느 어서} 로 됨

(D)　同一한 單語 同一한 發音을 두 가지의 다른 方式으로 處理하게 되며(그 原段에 略音을

쓰기도 하고 아니 쓰기도 하는 關係에 因하야 同一하게 發音되는 變動段도 두 가지의 方

式으로 處理하게 됨) 그 中 하나는 語音과 맞디 아니 하는 것이 이슴

例　植

시므　　　며
시므어　　서 ｝ 가
시머　　　서

시프　　　며
시프어　　서 ｝ 로도 되며……
심　　으며
심　　어며 ｝ 로도 됨……

「시므고」의 語音이 잇는 故로 「시므」를
用言의 單語로 處理하는 結果

「심고」의 語音이 잇는 故로 「심」을 用言
의 單語로 處理하는 結果

故로 語音으로 「시므며、시머서」를 드름에 그 記寫 方法을 定할 수가 업게 됨

또 右記中 「시므어서」는 語音과 맞디 아니 함

(E) 同一한 單語 同一한 發音을 地方에 따라서(或 사람에 따라서) 두 가지의 다른 方式으로

處理하게 되며(地方에 依하야 그 原段에 略音을 쓰며 아니 씀이 다른 關係에 因하야 同一

하게 發音되는 變動段도 두 가지의 方式으로 處理하게 됨) 그 中 하나는 語音과 맞디 아니

하는 것이 이슴

例　深

기프　　　며
기프　어서 ｝ 가
기퍼　서

기프　　　며
기프　어서 ｝ 로도 되며……
깊　으며

깊　고 ……
깊　으며
깊　어서 ｝ 로도 됨……

「기프고」의 語音(慶尙道 語音의 多數)에 依하야
「기프」를 用言의 單語로 處理하는 結果

「깊고」의 語音(京畿道 語音의 多數)에 依하야
「깊」을 用言의 單語로 處理하는 結果

故로 京城人 사람의 말 「기프며 기퍼서」와 慶尙道人 사람의 말 「기프며 기퍼서」는 그 記寫

가서록 다르게 됨 故로 그 語音만을 듣고서는 그 記寫 方法을 定할 수가 업게 됨

또 右記中 「기프어서」는 그 語音과 맞디 아니 함

(F) 語尾 아段의 單語   語音과 맞디 아니 함

例 去 가 {가 며
         가서 로,} 望 바라 {바라 며
                          바라서 {바라 며
                                  바라 아서} 로 됨}

(G) 語尾 어段의 單語   語音과 맞디 아니 함

例 立 서 {서 며
         서 더 로 됨}

(H) 語尾 어段의 單語   語音과 맞디 아니 함

例 鉅 켜 {켜 며
         켜어서 로,} 敷 펴 {펴 며
                          펴어서 {펴 며
                                  펴 어서} 로 됨}

(I) 左記 諸種類의 單語에 抵觸이 이슴 이에 當한 說明은 原段 關係엣 說明과 同一함으로

說明은 省略하고 다만 그 種類만 列擧함

(甲) 「作 지어 서」의 語音을 否認하게 됨

或은 「지어 서」를 「지 어서」로 區分하야 「지」만을 動詞의 單語로 함(原段 關係 (I) (B))

(乙) 「放노하서」가 「놓아서」로、「多 만하서」가 「많아서」 됨(原段 關係 (1)(C))

(丙) 「少절머서」가 「젊어서=發音 저ㄹㅁ 어서」로 됨(原段 關係 (1)(F)丙)

(丁) 「舐할타서」가 「핥 아서=發音 하ㄹㄷ 아서」로 됨(原段 關係 (1)(F)乙)

(戊) 「坐안자서」가 「앉 아서」로 됨 原段 關係 (1)(F)甲)

(己) 「問무러서」가 「묻어서」로 됨(原段 關係 (1)(D))

(2) 用言이 連用되는 境遇에 두 單語의 사이에 싸로 잇게 되는 「어(아)」音에 當하야 合理的

解決이 되더 못함

例 (1) 새가 날아 기ㅅ다
(2) 冊을 펴 노하라
(3) 時間을 닛어 버리어ㅅ다

【對照】(새가 나라 가ㅅ다)
(冊을 펴 노하라)
(時間을 니저 버려ㅅ다)

(4) 말이 달아 나오
(5) 말을 싸리어 주ㄴ다
(6) 아이가 널어 서오

【對照】(말이 다라 나오)
(말을 싸려 주ㄴ다)
(아이가 니러 서오)

(7) 셩을 잡아 오ㄴ다
(8) 이야기를 들어 두자
(9) 신을 찾아 신고

【對照】(셩을 자바 오ㄴ다)
(이야기를 드러 두자)
(신을 차자 신고)

右 例示 左側 括弧內엣 記寫는 朴說에 依한 區分으로써 對照한 것임

周說에 右와 가튼 「어(又는 아)」를 한 獨立한 單語인 助詞이라고 하고 그 助詞의 意義는 「어

서와 가튼 뜻이며 우ㅅ 用言으로써 아래ㅅ 用言을 修飾하는 關係를 生하게 하는 即 우ㅅ

用言을 副詞形으로 맨드는 것이라고 說明하야슴(周說 術語 「매임겻＝關係吐」)

右의 見解는 어쩌한 特殊한 境遇에 局部的으로는 一理가 이슴이라 그러나 言語의 모든 境遇

에 貫徹되지 못 함이라

用言이 連用되야서 熟語되는 때에 우人 用言은 用言인 單語뿐이고 助詞가 添加되디 아니 하

야는 故로 그 用言의 使用되는 關係는 한 가지의 意味로 固定되디 아니 하야서 그 言語의

境遇에 싸라서 그 趣旨가 다르게 되는 것이라

前記 例示엣 各 言語에 當하야 考察하건댄

例(1) 새가 나라갓다……어쩌ㄱ게 간는고 하니……나라갓다

이러한 特殊한 말에는 「나라」는 副詞의 意味로 使用됨이라 하는 說明이 成立됨

에쇼 새가 나라갓다……새를 자브러 가는데……새가 나라갓다

이러한 境遇에는 「나라」는 「새」의 動作이 表示되는 것임

例(2)에 「펴」는 두 單語가 連接한 熟語로서 「가」를 修飾하기 爲하야 副詞의 動作이 表示되는 것임

「나라가」는 普通으로는 副詞의 意味로 使用되는 것이 안임 特殊한 境遇에는 副詞의 意

味로 使用할 수도 이슬 것이라

例(3) 乃至 (6)은 全然히 合一의·意義로 叙述되는 것임

例(7) 乃至 (9)는 動作의 連續하야 發生하는 關係가 表示되는 것임

右와 같히 用言이 連用되는 境遇엣 그 關係는 여러 가지로 서루 다룬 것임 故로 우ㅅ 用言

에 助詞 「어」가 添加한 것이라고、 그리하야서 아래ㅅ 用言을 修飾하는 關係로 됨이라고 하는

一定한 意義로 說明되디 못 하는 것임

또 同一한 「忘닛어」의 語音에 (1) 助詞가 承接되는 떼에는 「어」音을 助詞의 成分으로 하고ㅡ

例 닛어서　(2) 用言이 承接되는 떼에는 「어」音을 獨立한 助詞이라고 하야ㅡ「어」를 아래ㅅ

用言의 頭音이 라고 말할 수는 업슴으로 써ㅡ「닛어서」의 「어」와 「닛어버리」의 「어」를 두 가

지로 그 資格이 다쯰게 說明함은 窮餘의 遁辭일 뿐이라

(3) 用言 變動段에 助用詞 「디」가 添加하야서 遂成態가 되는 境遇에 「어」音을 싸로 쎠이면 그

「어」는 무엇이라고도 解決할 길이 업슴

例 「옷이 버서디 오」를 「옷이 벗 어•디 오」로 하면

「日氣가 차 디 ㄴ다」를 「日氣가 차 아•디 ㄴ다」로 하면

되는 境遇에 「어」音을 싸로 쎠이면 그 「어」는 무엇이라고도 說明할 길이 업슴

(4) 形容詞의 變動段音을 語幹으로 하고 語尾 「하」가 添加하야 語尾「하」動詞의 單語가 組成

例 美 부러워 하오、　好 됴하하며、　悲 스러하네　를

부러우 어•하오、　동아•하며、　슬 어•하네　로 하면

右의 境遇엣 「부러워、됴하、스러」等은 到底히 그것이 두 單位로 分解될 性質의 것이 안임 漢

字 記寫의 境遇와 對照하야 보면 더욱 明白함이라

부러워 {美} 하오

묘하 {好} 하며

스러 {悲} 하네

이와 같이 「부러워、묘하、스러」는 「美、好、悲」의 單一의 意味를 가져쓸 샌이고 무슨 助詞의 意味가 添加되야잇다 아니 한 것임이 明白함(第四款 動詞에 語尾「하」動詞의 部分 參照)

(5) 用言 變動段에 助詞의 添加가 업시 終止되는 말은 半말이 됨 이 境遇에 「어」音을 各立시

기면 그 「어」의 意義은 무엇이라고도 解釋할 수가 업슴

例 「가、 머거、 그며、 부셔ㄴ…………를
「가아、 먹어、 믿어、 그리어、 부려어ㄴ……로 하면

【註】朝鮮語에 用言에 助詞가 업시 終止되면 半말이 됨 半말은 完成되디 못 한 말이라 故로 文의 體法(平叙、疑問、命令、感歎)이며 對話者에 對한 對遇(하오、하게、하야라)가 確定되디 못 하는 것이라

(6) 用言 「하」에 當한 그 見解는 前記 (2)(3)(5)에 記述한 缺陷 以外에 또 한 가지 條理에 違反되는 것이 이슴 動詞「하」가 變動段으로 使用되는 때에는 「야」音이 添加되야서 「하야서、하야도」로 되는 것인데 用言 不變의 說을 貫徹하기 爲하야 「야」를 助詞의 머리에 잇는 音으로 處理하고 各 B種 助詞는 動詞「하」를 맛나면 그 頭音이 「야」로 變한다고 即「야서、야도、야라」等의 助詞가 됨이라고 說明함

그러나 一個의 用言인 「하」와 B種에 屬한 여러 助詞의 單語가 各히 連接거는 때에 그 中間에 一般的 規例와 다른 變則音의 이스면 그 變則音은 用言「하」에 부든 變則音일 것이오 그

各 助詞에 變則音이 생각으로 解釋할 수는 업는 것이라 이는 온갖 事物을 試驗하야 區別함

에 常用하는 法則이라

또 用言이 連用되는 境遇 例로 「하야두고」와 半말의 境遇 例로 「일을 하야」의 言語에 周

說에 依하면 「야」가 獨立한 助詞가 될더라 그러하면 「야」는 用語 「하」에만 使用되기 爲하야

생긴 助詞가 될더니 또한 不合理한 見解이라

第八款 「語根」에 對한 考察

動詞의 組織을 論議할 때에 「語根」이라는 用語를 흔히 使用하는 바이라 그러한데 「語根」의 用語

를 通俗的 意味로 泛然히 使用하는 때에는 「單語의 根本」이라 하는 意味일 뿐이다마는 文法上

分析的 意味로 그것을 考察하는 때에는 그 內容이 一定하다 아니한 것임이 이는 各 言語의 組織

그 自體의 內容에 各히 서루 다름이 이슴에 因한 結果이라

「語根」은 루트(Root)에 該當하는 術語로 使用되는 것이라 그러한데 語學上 「動詞의 루트」이라고

니르는 말(「語幹」과는 다른 말)의 內容에는 두 가지의 意義가 잇는 것이라 第一義는 「基本되는

動詞」──Root verb 임을 指稱함이오 第二義는 「動詞의 基本」──Root of the verb 임을 指稱함이

라 故로 前者는 「根되는 語」인 뜻이오 後者는 「語의 根」인 뜻이라

各 言語든 그 組織된 內容이 서루 다름에 因하야 어느 言語에는 動詞에 「루트」이라고 니름이 第

一義의 뜻를 意味함이 되고 어느 言語에는 動詞에 「루트」이라고 니름이 第二義의 루트를 意味

함이 되는 것이라 가장 判然한 例를 들면 英語 動詞에 「루트」는 第一義에 屬한 것이오 에스뻬

란토, 動詞에 「루트」는 第二義에 屬한 것이라

第一義의 루트는 아조 完成된 動詞의 單語로서 그 單語의 形相이 同一한 單語의 文法上 應用으로 表現되는 몇 가지의 形相에 基本이 되는 것임을 意味하는 것이오 第二義의 루트는 動詞의 一部分으로서 그 單語의 意義가 定決되는 基本이고 그 다음에 文法上 規例에 依한 語尾가 添加되야서 그 單語의 活用되는 各 形相이 完成되는 것이라

이제 英語 에스페란토, 日本語, 朝鮮語 그 네 言語에 當하야 例를 드러서 그 制度를 比較하야 論述함

一 英語 動詞에 루트이라고 니름은 第一義의 루트를 意味함이라 故로 「根되는 語」가 잇고 「語外根」은 업슴

例 待 Wait

終 End

受 Accept

各히 完成된 單語이며 그 形相에 다시 「ed, ing, s」等이 添加되는 各 單語(原形의 母音이 變更되는 것도 이슴 例로 Run의 Ran, Copy의 Copied)의 原形이라 即 Root verb.=根되는 語이라

二 에스페란토의 動詞는 徹底한 第二義의 루트의 制度에 依한 組織이라 그러하야서 에스語 動詞에 루트이라고 니름은 第二義의 르트를 意味하는 것임 故로 「語의 根」이 잇고 「根되는 語」는 업슴

例

與	Doni	donas	donis	doros	donu	의 don
考	Persi	pensas	pensis	penseos	pensu	의 pens
捕	kapti	kaptas	kaptis	kapto's	kaptu	의 kapt

各히 그 單語의 意義가 決定되는 基本이라 그러나 아직 單語가 完成되디 못한 것이라 即 Root of

the vert＝語의根이라 그 다음에 文法上 規例에 依한 語尾「i, as, is, os, u」等의 添加

에 依하야 單語가 完成되는 것이라

그 語尾「i, as, is, os, u」等은 그 言語 即 에쓰語의 文法上 規例에 依한 音일 쓴이오 그

單語와 何等 特別한 關係가 잇는 것이 안임 또 그 各 音은 各히 對等으르 列立하야 그 中 어

것이오 그 中 어느 한 音이 特히 基本(音으로)이 되야잇는 것이 안이라 따라서 그 中 어

느 한 音과 다른 한 音과의 사이에 本末 又는 因果의 關係가 잇디 아니 한 것이라

三 日本語의 動詞는 原則(四段 活用)으로 第二義의 루트의 制度에 屬한 制度이라

　例 聞キク…Kiku kike kika kiki 와 kik ）各히 그 單語의 基本이며 아직 單語가 完
　　 飮ノム…Nomu nome noma nomi 와 nom ）은 成되디 못한 것이라 即 Root of the
　　 立タツ…Tatu tate tata tati 와 tat ）〔vert〕＝語의根이라 그 다음에 文法上의

規例에 依한 語尾「u, e, a, i」等의 音韻의 添加에 依하야 單語가 完成되는 것이다

그러나 日本語 動詞의 活用은 四段 活用뿐이 안이고 上一段, 下二段 等의 規例가 이서서 그 形

態가 자못 混雜하고 에스語처럼 徹底한 第二義의 루트로 解決되디는 못 하는 것이라

　例一 見「ミル ミレ ミレ」의 「ミ」는 그 單語의 루트이며 그것이 完成된 單語이고 「ル, レ」等

이 그것에 添加되는 것이니 이러한 單語의 루트는 第一義의 루트의 部類에 屬한 것이라

　例二 陳「ノブ ノベ ノブル ノブレ」와 가튼 單語는 第二義의 루트와 第一義의 루트와의

두 가지의 組織이 混合된 것이라

四 朝鮮語의 動詞(其他 用言 併)의 루트는 外形上 觀察로는 日本語의 語尾 活用의 形態와 甚히
類似함 그러나 그 內容의 眞相을 詳密히 考究하야보면 第一義의 루트에 依한 組織임 即 「根
되는 語」=Root verb 이 잇고 「語의 根」Root of the verb 의 制度로 組織된 것이 안이라

第二義의 루트이고 그것에 文法上 規例(下二段)인 u、e 가 添加되야

Nobu)
Nobe} 의 Nob 이 서 單語가 完成되는 것임

Noburu)
Nobure} 는 이미 完成된 單語 Nobu에 다시 ru, re 가 添加되는 것이니 그 Nobu 는 第
一義의 루트의 部類에 屬한 것임

例

	原 形	變動形	根되는 語	假 想 語의 根
				說明上 便宜를 爲하야 「假想 語의 根」의 名稱을 使用함 모든 用言의 各 形相에 共通되야 不變하는 部分 即 맨 中聲을 除去한 部分을 指稱함이라
食	머그	머거		의 머ㄱ
植	시므	시머		의 시ㅁ
報	가프	가파		의 가ㅍ
痛	아프	아파		의 아ㅍ
坐	안즈	안자	안ㅈ를	의 안ㅈ
浮	쓰	쎠		의 ㅆ
畫	그리	그려		의 그ㄹ
飮	마시	마셔		의 마ㅅ
挾	쎼	셔		의 지

그 다음에 添加되는 中聲 「ㅡ、ㅓ(或ㅏ)」 또는 「ㅡ、ㅋ」等은 文法上 規例에 依한 語尾의 添加로 觀察되기 쉬운 바이라 即 그 形態가 日本語 「聞 기구、기기」의 「긱」、「飮 노무、노메」의 「놈」、「枯 가루、가레」의 「갈」 又는 「負 마구、마게」의 「막」、「滕 가디、가데」의 「갇」 等과 類似함

瞥見하면 그 單語의 第二義의 루트 即 「語의 根」임과 같히

그러나 各種의 單語를 綜合하야 詳細히 考察하야보면 그 「假想 語의 根」엣 語音이 안이고 原形欄에 記載된 語音이 各히 그 單語의 루트=根되는 語가 되야 잇는 것이라

各種의 語尾로 成立된 單語를 列記하고 그 루트의 關係를 考察함

例

原形 根되는語	變動形	假想 語의根		原形 根되는語	變動形	假想 語의根		原形 根되는語	變動形	假想 語의根
(1) 望 바라	同	바ㄷ	(8) 冷 시그	시거	시ㄱ	(15) 積 싸호	싸하	싸홍
(2) 敷 펴	同	펴	(9) 捲 거드	거더	거ㄷ	(16) 挾 끼	껴	끼
(3) 藏 감초	감촤	감츠	(10) 報 가프	가파	가ㅍ	(17) 畵 그리	그려	그ㄹ
(4) 鬪 싸호	싸화	싸홍	(11) 植 시므	시머	시ㅁ	(18) 去 바리	바려	바ㄹ
(5) 收 거두	거둬	거ㄷ	(12) 痛 아프	아파	아ㅍ	(19) 使 시기	시겨	시ㄱ
(6) 消 쇼	셔	쇼지	(13) 潤 부르	부러	부ㄹ	(20) 卸 부리	부려	부ㄹ
(7) 食 머그	머거	머ㄱ	(14) 坐 안즈	안자	안ㅈ	(21) 飮 마시	마셔	마ㅅ

(A) 「假想語의根」엣 部分만으로는 單語의 意義가 確定되디 못하고 그 다음의 中聲에 依하야 各히 다른 單語가 成立됨. 故로 그 中聲外지 合하야야 單語의 意義가 確定되는 것임 右 例示中 (1)과 (19)、(4)와 (15)、(5)와 (9)、(8)과 (17)、(13)과 (20)은 各히 그 「假想語의根」인 部分은 서루 같고 다음의 中聲에 따라서 各히 서루 다른 單語가 成立됨

(B) 語尾에 잇는 各 中聲音 「ㅣ」와 「ㅓ」、「ㅡ」와 「ㅏ」、「ㅜ」와 「ㅓ」等은 各히 對等으로 列立하야잇는 音이 안이오 그 中한 音即 原形의 音이 基本이 되고 다른 音即 變動形의 音은 原形音을 基本으로 하야서 成立되는 音이라 具體的으로 말하면 한 單語에 原

形音이「ㅣ」임에 因하야 變動形音이「ㅓ」가 되는 것이며,「ㅡ」임에 因하야「ㅗ」

임에 因하야「ㅏ」가 되며,「ㅜ」임에 因하야「ㅕ」가 되는 것이라 故로 原形音엣 中聲은 그

單語의 基本形을 構成하는 것이오 變動形엣 中聲은 原形엣 中聲을 基本으로 하고 그것의 文

法上 規例(「ㅓ、ㅏ」의 添加 又는 어段, 아段에 轉換… 第六款 參照)에 因하야 成立되는 音이라

右와 가튼 關係에 因하야 朝鮮語의 動詞(其他 用言 併)는 그 語尾가 어느 中聲으로 組織된 것

이든데 그 原形의 音만 알면 變動形의 音은 規則的으로 저절로 아라더는 것이며「假想語의

根」의 音만으로는 單語의 意義가 確定되디 못하는 것이라

朝鮮語의 動詞는 以上 論述한 바와 가튼 組織임에 因하야 前記 原形欄엣 音을 第二義의 루트

=Root verb=「根되는語」에 該當하는 것이고「假想語의根」欄엣 音을 第二義의 루트=Root

of the verb=「語의根」으로 觀察함은 不可한 것이라

「語根」과「語幹」 「語根」即 루트는 單語의 文法上 區分을 標準으로 하야 單語 成立의 基本을

意味하는 것이고「語幹」은 單語의 音節을 標準으로 하야 한 單語의 첫 音節을 語尾이라고 니씀

고 語尾의 우에 잇는 音을 語幹이라고 니씀이니 二者는 그 區別하는 標準이 서루 다른 것이라

故로 그 區分되는 界境이며 方法이 서루 다름은 勿論이라

語根 即 原形의 區分은 音節을 度外視하는 것이오 單語의 文典的 區分을 對象으로 하야 그 成分

을 考察하는 것인 故로 朝鮮語와 같이 動詞의 루트의 音 中聲이 變換되는 組織에 當하야서는 語

音中에 잇는 한 音節을 分解하야가지고 그 成分을 論議하다 아니 하면 아니 되는 境遇가 이슴

例컨대, 拳「그뢰」의 「그뢰」의 「ㄹ」=「그ㄹ」; 「ㅂ」의 中聲 「ㅓ」 分柝하면(ㅣ+ㅓ)→ㅖ

抹「씨」, 「씨」의 「씨」의 「ㄹ」= 「씨」; 「ㅓ」의 中聲 「ㅓ」 分柝하면(ㅣ+ㅓ)→ㅖ

負「지」, 「지」의 「지」의 「ㄹ」= 「지」; 「ㅓ」의 中聲 「ㅓ」

結「싀ㅁ」, 「싀ㅁ」의 「ㄹ」=「시ㅁ」; 「ㅓ」의 中聲 「ㅓ」

眠「부쇼」, 「부쇼」의 「ㄹ」=「부쇼」; 「ㅓ」의 中聲 「ㅓ」 分柝하면(ㅣ+ㅓ)→ㅕ

消「쇠」, 「쇠」의 「ㄹ」= 「쇠」; 「ㅓ」의 中聲 「ㅓ」 分柝하면(ㅓ+ㅣ)→ㅚ

痛「아뢰」, 「아뢰」의 「ㄹ」=「아ㄹ」; 「ㅓ」의 中聲 「ㅏ」 分柝하면(ㅡ+ㅓ)→ㅏ

坐「안즈」, 「안즈」의 「ㄹ」=「안즈」; 「ㅏ」의 中聲 「ㅏ」 分柝하면(一+ㅏ)→ㅏ

來「오」, 「오」의 「ㄹ」= 「오」; 「ㅗ」의 中聲 「ㅗ」 分柝하면(ㅗ+ㅏ)→ㅘ

收「거뒤」, 「거뒤」의 「ㄹ」=「거뒤」; 「ㅜ」의 中聲 「ㅓ」 分柝하면(ㄱ+ㅓ)→ㅝ

語根과 記寫方法 周時經 學說에 依한 綴字法「食 먹으며, 捲 건으며, 潤 불으며, 坐 앉으며, 積 쌓으니, 絕 긋으니」의 記寫法을 主張하는 學者 中에 近日에 그 理由로「먹, 건, 불, 앉, 쌓」이 各히 그 動詞의 語根이니싸 그러하게 記寫함이 可하다 하는 解說을 하는 사람이 만흠

그「語根」이라고 하는 內義는「根되는 語」又는「語의 根」어느 意義에 依한 見解인디 이 點에는 아직 明確한 說明이 업슴「語根」의 用語를 어느 意義로써 하든디 그 見解는 綴字上 外形

으로는 周說과 가트나 그 文法上 見解에도 違反되는 것이라 元來 周時經氏의 見解에

依하면 動詞의 單語는 形相이 一定不變하는 것이고 그 다음에 助詞가 添加될 뿐이라 故로

「語根」— 單語와 變化를 前提로 하는 用語 — 을 是認하는 見解는 周氏의 學說과는 不相容되는
것이라

그러나 「먹、 븐、 불、 앗、 썅、 씀」이 안임은 우에 이믜 論述한 바이어니와 假說로 그 것

이 語根이라고 하드라도 右와 갈히 語根은 반드시 區分하야서 記寫할 것이라 함은 不當한 主見

이라 文法學上 「語根」을 論議하는 趣意는 各 單語의 成分에 對한 分析的 考察을 說明함에 잇는
것이오 一般的으로 使用하는 言語의 記寫는 單語의 發音 그것을 記寫하는 것이라 故로 言語의

記寫에는 첫재로 音節의 區分에 依하고 다음에는 單語의 區分에 依하야 記寫하는 것이오 單語

의 語根이 記寫 區分의 標準으로 되는 것은 안이라

周時經氏는 「먹、 븐、 불、 앗、 썅、 씀」等을 語根으로 觀察한 것이 안이오 單語의 不變하는 形

相으로 觀察하얏는 故로 그것들을 그 아래에 承接하는 助詞와 區分하야 記寫함을 主張한 바임

言語의 發音의 單位는 音節이오 朝鮮文은 音節文字의 制度로 成立되야서 古今 全民衆이 조금도

疑念이 업시 了解하야온 바이라 그러한데 語音의 記寫를 語根의 標準으로 그 分界를 사마서 써

歷史的이며 大衆的으로 確定되야잇는 音節文字의 制度를 破壞하랴 함은 全然히 錯誤된 見解이라

【參考】英文의 記寫에는 字形上으로는 音節의 分界가 업스나 그 內容에는 亦是 各 音節의 區分

이 잇는 것임 그러하야서 辭典에 單語의 發音을 表示함에는 亦是 各 音節을 區分하야

記寫함이라

루트를 論議함은 文典學上 單語의 成分에 當한 分柝的 說明이오 一般的 記寫는 單語의 發音 그

것을 記寫하는 것이라 루트=「根되는 語」임에 異論이 업는 單語 例로 「쇼(消)、 뜨(浮)、아

(痛)、 시므(植)、 씨(挾)、 지(負)、 이기(勝)、 그리(畵)」의 變動段音 「쩌(서)、 떠(서)、

셔서、 쳐서、 이겨(서)、 그려(서)를 루트로 區分하야 「쇼어서、 뜨어서、 아프아서 시므어서 씨어서

지어서、 이기어서、 그리어서」로 記寫함은 不當한 일이오 만일 「쎠서、 떠서、 아파서、 시머서、 셔

서、 져서、 이겨서、 그려서」의 記寫를 容認하면 이는 그 見解(루트를 標準으로 하는 區分)가 破

壞서는 것이라

만일 綴字에는 語根을 標準으로하야서 區分하야 記寫함이 可하고 音節文字의 制度는 廢棄하야

버리자 하는 主義일 것 가트면 左記의 境遇엣 記寫는 어쩌한 方法으로써 說明될 것인가?

例 待「기다리」가 三個의 字形으로 區分된 것은 音節이 셋인 緣故이오 語根이 셋인 것은 안이

라 그러한즉 그것을 한데 뭉처서 한 덩어리로 記寫할 것인가?

磨「만지」가 二個의 字形으로 區分된 것은 音節이 「만」과 「지」로 區分되야 이슴에 因한 것

이오 語根으로는 그와 같이 區分될 何等의 理由가 업는 것이라 그러한즉 그것을 또한

한 덩어리로 記寫할 것인가? 또 「맛이」로 記寫하야도、 又는 「마지」로 記寫하야도 다

無妨이라고 認定할 것인가!

鍋「남비」는 한 名詞이오 音節이 二個일 뿐이라 그것을 한 덩어리로 記寫할 것인가? 「남

이」 又는 「나뻐」의 어는 方法으로 記寫하야도 無妨한 것인가?

去ᄃ간다, 갈 사람, 갓다」의 「간、갈、갓」은 音節이 하나인 故로 한 字形으로 記寫되ᄂᆫ 것이

오 語根의 區分에 依한 記寫는 안이라

스스로 音節文字의 法則에 服從하면서 錯誤된 見解에 因한 一部分에 當하야서 音節文字의 法

則을 否認하는 主張을 함은 自家撞着의 議論이라

다시 動詞의 루트에 當하야 爭이 업는 外國語를 朝鮮文으로 記寫하는 境遇엣 記寫法을 考察하면

亦是 音節에 조차서 記寫함이 一般的 通例이며 또 修理上 當然한 일이라

英語 Erd Accept Wait (第一義 루트) + ed ing er 를

(1)
테 웨이팅, 웨이터—
엔데드 엔딩, 엔더—
악셉레드, 악셉팅, 악셉터—

音節의 區分에 依하야 記寫하면 左記 (1)과 가틈

(2)
웨일에드, 웨일잉, 웨일어—
엔에드、 엔잉、 엔어—
악셉에드、 악셉잉、 악셉어—

語根의 區分에 依하야 記寫하면 左記 (2)와 가틈

에스 Don
페란 Pens 第二義 루트
토 Sign + is 를 as

루트의 區分에 依하야 記寫하면 左記 (1)과 가틈

音節의 區分에 依하야 記寫하면 左記 (2)와 가틈

도나스、도니스、도노

(1) 펜사스、펜시스、펜소
식나스、식니스、식노

「Esperarito」를 「에스페란토」로 記寫함도 音節에 依한 것이라 만일 語根의 區別에 依할디면

「에스펠안오」노 記寫될 것이라

돈아스、돈이스、돈오

(2) 펭아스、펭이스、펭오
싱아스、싱이스、싱오

音節의 區分에 依하야 記寫하면 左記 (1)과 가틈

匿 Kik
日本 膝 Kat （第二義 루트） + e : 를 音節의 區分에 依하야 記寫하면 左記
語 飮 Non.
루트의 區分에 依하야 記寫하면 左記 (2)와 가틈

(1) 기구、기기、기게
가두쭈、가디、가메
노무、노미、노메

(2) 각우、각이、각에
간우、간이、간에
놈우、놈이、놈에

右와 같히 外國語에 그 語根의 限界가 明確하며 또 그 原書（羅馬字 記寫）에는 音節文字의 制度

가 업는 語音이라도 그것을 朝鮮文으로 記寫할 때에는 音節文字의 制度에 依하야서 記寫하는 바

인데 音節文字의 制度가 確定되야잇는 自國語에 當하야서는 도로혀 音節文字의 制度를 沒却한

記寫法을 主唱함은 한갓 好奇心에 因한 錯誤된 言論이라

第四節　助用詞

第一款　助用詞의 意義와 任務

助用詞는 用言에 連接하야서 用言을 補助하야 그 內容에 무슨 特定한 意義를 添加하는 單語이라

【註】助用詞의 文法上 資格은 英語엣 助動詞(Auxiliary verb)와 恰似한 것인데 朝鮮語 助用詞

는 動詞의 補助로만 使用됨이 안이고 各種類의 用言에 다 使用되는 故로 助用詞이라

名稱한 것임　助用詞는 「主된 用言」의 名稱에 對하야 「補助用言」이라고도 니름

助用詞에는 用言의 態(Voice)를 表示하는 것(例一)과 尊敬을 表示하는 것(例二)과 時相(Tense)

을 表示하는 것(例三)과의 三種이 이슴

例一　쥐가 고양이에게 잡히오、　　잡히는 쥐……受動態

　　　麥酒를 어름에 차혀라、　　　차히ㄹ 麥酒……使役態

　　　日氣가 더워디오、　　　　　　가디ㄹ 時間……遂成態

　　　汽車로 한 時間에 가뎌요、

例二　先生님이 오시오、　　　　　　오시는 先生님 }尊敬

　　　어마님이 아이를 아느셔스다、

　　　당신은 思想이 노프시ㅂ니다、　孔子는 聖人이시다、　聖人이시ㄴ 孔子 }尊敬

例三　李君이 가쓰ㅂ니다、　　　　　　가시든 사람이 와요 }過去

　　　어제는 퍽 더워스(쓰)다、　　　어제는 金氏가 當番이야쓰|오、　아라쓰ㄹ 理가 업다

　　　李君이 가개쓰ㅂ니다、　　　　　고양이가 쥐를 잡개써요、　가갯는 길 }

　　　來日은 퍽 덥겟(겠)다、　　　　　밤에 달이 잇겟다、　알갯는 글……未來

用言이 使用됨에 助用詞의 補助를 바듬이 업시 바로 助詞가 이에 承接되는 것은 用言 使用의

單純한 形態이라 用言은 그 本義에 어떠한 特定한 意義를 加하기 爲하야 助用詞의 添附를 바듬

으로써 助用詞는 一常 主된 用言에 密接하야 使用되는 것이라 故로 助用詞는 用言 使用의 單

純한 形態에서 用言과 助詞와의 사이에 揷入되야 助用詞는 用言에 連結되고 助詞는 助用詞와의 다

음에 承接함

助用詞는 用言을 補助하는 單語인 故로 用言이 업시 獨立하야서 使用되지 못 함은 勿論이라

助用詞는 用言을 補助하야 用言의 內容에 一定한 意義를 添加하는 任務를 가질 쑨인 故로 그 다

음에 다시 助詞가 添加되지 아니 하고서는 言語가 完成되지 못 하는 狀態는 用言만이 잇고 助詞

가 添加되지 아니 하면 言語가 完成되지 못 함과 同一한 狀態이라

助用詞는 그 補助를 받는 用言에 一定한 意義를 添加할 쑨인 故로 用言의 使用되는 關係를 表示

하는 單語인 助詞(用言助詞)와는 全然 區別되는 것임 故로 助用詞의 添加로는 그 用言으로 組織

된 文의 體法이 平叙、疑問、命令、感歎의 어느 體法이 되든디 또 對話者에 對하야 尊敬、下待의 어

떠한 待遇가 되든디 또 節이 接續되야서 集合文되는 境遇에 連繫、選擇、推論、反意、條件 等의 어

떠한 關係가 되든다 또 그 用言으로써 組織된 句이나 節이 名詞句이나 名詞節、또는 冠形詞句

이나 冠形詞節等의 어떠한 것이 되든디 何等 關係가 업스며 그러한 關係를 操縱함은 다 助詞의

使命이라

右와 같히 助用詞와 助詞가 各別히 存在하야 各各 順序的으로 自己의 使命을 따라이슴은 實로

言語의 組織中 理想的이며　朝鮮語는　添加語族에　屬한　言語의　條理에　따라서　그　理想的　組織으

로　完成된　言語이라

【附記】日本語와　英語의　助動詞　使用에　關한　制度는　理論에　맞디　아니　하고　不整齊한　狀態로　된

點이　이슴　對照하야　吟味할디어다

左記의　例에　(1)　助用詞와　助詞가　添加되디　아니한　用言만에　當하야　그　狀態를　考察하고　(2)　助

用詞를　除去하고　用言에　助詞만이　添加된　그　狀態를　考察하고　(3)　助詞만을　除去하고　用言에　助

用詞만이　添加된　그　狀態를　考察하야서　助用詞의　資格을　明確히　認識할디어다

	用言	助用	助詞		用言	助用	助詞		用言	助用	助詞
	詞		詞		詞		詞		詞		詞

捕 자브 | 히 며 서 / 히 고 | 去 가 시 며 서 서 고 | 信 미드 더 쓰 며 서 서 서 고

燒 타 | 히 며 서 고 | 高 노프 시 며 파 셔 서 서 고 | 有 이스 쓰 며 ㅅ 서 ㅅ 고 | 植 시프 머 쓰 며 셔 ㅅ 개쓰 며 개ㅅ 고

多 만흐 ㅣ 며 하 디 며 서 | 是 이 시 며 이야 셔 서 | 大 크 며 커 서 서 | 浮 쓰 ㅣ 며 셔 개써 며 개ㅅ 고

第二章　第四節　第一款　助用詞의　意義와　任務

二八七

右記 例示中 上欄에 잇는 各 用言(例로 자브、잡、자바)은 各其 意義를 가진 單語가 成立되야 이스나 그 下欄에 잇는 助詞가 添加되디 아니 함에는 言語上 아모 趣向이 나타나디 아니 함

上欄에 잇는 各 用言에 中欄에 잇는 各 助用詞가 添加되면(例로「잡히、잡혀」「가시、가셔」) 그 用言에 무슨 特定한 意義가 添加됨 그러나 그것은 무슨 特定한 意義가 添加되야이슬 쑌 이고 下欄에 잇는 助詞가 添加되디 아니 함에는 言語上 아모 趣向이 나타나디 아니 함이

用言만이 잇는 쌔엣 狀態와 同一함

第二款　態

用言의 態는 基本態와 變動態와로 分類되며 變動態에는 受動과 使役과 遂成과의 세 가지가 이슴 그러하야서 用言의 態는 基本、受動、使役、遂成의 네 가지로 區別됨

用言의 態 { 基本態　變動態 { 受動態　使役態　遂成態 }}

【註】動詞의 基本態를 能動態이라고 니름이 것은 英語 Active voice 의 譯語이며 Passive voice (受動態)의 對語이라 英語에는 態의 法則이 動詞에만 잇고 또 態의 種類는 能動과 受

動 두 가지 쑨임 朝鮮語는 이에 關한 制度가 英語와 다른 故로 英語엣 術語를 그대로

使用함에는 適當하다 아니 함

「遂成」을 「可能」이라고도 니쁨 그러나 文典上 「可能」의 用語는 推量에만 使用됨이 通例

이고 「遂成態」는 現實의 事實을 叙述하는 것인 故로 誤解되기 쉬우니 不可함 遂成態

를 或 「勢相」이라고 니쁘는 사람도 이슴 이는 「態」를 「相」이라 함을 前提로 함이라(右

는 日本語 文典에 나타난 것임)

基本態 基本態는 用言의 基本 意義로 써 表示하는 것이라 故로 態를 表示하는 助用詞의 補助

를 바듬이 업시 用言만으로써 그 意義를 表示하는 것임

例 아이가 자오 고양이가 쥐를 자브ㅂ니마 山이 노프오

房에 사람이 잇나? 金剛山은 名山이다

變動態 助用詞가 用言에 添加되야서 그 用言의 基本態가 變動된 것을 變動態이라고 니쁨

一 受動態 動詞의 動作을 받는 體言을 主語로 하는 用言(叙述的 使用에)의 態를 受動態이라

고 니쁨

例 受動態……盜賊이 巡査에게 잡히ㄴ다 證人이 判事에게 부뙬히오

基本態對照……巡査가 盜賊을 잡는다 判事가 證人을 부뙬오

【注意】受動態는 動詞의 動作을 받는 事物이 主語가 되는 것인 故로 用言中 그 動作이 다른

事物에 미치는 單語인 他動詞에 限하야 成立되고 그 以外의 用言에는 受動態가 업슴

(1) 受動態 使用의 槪況　受動態되는 語音의 組織은 매우 多端하며 散亂하며 不確實하야서

文典 整理上 가장 困難한 바이니 이것은 朝鮮語의 組織中에 唯一한 缺點이라 璞玉에 一點

의 瑕疵가 이슴이니 愛惜하며 遺憾되는 바이로다

【註】受動態에 使用되는 語音과 使役態에 使用되는 語音은 大部分이 서루 가트며 따라서

二者의 使用에 當한 모든 關係가 大槪 서루 同一함 故로 以下의 論述은 使役態에 準

用됨

受動態를 表示하는 語音도 한 가지의 意義를 表示하는 助用詞의 單語인즉　條理上 한 單語의

語音이 그 使命으로 使用되여야 올흘 것이나 쏘 그 單語가 어떠한 他動詞에든디 다 添加되

야서 그 受動의 意義를 表示하야야 올흘 것이라 朝鮮語엣 助用詞中에 다른 助用詞 即 尊

敬을 表示하는 單語이며 時相을 表示하는 單語는 다 右의 條理에 適合하게 成立되야 잇는데

홀로 受動態를 表示하는 言語는 그와 갇히 整齊하게 成立되디 못 하얏는더라 그러하야서

그것에 當한 說明도 자못 多端하며 錯亂함을 늣기는 바이라

受動態를 表示하는 助用詞의 單語는 動詞의 語尾의 音에 따라서 여러 가지의 發音으로 되야

이슴 故로 그 單語는 여럿이 됨

例　말에게 차(蹴)히르라　　그림이 잘 그리(畫)ㄴ다

　　아이가 안(抱)기오　　　소리가 들(聞)리ㅂ니다

어떠한 境遇에는 한 가지의 言語가 두어 가지의 方法으로 그 規例가 認定될 수 잇는 狀態가

되야서 考察하기에 眩亂한 것이 이슴

例 말께 차(蹴)히르라 차혀스다、 차이르라 차여스다

알이 살므(烹)히ㄴ다 살므혀스다、 살므이ㄴ다 살므여스다、 삶기ㄴ다 삶겨스다

돈이 가프(報)히고 가프혀서、 가프이고 가프여서

갚히고 갚혀서、 갚이고 갚여서

나무가 와쇼(削)히오 와쇼혀서、 와쇼이오 와쇼여서、 깎이요 깎여서

어떠한 單語에는 受動態를 使用함이 言語의 習慣에 아조 生疎하야서 그것을 使用하기 어려

운 것이 이슴

例 物品이 사히오 사혀스다、 술이 마시[키]오 마시켜스다 길이 물리오 물려스다

右와 같히 變動態를 使用하는 習慣이 確立되디 못한 他動詞에 遂成態의 助用詞를 비러서

이것을 受動態의 意義로 認定하야 使用하는 일이 이슴

例 物品이 사디오 사뎌스다、 술이 마셔디오 마셔뎌스다

【註】右와 가른 言語는 元來가 遂成態인 故로 遂成態로 使用되는 때에는 그 意義가 明確

하고 이를 受動態에 使用함은 비러쓰는 것인 故로 그 意義가 齟齬함

受動態를 應用하는 習慣이 그와 같히 不完全함에 因하야서 境遇에 依하야서는 適切하게 受

動態의 使用을 必要로 하는 境遇에도 不得已 그 言語를 避하고 言語 全體의 組織을 變更하

야서 그 意思를 表示함에 이르르는 일도 적디 아니 함

(2) 受動態 助用詞의 語音에 關한 規例　動詞가 受動態로 使用되는 境遇에 그 語尾와 助用
詞와의 關係는 左의 規例에 依함

受動態 助用詞는 動詞 語尾 原段(原音 又는 略音)에 承接함

受動態 助用詞가 使用되는 境遇에 그 우에 잇는 動詞의 語尾의 各 發音을 標準으로 하고 各
히 그 音에 連接되는 助用詞의 語音을 區別하면 左와 가틈

(A) 動詞의 語尾의 原音(音이 中聲音)에 連接되는 助用詞는 「히」가 使用됨 但 語尾 이段인
動詞의 語尾의 略音(音에 바팀된 音)에 連接되는 助用詞는 左와 가틈

複音節 動詞에는 「키」가 使用됨

(B)
甲 「ㄱ、ㄷ、ㅂ、ㅈ、ㅍ」에는 「히」。

乙 「ㄴ、※ㅁ、ㅅ、ㅊ」에는 「기」。　※「ㄴㅎ」의 「ㅎ」略에는 「ㄱ기」。

丙 「ㄹ(不音ㄹ、間音ㄹ並)」에는 「리」　「ㄷ」에는 實例가 不明

右記 以外에 不規則으로 되는 例外의 言語가 若干 이슴

前記의 規例에 依하야 그 實例를 보힘　　「ㅋ」바팀의 用言은 無

【凡例】 [　]안엣 記寫는 그 發音의 表現임

一 말에게 차(蹴)히르라[채ㅡ르라]、　　마당이 파(鑿)혀스다[패ㅡ스다]

二 불이 켜(燃)히오[켸ㅣ오]、　　놉이 펴(敷)혀씁니다[폐여씁니다]

三 南山이 보(見)히오[뵈ㅣ오]、　　별에게 쏘(螫)혀서[쒸여서、쐐ㅡ서]

四 죽이 잘 쑤(煮)히고[쒸ㅡ고]、　　곡식이 다 거두(收)혀스네[거뒤엇네]

다시 各 種類의 語尾로 成立된 動詞가 受動態로 使用되는 境遇에 各其 語尾의 音(原音、略音
의 關係)과 助用詞의 音과의 狀態를 查閱하면 左와 갓틈

五　불이 쇼(消)히ᄂᆞ다[쇼인다]　물에 잠그(潛)혀ᄉᆞ드라[쟁겻드라]

六　두 사이에 쎄(挾)히ᄂᆞ다[쎄인다]　쩍이 못다 쎄(蒸)혀ᄉᆞ소[쩨엿소]

七　그림이 잘 그리(畫)히ᄂᆞ다[쎄인다]　니불이 잘못 가이(疊)켜ᄉᆞ다[개ㅣ켯다]

八　길이 막(防)히오[마키오、매키오]　배암이 옴(括)혀ᄉᆞ다[올켯다]

九　문이 닫(閉)히오[다티오]　흙에 뭍(埋)혀서[무더서]

一〇　새가 잡(捕)히ᄂᆞ다[자핀다、재핀다]　발에 밥(踏)혀서[발펴서、바ㅣ퍼서]

一一　旗가 꽂(揷)히고[쇠치고]　그 일이 닛(忘)히더 아니 하오[니치다]

一二　山이 구룸에 덮(覆)히오[더피오]　돈이 다 갚(報)혀소[가펏소]

一三　아이가 안(抱)기오[앳기오]　신이 잘 신(屨)겨ᄉᆞ다[싱겻다]

一四　길이 쓴~(絕)겨ᄉᆞ다[쓴켯다]　발이 삶(烹)겨ᄉᆞ다

一五　실이 감(卷)기ᄂᆞ니다[갱깁니다]　손이 하야ㄱ게 씻(洗)겨ᄉᆞ다

一六　돈을 빼앗(奪)기고　밤이 삶(烹)겨ᄉᆞ다

一七　弱한 닭이 쫓(逐)기ᄂᆞ다　바람에 불(吹)려서[부쎠서]

一八　소리가 들(聞)리오[드쎄오]　짐이 실(載)려ᄉᆞ다[시엿다]

이段　單音節 ……………………………………………………………

複音節 …………………………………………………………

朗音
（喉音）……………………………

激音

硬音

無激音

無激音

硬音									激音				朗音（喉音）					單音節（이段）	複音節
無略音		有略音		無略音		有略音			有略音		無略音		有略音		無略音				
原音	略音	原音	略音	原音	略音	原音	略音	原音	略音	原音	略音	原音	略音	原音	略音	原音	原音	原音	原音
ㅁ	ㅂ	ㅅ	ㅡ	ㄹ	르	ㄹ	ㅅ	시	쇠	ㅡ	大	ㅊ	ㅍ	프	ㅌ	ㄷ	ㅅ,ㅎ	ㄱ（ㄴ下）ㅎ	ㅣ ㅣ
기 히	기 혀	리 혀	리 혀	기 혀	기 혀	히 혀	기 혀	기 혀	히 혀	기 혀	기 혀	기 혀	히 혀	히 혀	기 혀	히 혀	기 혀	키 켜	
一五	一六	一七	一八	一九	二〇	二一	二二	不明	二三	二四	二五	二六	二七	二八	二九	三〇			二九五

例示

一　땅이 파히오
二　불이 켜혀ㅅ다
三　山이 보히네
四　잘 두히ㄴ 바독點
五　밤이 잘 구우혀ㅅ소
六　옷이 잘 집(補)혀ㅅ다
七　燈ㅅ불이 쇠히고
八　물에 잠그혀서
九　못이 바그히오
一〇　못이 박히오
一一　門이 닫히ㄴ다

一二　盜賊이 잡혀ㅅ다
一三　맟이 맞히오
一四　아이가 안겨서
一五　나무가 찰시므혀ㅅ다
一六　나무가 심겨ㅅ다
一七　물에 씻겨서
一八　이집에 싸드(隨)히ㄴ담
一九　물ㅅ 쓰리가 들러오
二〇　證人으로 부쯸혀ㅅ다
二一　나무가 와쇠히오

二二　곰에게 할트혀서
二三　돈이 다 갏히ㅅ서
二四　엉이 매에게 쫓기ㄴ다
二五　술이 가득히 부으혓소
二六　노쓴이 닛(績)겨ㅅ다
二七　말이 노호혀서
二八　길이 믄ㄱ겨서
二九　늘(板) 사이에 쌔히서
三〇　너불이 잘 가이켜ㅅ소

不規則으로 處理되는 單語는 左와 가틈

動詞　原音　略音　受動態

受動態 語音의 原由

囚　가두 ——　가타(갇히)
收　거두 ——　거타(걷히)

[動詞 語尾「드」의 略音「ㄷ」에 助用詞「히」가 連接되야서 「타」로 發音되는 規例(閉 다드 닫히=다타, 埋 무드 뭇히 =무타)에 冒從한 語音임]

閉 다드 닫 닫기
（動詞 語尾「ㅅ」의 略音「人」에 助用詞「기」가 連接되는 規例

觸 바드 받 받기

裂 씨즈 씻 씻기
（洗 씨스 씻기 奪 쌔아스 쌔앗기）에 冒從한 語音임

載 언즈 언 언치
揷「쇼즈」의 略音「쇼ㅅ」에「히」가 連接하야「쇼치」로 發音되는 語音에 冒從한 語音임 ※

摩 만지 —— 만치
「지」와「즈」가 近似함으로「언즈、언치」와 同一한 關係로 된 語音임

※右記中「언즈、언치」는 外形上으로는「쇼즈」略音「쇼ㅅ」에「히」가 連接되야서「쇼치」로 發音되는 規例（前記 例示 一三）와 類似하나 그 音理의 眞相은 서로 다른 것이라「언즈」의 略音에는「즈」가 略되고「언」만 發音되고 그 다음에 硬音調가 發生하나니（例로 언ㅅ고）「즈」의 바림이 업는 故로「히」가 連接되야서「치」의 發音이 될 材料가 업슴이라 쏘「언즈」의 原音에「히」가 連接되면 그 發音은「언즈히→언지」로 됨이라「언즈」와「언치」와는 音理上에 直接으로 連絡이 되디 못함에 不拘하고 다른 動詞 語尾「즈」의 音이 受動態의「치」의 音으로 發音되는 規例에 싸라서「언즈」의 受動態도「언치」로 發音되는 慣習이 생긴 것임（摩「만지」의「만치」와 對照 考察함이 可함）

二 使役態
　主語인 體言이 다른 事物의 動作이며、狀態이며、存在를 맨드는 （하게함） 用言의

態를（叙述的 使用에）使役態이라고 니름

使役態를 基本態에 對照하야 그 例를 보힘

例　使役態　　어마님이 아이를 자히오

　　基本態對照　　아이가 자오

　　使役態　　童子가 초ㅅ불을 붉히오

　　基本態對照　　초ㅅ불이 밝고오

　　使役態　　主人이 人夫로 배에 짐을 실리오

　　基本態對照　　人夫가 배에 짐을 시르오

　　使役態　　浮浪子는 돈을 업스히오

　　基本態對照　　돈이 업스오

【注意】指定詞는 그 性質上 使役態로 使用되지 못함

(1)　使役態 使用의 槪況　　使役態되는 語音의 組織이 매우 多端하며 散亂하며 不確實하야서

文典 整理上 가장 困難한 難關임은 前述한 受動態와 가틈

使役態를 表示하는 語音도 條理上 한 單語의 語音이 그 使命으로 使用되고 쓰 그 單語가 온

갓 用言（指定詞 以外의）에 添加되야서 그 意義를 表示하야야 올흘 것이라 그러한데 使役態

를 表示하는 言語는 그와 갓히 整齊하게 成立되지 못하야서 그것에 當한 說明도 前述한 受

動態와 갓히 자못 多端하며 散亂한 바임

使役態를 表示하는 助用詞의 單語는 用言의 語尾의 音에 따라서 여러 가지의 發音으로 되야

이슴 故로 그 單語는 여럿이 됨

例　아이를 자（睡）히오　짐을 지（負）우고　신을 신（履）기오　짐을 실（載）리며

어쩌한 境遇에는 한 가지의 言語가 두어 가지의 方法으로 그 規例가 認定될 수 잇는 狀態

가 되야서 考察하기에 錯亂한 것이 이슴

例 아이를 자히며 자혀서、 자이며 자여서

옷을 마르히며 마르혀서、 마르이며 마르여서

구두를 다스히며 다스혀서、 다스이며 다스여서、

音聲을 노프히며 노프혀서、 노피며 노펴서

노프이며 노프여서、 노피며 노펴서

닭이며 닭여서

어쩌한 單語에는 그 使役態를 使用함이 習慣에 生疎하야서 그것을 使用하기 어려운 것이 이

習

例 그 사람을 가히오 가혀人다、 말을(에게) 물을 마시[키]고 마시[켜]라

使役態를 使用하는 慣習이 右와 갈히 不完全함에 因하야서 그 助用詞를 使用하겠는 境遇에

그 代身에 「게(助詞)」하(動詞)」의 文句를 비러서 使用하는 일이 만흠

例 그 사람을 가게하오、 말을 물을 마시게하나니다

(2)

使役態 助用詞의 語音에 關한 規例 用言이 使役態로 使用되는 境遇에 그 語尾와 助用

詞와의 關係는 左의 規例에 依함

使役態 助用詞는 用言 語尾 原段(原音 又는 略音)에 承接함

使役態　助用使가 使用되는 境遇에 그 우에 잇는 用言의 語尾의 各 發音을 標準으로 하고 各

히 그 音에 連接되는 助用詞의 語音을 區別하면 左와 가틈

【注意】使役態에는 受動態와 同一한 語音이 使用됨이 原則이라

(A) 用言에는 「히」나 「우」가, 이 段 複音節 用言에는 「키」나 「우」가 使用됨

用言의 語尾의 原音(을이 中聲音)에 連接되는 助用詞는 「히」가 使用됨 但 이 段 單音節

用言의 語尾의 略音(을이 바림된 音)에 連接되는 助用詞는 左와 가틈

(甲)「ㄱ、ㄷ、ㅂ、ㅅ、ㄷ、ㅍ」에는 「히」

(乙)「ㄴ、ㅁ、ㅅ」에는 「기」

(丙)「ㄹ」、「ㄹㅎ」에「ㅎ」가 略되고 「ㄹ」바림만이 되는 境遇에는「ㄹ」

(B)「ㄱ」바림의 用言은 無

「ㄷ」에는 實例가 不明

【附記】「ㄱ」 아래에 「이」를 認定하야 (한 便法으로) 使用함도 可함

右記 以外에 不規則으로 되는 例外의 言語가 若干 이슴

前記의 規例에 依하야 그 實例를 보힘　【凡例】「 」안엣 記寫는 그 發音의 表現임

一　아이를 자(寢)히오[재ー오]

二　거ㅅ대를 서(立)히ㄴ다[세ー다]

三　使童에게 너펴서 燈ㅅ불을 켜(燃)히고

四　左에 實例를 보(見)히ㅁ[뵈ーㅁ]

巡査에게 갈을 차(佩)허ㅅ다[채ーㅅ다]

下女하여 자리를 펴(敷)허ㅅ다

閑良을 모와 활을 쏘(射)허요

五　妓生을 부쳐저 춤을 추(舞)히며[취ㅣ며]　어멈을 시겨서 粥을 쑤(煮)혀라

六　兒童으로 글씨를 쓰(書)히오[씨ㅣ오]　고개를 수그(垂)히고 생각하오[수기고]

　스러서 눈물을 흐르(流)히네[흐ㅣ네]　木手로 기둥을 싸ᄭᅵ(削)히오[싸ᄭᅵ오]

七　門人틈에 손을 ᄭᅵ(挾)히고[ᄭᅵ-고]　下人에게 짐을 지(負)혀라[지여라]

八　門人틈에 손을 ᄭᅵ(挾)우고　下人에게 짐을 지(負)워라

九　帳을 나리(下、自働)키ᄂᆞ다　畵家에게 그림을 그리(畵)켜서

一〇　童子에게 錘을 머이(荷)우고[메우고]　下女시겨 술상을 차리(其)워서

一一　밥을 식(冷)히ᄂᆞ다(又ᄂᆞᆫ)식이ᄂᆞ다[부틴다]　불을 밝(明)혀야 하더[발켜야]

一二　일을 단단히 굳(固)히ᄂᆞ다[구틴다]　쎡에 가루를 뭇(塗)혀ᄉᆞ다[무텻다]

一三　오을 닙(被)히오[니피오]　房을 넓(廣)혀라[널펴라]

一四　목소리를 낮(低)히고[나치고]　줄을 늦(緩)히고[느치고]

一五　조회를 불(付)히ᄂᆞ다[부텬다]　遺産을 긑(遺)혀ᄉᆞ다[기텻다]

一六　담을 놉(高)히고[노피고]　患者에게 니불을 덮(覆)혀라[더퍼라]

一七　아이 신을 신(履)기다[싱기다]　엄마에게 아이를 안(抱)겨라[앵겨라]

一八　눈을 감(閉)기고[갱기고]　개를 굶(餓)겨ᄉᆞ네[귕겻네]

一九　사람을 웃(笑)기ᄂᆞ다　옷을 벗(脫)겨ᄉᆞ다

二〇　말을 달(走)리며[다쳐며]・　音樂을 들(聞)려주마[드려]

二一　樂工을 더려닥가 저를 불(吹)리오・　사람을 살(活)려스다[사렷다]

二二　붓을 달(「달ㅎ」의 略音)리오・

다시 各種類의 語尾로 成立된 用言이 使役態로 使用되는 境遇에 各其 語尾의 音과 助用詞의 音과의 狀態를 査閱하면 左와 가틈

用　言　語　尾　의　區　別		助用詞	例示
아段	原音　ㅏ	히、혀	一
어段	原音　ㅓ	히、혀	二
여段	原音　ㅕ	히、혀	三
오段　普通	原音　ㅗ	히、혀	四
오段　特殊	原音　ㅗ	不明	五
	略音　ㅂ	不明	不明
우段　普通	原音　ㅜ	히、혀	六
우段　特殊	略音　ㅂ	히、혀	七
으段　單音節	原音　ㅡ	히、혀	八

複音節

調節音

平音　　　　　　有激音

無激音　　　　　無略音　　有略音

有略音　無略音

略音	原音	略音	原音	略音	原音	略音	原音	原音	略音	原音	略音	原音	略音	原音	略音	原音	略音	原音
ㄹ	ㅌ	ㅅ	ㅁ	ㅁ	ㅡ	ㄴ	ㄴ	ㅡ	ㅈ	ㅈ	ㅂ	ㅂ	ㄷ	ㄷ	ㄱ	ㅛ		ㅡ
리		기	히	기	히	기		히		히		히		히	히	히		히
려		겨	혀	겨	혀	겨		혀		혀		혀		혀	혀	혀		혀
二一	二〇	一九	一八	一七	一六	一五	一四	一三	一二	一一	一〇	九

三〇三

硬音　　　無激音

激音　　　無激音

朗音

이段　單音節……

複音節……

無激音

有略音　　無略音

原音	略音	原音	略音	原音	略音	原音	略音	原音	略音	原音	略音	原音	原音	原音	原音
一		ᄽ	시	트		프		초		大	으	ᄼᄼ	ㄱ(ㄹ下)려	ᅵ	ᆞ
히,혀	히,혀	히,혀		히,혀	히,혀	히,혀	히	히,혀			히,혀	기,겨	호 히,혀	히,혀 우,커,워	우,워
三〇四	三〇三	三〇二	三〇一	二四	二五	二六	不明	不明	二七	二八	二九	三〇	三一	三二	三三 三四

例示

一 아이를 자히오

二 碑를 서히고

三 燈ㅅ불을 켜히ㄴ다

四 例를 보히고

五 춤을 추히며

六 患者를 누우(臥)히고

七 患者를 눕(臥)히고

八 배를 뜨히고

九 大門을 잠그(鎖)히오

一〇 어듬을 노그(消)히ㄴ다

一一 눈을 녹(消)히ㄴ다

一二 먹을 문(塗)히오

一三 손목을 잡히고

一四 音聲을 낮(低)히고

一五 行人을 건느(渡)히오

一六 아이를 안(抱)기고

一七 꽂씨를 시므(植)히고

一八 줴신을 삼(捆)기오

一九 돈을 업스(無)히ㄴ다

二〇 아이를 웃기며

二一 말을 달(走)리오

二二 연을 날리오

二三 그릇을 다쇠(磨)히오

二四 벼를 흘트(擦)히고

二五 조회를 붙(付)히오

二六 담을 높히세

二七 떡가루를 바으(碎)히오

二八 술을 붓(酌)기며

二九 배를 다호(着)히고

三〇 붓을 달ㄱ(耗)러ㄴ다

三一 짐을 지히고

三二 옷보통이를 니(戴)우고

三三 바을 나리(下,自働)키오

三四 구멍을 머이(塡)우ㄴ다

【附記】用言 語尾「그」、略音「ㄱ」되는 單語의 使役態의 發音에 그 語尾音이「기」로 되는 것
이 만흠 그 語音의 記寫를 便宜上 用言 略音에 助用詞「이」가 使用되는 것으로 하
야 助用詞「이」를 認定하야「ㄱ」아래에 使用함도 無妨함

例 식冷이며, 녹冷이오

第二章 第四節 第二款 態

三〇五

그러나 이것은 한 便法이오 온갖 語音의 規例에 對照하야 보면 그 語音의 眞相은 語尾「그」와 助用詞「히」即「그히」의 音이「기」로 發音되는 것이라(後記「受動態、使役態의 語音에 對한 考察」의 記述 參照)

不規則으로 處理되는 單語는 左와 가틈

用言　原音　略音　使役態　　使役態 語音의 原由

收　거두　──　거타(건히)………이 言語는 前記 受動態에도 列記된 것인데 그것이 使役態로도 使用되는 것임 그 音에 關한 說明은 前記 受動態엣 그 說明을 引用함

閉　다드　닫　닫기

裂　씨즈　씾　씾기

載　언즈　언　언치

坐　안즈　안　안치………「언즈」의 「언치」와 同一한 關係임

任　마트　맜　맜기………用言 語尾「스」의 略音「ㅅ」에「기」가 連接되는 規例에 冒從한 語音임

昇　도드　돋　돋우(도두)………用言 語尾 이段에「우」가 連接되는 規例에 冒從한 語音임

聳　소스　솟　솟우(소수)

活　사르　살　살구………用言 語尾「ㄹ」에「구」가 連接되는 發音은 그 例가 적다 아

凍　어르　얼　얼구………니함(主로 間音ㄹ로 成立된 語尾에) ※

昇　도드　돋　돋구

聳　소스　솟　솟구 …… 語尾「르」에 「구」가 使用되는 語音에 冒從한 語音임

緩　느즈　늦　늦구

與　니트　닐　니르키 …… 語尾 이段에 「키」가 使用되는 語音에 冒從한 語音임

回　도르　돌　도르키

濕　저즈　젖　적시 …… 類例없는 變則의 語音임

※「르」에 「구」가 連接하는 語音을 一種의 規則으로 處理함이 可할가 하는 생각이 이슴 그러나 助用詞「리」에 比하야 그 使用되는 範圍가 甚히 局限的이며 또 그 語音은 一種 의 사루리로 成立된 것인 故로 이를 規則에 添加하디 아니 함

「우」의 疊用 用言에 助用詞「히, 기, 리」가 連接하야서 이믜 使役態가 成立된 다음에 또 「우」가 添加된 語音을 使用하는 慣習이 이슴 이는 用言의 語尾 이段에 「우」가 使役態 助用 詞로 쓰히는 慣習을 引用하야서 이믜 使役態로 이段이 添附된 다음에도 또 「우」音을 添加 하야 그 使役態의 語音을 더욱 明確히 하랴는 現象이라

例 寢 자히고 [재―고] 　　자히우고 [재우고]

抱 안기고 [앵기고] 　　안기우고 [앵기우고]

立 서히며 [세―며] 　　서히우며 [세우며]

飛 날리며 [나셰며] 　　날리우며 [나셰우며]

【注意】 어떠한 用言의 單語는 거거에 使役態 助用詞가 連接한 語音이 그 使役態의 意味의

受動態、使役態의 語音에 對한 考察　　受動態와 使役態를 構成하는 助用詞의 語音은 「히」가 그

範圍에 버서더서 獨立한 한 用言의 單語로 使用되는 境遇가 이슴 이러한 境遇에는

그것을 純然한 한 單語로 處理함이 可함(使役態는 그 語源으로만 說明함)

例　　單語　　　그 語源　　　　　　單語　　　그 語源

改 고티……곧(直)히　　　　納 드리……드르(入)히

牧 머기……머그(食)히　　　殺 주기……주그(死)히

基本임

그 基本音인 「히」와 다른 各 音과의 關係를 考察하면 左와 가틈(使役態에만 使用되는 「우」는 論外임)

1　用言 語尾의 原音(끗이 中聲音)에 連接되는 「히」音은 普通 「이」音으로 發音됨 이는 하야行의 發音은 그 音質이 아야行의 發音으로 混同되는 一般的 狀態에 依한 것이라

例 보(見)히오……發音 보이오、부르(呼)히ㄴ다……發音 부르이ㄴ다

2　用言 語尾의 略音(끗이 바팀)에 連接되는 境遇에

(A) 그 바팀이 激音을 가진 平音인 境遇에는 「히」가 連接되야서 그 發音의 結果는 그 平音의 激音 이段의 音과 같히 됨 이는 用言 語尾 略音에 變動態 助用詞가 連接되는 言語中 原則되는 發音이며 이 境遇에는 그 發音이 가장 明確하게 表現되는 것이라

(B) 例 익(熟)히오……發音 이키오、 묻(埋)히ㄴ다……發音 무티ㄴ다

그 바림이 激音을 가지디 아니 한 平音인 境遇에는 各히 그 音에 따라서 特定한 音이 使
用됨 이러한 境遇에는 「히」의 發音은 明確하게 表現되디 못함에 因하야 代身으로 다른 音
이 使用되는 慣習이 成立된 것이라

用言 語尾의 略音에는 硬音調가 生하는 곧인 故로 거긔에 使用되는 變動態의 語音은 恒常
高揚되는(채치는) 發音을 要求하는 바이라 그러한데 이 (B)의 境遇에는 「히」音이 連接되면 더욱 低
그러한 高揚되는 發音을 나힐 수가 업고 도르혀 그 發音은 「이」音으로 馴致되야서 더욱 低
平한 發音으로 나타나게 되는 故로 그 趣向이 서루 矛盾되야서 드듸여 다른 音이 代用되게
된 것이라

(甲) 「ㄴ、ㅁ、ㅅ」의 아래에는 「기」가 使用됨 「ㄱ系統의 發聲音은 牙音(舌根 破障音)으로서
喉音(喉頭 摩擦音)인 하行 音質에 對한 關係가 다른 發聲音에 比較하야 가장 서루 갓가온
性質이 이슴에 因함이라

例 抱「안히오」……發音「안이오」의 代身에 「안기오」로 되야씀
卷「감히오」……發音「감이오」의 代身에 「감기오」로 되야씀
笑「웃히오」……發音「웃이오」의 代身에 「웃기오」로 되야씀

【注意】우에 論述한 바와 같히 그 音은 用言 語尾 略音에 附隨되는 硬音調외 音勢를 머

그머서 생긴 發音인 故로 다시 더 硬音調가 생기디·아니 하는 바이라

(乙) 「ㄹ」의 아래에는 「ㄹ」가 使用됨　이는 ㄹ 바림에 「ㄹ」가 連接돼 發音은 「ㄹ」의 硬音의

이 段音 卽 「ㅆ」의 發音과 같히 되나니　前記 (A)의 境遇에 用言 語尾에 바림된 「ㄹ」의 硬音(ㄹ

「히」와 合하야서 그 激音의 이 段音으로 表現되는 發音의 例에·隨從하야서 ㄹ의 硬音(ㄹ

에는 激音은 업슴으로 써)의 이 段音으로 表現되는 發音이라

例 載「실히오」……發音 「실이오」의 代身에 「실리오」……發音 「시러오」로 되야씀

그 바림이 激音 發聲音인 境遇에는 그 音이 이믜 急激한 高揚되는 音으로 되야잇는 故로

(C) 그 아래에 連接되는 音은 「히」와 「이」의 區別이 생기디 못하고 그 發音은 그 바림된 發聲

音의 이段音과 같히 됨이라

例 覆 덮히오……發音 「덮이오＝더피오」、 付 불히오……發音 「불이오＝부티오」

ㅊ 바림에 「기」가 連接됨은 「ㅅ」바림의 境遇엣 規例에 隨從된 語音이라

例 逐 쫓기오

3 用言 語尾 이段에 助用詞로 「키」音이 連接됨이 이슴　이것은 그러한 境遇엣 「히」의 音(ㅡ이

와 가튼 發音)은 明確하게 發音되기 어려운 關係에 因하야서 音質上「히」와 가장 갓가오며 또

明確하게 發音될수 잇는 「키」의 音이 使用된 것이라

例 너붙이 잘 가이(疆)키고　　甲은 乙을 부리(使)고　　乙은 甲에게 부리키느다

【參考】古書에 「ᄒᆞᆷ」의 音質로 記寫된 말 「치혀」 (「오ᄅᆞ힘」의 쁟、龍飛御天歌)와 現行 語音 「치

켜」와를 對照하야 吟味함이 可함

4

用言 語尾 으段의 原音에 助用詞 「히」가 連接된 語音은 그 語尾를 組成한 發聲音의 이段音

과 가튼 發音이 됨 「히」는 「이」와 갈히 發音되는 關係가 이스며 ᄯᅩ 그 用言 語尾에 잇는 「ㅣ」

는 甚히 弱한 中聲音이야서 거긔에 아行音이 連發되는 ᄯᅢ에는 恒常 그 音이 吸收됨이 普通인

故이라

左에 例를 드리어서 그 發音의 狀態를 보힘

例　原　　語

　ᄒᆞ가이도림

─가吸收됨

書 쓰히그ᄒᆞ며　潛 잠그히며　削 까ᄀᆞ히오　柿 ᄭᅡᆷ시ᄀᆞ히고　積 사ᄒᆞ히고

　쓰이오　노그이며　가ᅡᆨ이오　ᄭᅡᆷ이오　싸호이고

　씨오　노기며　자기오　우ᅱ오　쑤히고

　노기며　잠기며　우ᅱ고　따,체고　쑤히고

以上에 論述한 受動態와 使役態의 規例는 音理에 當하야 歸納的과 演繹的으로 考查하야 決定된

그 語音의 眞相이라 그러하야서 理論上으로 가장 完全한 結論임 그러하나 그 各部分의 言語中

에는 語音의 潛寂、吸收等의 關係로 實際에 使用되는 語音보담 너출되게 되는 境遇가 이슴이라

이에 當하야 余는 그 語音의 眞相에 依한 理論에다가 다시 어쩌한 第二段의 法則을 加味하야서

實際上 使用에 簡便하게 되도록 整理하야보랴고 實로 多大한 勞力을 消費하얏다 그러나 그 結

果는 어쩌한 局部的으로는 合理的 整理 方法이 認定되는 것이 업다 아니 하나 全部를 統轄的으

로 考察하는 때에는 各 言語에 當한 理論이 서루 貫徹되다 아니 하고 音理上 見解에 根據가 업

서더서 文典的으로 合理의 整理法이 되기 어렵고 結局 그 語音의 眞相 그대로에 따라서 整理함

보담 優良한 方法이 업슴을 認定한 바임

아래에 그 整理 方法에 當한 두어 案을 臚列하야 讀者의 參考에 供함(助用詞「우」는 論外로 함)〔二〕

第一案　前述한 規例임　助用詞「하」音을 基本으로 하고 各 音의 變化한 狀態를 考查하야 整理
한 것

第二案　第一案中 用言 語尾 原音(딑이 中聲音)에 連接되는 助用詞「히」를「이」로 整理한 것

第三案　用言 語尾에 略音이 잇는 것은 다 略音을 使用하고 또 語尾의 原音과 略音을 通하야 助
用詞「이」를 使用하야서 그 發音의 表現이 實際의 語音과 틀림이 업는 境遇에는 全部
「이」로써 整理한 것

第四案　第一案中 用言 語尾 ᅳ段音(特殊우段의 語尾 略音 並)은「ᄂ、ᄆ、ᄉ」를 除한 外에 그
語尾를 組成한 發聲音의 系統에 屬한 激音 又는 硬音 或 本音의 이段音으로 變動되는 法
則으로 整理한 것

第五案　第二案과 第四案을 合한 것

右記 各 案에 依하야 나타나는 例를 보힘

番號	用言	原音	略音	第一案	第二案	第三案	第四案	第五案
1	蹴	차	｜	차히라	차이라	차이ㄹ라	차히라	차이라
2	立	서	｜	서히오	서이오	서이오	서히오	서이오
3	燃	켜	｜	켜히고	켜이고	켜이고	켜히고	켜이고
4	見	보	｜	보히ㄴ다	보이ㄴ다	보이ㄴ다	보히ㄴ다	보이ㄴ다
5	舞	추	｜	추히며	추이며	추이며	추히며	추이며
6	煨	구우	구ㅂ	구우혀ㅅ다	구우여ㅅ다	구우혀ㅅ다	구우혀ㅅ다	구우여ㅅ다
7	臥	누우	누ㅂ	누ㅂ히고	눕히고	눕히고	누피고	누피고
8	涓	싀우	｜	싀히ㄴ다	싀이ㄴ다	싀이ㄴ다	싀히ㄴ다	싀이ㄴ다
9	潛	잠그	잠ㄱ	잠그히오	잠그이오	잠그이오	잠기오	잠기오
10	揷	바그	바ㄱ	바그히오	바그이오	박이오	바기오	바기오
11	揷	바그	바ㄱ	박히오	박히오	박히오	바키오	바키오
12	清	말그	말ㄱ	맑히ㄴ다	맑히ㄴ다	맑히ㄴ다	말키ㄴ다	말키ㄴ다
13	埋	무드	무ㄷ	묻히고	묻히고	묻히고	무티고	무티고
14	捕	자브	자ㅂ	잡혀ㅅ다	잡혀ㅅ다	잡혀ㅅ다	자펴ㅅ다	자펴ㅅ다
15	揷	싀즈	싀ㅈ	맞히고	맞히고	맞히고	싀치고	싀치고
16	坐	안즈	안□	不規則	不規則	不規則	안치고	안치고
17	抱	아느	아ㄴ	안기고	안기고	안기고	안기고	안기고

35	34	33	32	11	10	29	28	27	26	25	24	23	22	21	20	19	18
畫	捴	挾	放		酌	逐	覆	付	舐	削	廣	呼	磨	聞	奪	卷	植
그리	주이	씨	노호	부으	부으	쪼츠	더프	부트	할트	싸소	너르	부르	가르	드르	쌔아스	가므	시므
		ㄱ	노ㅎ	부ㅅ	부ㅅ	쪼ㅊ	더ㅁ	부ㄷ	할□	싸시(ㄱ)	너ㄹ(ㄹ)	부르	가ㄹ	드르(ㄷ)	쌔아ㅅ	가ㅁ	시ㅁ
그리키오	주이키고	씨히며	노호혀서	붓겨스다	부으혀스다	쫓기오	덮히ㄴ다	붙히고	할트히며	싸소히며	너르혀서	부르혀서	갈려서	들리오	쌔앗기오	감겨스다	시므혀스다
그리키오	주이키고	씨이며	노호여서	붓겨스다	부으여스다	쫓기오	덮히ㄴ다	붙히고	할트이며	싸소이며	너르여서	부르여서	갈려서	들리오	쌔앗기오	감겨스다	시므여스다
그리키오	주이키고	씨이며	노호여서	붓겨스다		쫓기오	덮이ㄴ다	붙이고		썼이며	넓여서	부르여서	갈려서	들리오	쌔앗기오	감겨스다	심여스다
그리키오	주이키고	씨히며	노혀서	붓겨스다	부여스다	쫓기오	더피ㄴ다	부티고	할티며	싸씨며	너려서	부려서	가려서	드씨오	쌔앗기오	감겨스다	시며스다
그리키오	주이키고	씨이며	노혀서	붓겨스나	부여스다	쫓기오	더피ㄴ다	부티고	할티며	싸씨며	너려서	부려서	가려서	드씨오	쌔앗기오	감겨스다	시며스다

●第二案은 受動、使役態의 音에「히」가 그 基本임을 認定하고 하야 하行音이 中聲音에 連接하는

때에는 普通 아行音으로 發音됨의 法則에 因하야서「히」가「이」로 化成된 것이라 하는 第二段

法則의 見解의 아래에서 이를 採用하야도 可함

그러나 그 助用詞의「히」音을 全部「이」로써 整理할 수는 업는 故로(右記 例示(7)、(11) 乃至 (15))

도르혀 錯亂한 狀態가 됨

또「이」가 그 助用詞의 固有한 語音은 안이라 만일「이」를 그 固有한 語音으로 觀察하면 그

助用詞의 다른 語音들(히、기、리、키)과 音理上 連絡에 當하야 그 理由를 解決할 길이 업서딤이

라

그러함으로써「이」를 採用함에는 音理上 誤解를 너므킬 念慮가 이슴이오 또 實用上에 便益

되는 程度가 元來의 語音인「히」를 버리고 前記와 가튼 第二段 法則을 認定하기까지에 必要

가 이슬가? 가 자못 疑問이라(다른 言語에 이와 同一한 語音의 關係에 다 하行音을 그대로 使

用함 例 放 노흐며……發音 노으며、徐徐히……發音 徐徐이)

右와 가튼 銓衡에 依하야 第一案에 그 原音인「히」를 그대로 採用하기로 決定하고 第二案을

捨去한 것이라

●第三案은

(1) 用言 語尾 原音의 아래에「이」를 連接 시기는 點은 第二案과 同一함

(2) 用言 語尾 略音의 아래에도「이」를 認定하야서「付 붙이고、覆 덮이ㄴ다」로 됨

右외 例와 가튼 語尾엣 바팀은 激音 發聲音인 故로 거기에 連續하는 「히」와 「이」의 音은
響上에 區別이 되디 못하야서 「히」가 「이」로 들릴 뿐인 것이오 그 語音은 「堅 굳히며 負
업하며」와 同一한 組織 即 「히」의 語音으로 組成된 것이라 故로 「굳、업」에 使用되는 그 助
用詞의 音이 「이」가 안임과 同一한 關係로 「불、묘」에도 그 音의 本體는 「이」가 안이고 「히」
이라

(3) 略音이 使用되는 慣習이 잇는 用言 語尾는 다 略音으로 써 處理하는 結果

(A) 「揷 박이오、植 심여ㅅ다、削 깎이며、廣 넌여서」로 處理함이 이와 가티 用言 語尾의 略
音을 取하고 거기에 「이、여」를 連接시김은 그 言語의 音理上의 眞趣를 沒却함이 되고 (前
述 規例……第一案에 當한 說明을 恭照할디라) 쏘 다른 여러 言語의 規例에 어그러디는
方法이라 다른 各 言語에 對照하면 그 語音이 다른 用言 語尾 略音을 使用한 境遇에 規
例와는 서루 다쯔고 (例一) 다른 用言 語尾 原音이 使用되는 境遇엣 規例와 서루 一致됨이
라 (例二)

例一

用言原音	略音	變動態	發音表現
防 마ㄱ	마ㄱ	막히오	마키오
卷 가ㅁ	가ㅁ	감겨ㅅ다	감겨ㅅ다
揷 바ㄱ	바ㄱ	박이오	바기오

對照

植 시ㅁ	시ㅁ	심여ㅅ다	시며ㅅ다

例(例二)

用言原音	略音	變動態	發音表現
捕 자브	자ㅂ	잡히며	자피며
聞 드르	드ㄹ	들려서	드려서
削 까ㅅ	까ㅅ	깎이며	까끼며
廣 너ᄅᆞ	너ᄅᆞ	넌여서	너녀서

(B)

例二

用言原音	略音	變動態	發音表現	用言原音	略音	變動態	發音表現
潜 잠그	──	잠그히오	잠기오	呼 부르	──	부르혀서	부려서
揷 바그		바그히오	바기오	削 와스	와시	와스히며	와씨며
植 시므		시므혀스다	시며스다	廣 너르	너르	너르혀서	너며서

對照

「煨 구우혀스다, 酌 부으혀스다, 放 노흐혀서, 舐 할트히며」等의 音으로 成立된 言語는 이를 處理할 길이 업게 됨

【注意】「할트이며」의 發音「할티며」에 當하야서는 用言「할」을 認定하고 거긔에「이 又 는 히」가 連接되면 그 發音이「할티」로 되는 것이라 說明하는 사람이 이슴 이는 文字의 外形上 觀察에 迷惑되야서 그 發音의 眞相을 沒却한 見解이라 用言「할 트」를 略音으로 發하는 때에는「트」가 省略되고「할」만이 發音되야서「할스고, 할 스다」로 되나니 거긔에「이」가 連續하야서「할티」와 가른 發音이 생길 수 업슴이 라 또 假定으로 用言「핥」을 認定한다 하야도 그 音節의 發音은「하ㄷ」과 가 튼 發音이 될 것이오「하르트」과 가른 發音은 되다 못하는 것이라(ㄹ ㄷ이 바 침되는 境遇엣 發音은「ㄹ」의 調節性에 因한 音은 나타나디 못하고 오직 長音으 로만 됨) 故로 거긔에「이」가 連續되는 때엣 發音은「하ー티」로 되는 것이니「할 티」와 가른 語音과는 맞디 아니 하는 發音이라

이 第三案에 依한 記寫法은 局部的으로 가장 似是而非한 곳이 이서서 觀察上에 迷惑을 이루히기 쉬운 關係가 이슴

● 四案은 語尾 으段 用言(特殊우段 原語「브」包含)에 當하야서 語尾의 變動으로 處理하는 結果「그、드、브、즈」(以上은 有激音의 平音)의 變動態는 「키、티、피、치」로 變動되고「르」(無激音、有硬音의 平音)는 「씨」로、「트、프」(激音)는 「티、피」로、「쇠」(硬音)는 「씨」로、「으、호」(喉音)는 「이、히」로 變動되는 規例를 取한 것이라 即 한 發聲音으로 組成된 用言 語尾를 그 發聲音과 同一한 系統中에 잇는 激音의 이段音으로 進行함을 主旨로 하고 激音이 업고 硬音만 잇는 音은 그 硬音의 이段音으로 進行하며 語尾가 이믜 激音이거나 又는 調節性이 업는 音 即 喉音인 境遇에는 그 本音의 이段音으로 進行함의 規例를 原則으로 하고 例外로「느、므、스」는 그 略音에 「기」가 連接됨의 規例로 認定한 것이라

이와 가튼 規例를 認定함에는 文典上 體裁에와 音理上 理論에와 整理上 統一에 여러 가지 缺點이 이서서 到底히 이를 文典上 法則으로 採用할 수가 업는 것이라 그러나 그 言語의 狀態가 이와 가튼 趣向을 切實히 要求하는 性質을 가진 것인 줄을 반드시 覺得하야둘 必要가 잇는 것이라 이 狀態를 看取하야두디 아니 하면 受動態 使役態의 여러 가지 錯雜한 語音을 統轄的으로 考察함에 그 眞相을 捕捉하기 어려울 部分이 甚히 만ᄒ개 으로 써이라

右의 理由에 因하야서 第四案을 揭載하야 讀者의 參考에 供함이라

● 第五案은 第四案에 第二案을 合한 것이며 그 記寫의 方法이 各案中 가장 通俗的 發音에 갓

가온 것인 特色이 이슬 샏이라

三 逐成態 情勢의 觀念을 主旨로 하야서 한 用言의 含有한 意義로 됨(成)의 結果를 述하는

用言의 態를 逐成態이라고 니씀

例 燈人불이 켜디오……바람이 그쳐서

두 時間에 가더ㅅ다……길이 됴ㄱ고 自働車가 쌔쌔서

글ㅅ字가 커더ㅅ다……돌보기를 쓰고 보너까

이야기가 滋味가 이서더ㄴ다……次次 佳境에 드러가서

逐成態 助用詞는 「더」임 「다」의 變動段은 「더」이라

助用詞 「더」는 用言 語尾 變動段에 承接함

動詞의 逐成態

(1) 自動詞의 逐成態

例一 저 사람이 자더오 이는 저 사람의 主動的으로 睡眠함의 意味를 說述함이 안이고

어떠한 情勢에 因하야 저 사람이 睡眠함의 結果가 生함을 說述함이라 例로 마하면

患者를 睡眠시기기 爲하야 藥을 머그힌 結果 그 藥効로 患者가 睡眠함과 가튼 境遇엣

言語이라

例二　그 사람은 거름이 빠따서 두 時間에 가뎌스다　이와 같히 遂成態의 情勢를 構成하

는 原因이 그 動詞의 主體에 잇는 境遇에도 遂成態의 觀念은 同一함

(2)　他動詞의 遂成態

例一　오늘은 고기가 만히 자바디갯다……日氣가 고요하고 낙시 諸具가 精巧하야서

例二　글씨가 아니 써디ㄴ다……或 神氣가 不平하야서、或 紙筆이 그러서

他動詞의 遂成態가 그 受動態의 言語와 意味가 서루 갈다 아니 함은 勿論이라　例로 「盜賊이

잡혀(受動)스다」는 「잡힌」事實의 單純한 敘述이고 「盜賊이 자바뎌(遂成)스다」는 무슨 情勢

외 觀念을 前提로 한 그 結果를 敘述하는 말이라

그러나 他動詞의 遂成態와 受動態는 그 意味가 甚히 接近되야이슴으로써 實際 言語에 서

루 混用되는 境遇가 만흠

【附記】受動態를 組成하는 語音의 缺陷을 補足할 必要上으로 遂成態의 語音을 비러서 受動

態로 使用함이 이슴은 前述 受動態에 記述함과 가듬

【叅考】日本語의 動詞의 種別은 朝鮮語와 가듬　그러하야서 日本語에도 遂成態의 語音

이이슴　例로 自動詞 アルク(步)에 アルケル、他動詞 トル(取)에 トレル 等 語音

은 遂成態의 意義로 使用되는 것임

形容詞의 遂成態

形容詞의 單語는 그 形相을 變함이 업시 그대로 動詞(自動)로도 使用됨에

關하야서는　形容詞에　關한　論述中에　이믜　說明하야씀

形容詞가　그대로　動詞로　使用되는　言語와　形容詞에　助用詞「다」가　添加되야서　使用되는　言語

의　意義에는　微妙한　差別이　이슴

例一　形容詞가　自動詞로　使用된　것

(1)　날이　어듭는다

(2)　아이가　커스다

例二　形容詞에　遂成態　助用詞가　添加된　것

(1)　구름이　덮혀서　날이　어두엇다

(2)　바람을　너허서　고무공이　커더스다

右例一의　言語는　各其　主語의　自主的　觀念을　含有한　言語이니　即(1)　날이　저무러감을、(2)　아

이가　자라씀을　叙述한　것이고　例二의　言語는　各其　主語가　어떠한　情勢에　因하야　生한　結果를

叙述하는　言語이니　即(1)　구름이　덮힘의　原因으로　어둡게　됨의　結果를、(2)　바람을　너흠의　原

因으로　크게　되야씀의　結果를　叙述한　것임

그러함으로써　例一의「어둡는다、컷다」의　言語와　例二의「어두엇다、커멋다」의　言語와를　밧

과　불혀보면　그　言語의　意味에　齟齬가　생김

그러하나　右　二者는　어느　것이든디　形容詞가　動詞로　使用되는　即　形容動詞의　內容을　가진　것인

故로　그　意味가　甚히　接近되야이서서　實際　言語에　서루　混同되는　境遇가　만흠

形容詞인 單語의 應用되는 狀態는 左와 가틈

「ㄱ 오」의 意味　{ㄱ　다ー形容詞用ー形容詞
　　　　　　　　　ㄱ　ㄴ다ー自動詞用}

「커디오」의 意味　커디ㄴ다ー遂成態}ー形容動詞

【附記】形容詞에 助用詞「다」가 添附되야서 形容動詞로 됨에 關한 說明은 形容詞의 題目 아래에 論述하야씀

存在詞의 遂成態　存在詞는 進行的 勢가 업는 것이야서 그 單語 自體만으로는 動詞로 使用되디 못함(特殊한 境遇에 「滯留」의 意義로 使用됨은 格別임) 助用詞「다」가 添加되야서 비로소 動詞와 가튼 內容으로 使用됨

例一　잇는다、 업스ㄴ다　又는　업는다……使用되디 못함

例二　滋味가 이서디ㄴ다、 돈이 업서디ㄴ다……「다」의 添加로 使用됨

存在詞는 그 本質이 有와 無를 表示하는 言語이며 有와 無와는 무슨 事實을 割定的으로만 叙述되는 것이고 進行的 狀態로 認識되디는 못하는 것이라 故로 進行的 勢를 要하는 動詞와 가튼 內容으로 使用되디 못함이라

存在詞에 助用詞「다」가 添加되야서 動詞처럼 使用됨은 有나 無의 內容(又는 有나 無의 程度)을 進行的으로 叙述함은 안이라(이것은 性質上 不許이라) 그 內意는 有나 無에 向하야 進行됨의 意味를 叙述하는 것이라

【注意】指定詞에는 그 性質上 遂成態가 업슴

「다」는 用言에 이믜 助用詞가 添加되야서 受動態나 使役態로 된 다음에도 다시 더 添加됨 이

러한 境遇에는 그 우의 助用詞의 變動段에 承接함은 勿論이라

例

麥酒를 어름에다 너허서 벌서 다 차혀더人갯다

고기가 잘 잡혀더니니다

第三款 尊敬

尊敬을 表示하는 助用詞는 補助用言인 本質에 依하야 그 補助를 받는 用言의 意義에 尊敬의 意

義를 添加하는 것임 故로 尊敬을 享有하는 事物은 그 叙述語의 主語되는 事物이라 對話者에 對

하야서 敬語를 씀은 助用詞의 使命에는 關係가 업는 바 고 助詞의 任務에 屬한 것임

尊敬을 表示하는 助用詞는 「시」의 變動段은 「셔」이라

尊敬 助用詞 「시」는 用言 語尾 原段 原音에 承接함

例

당신은 德이 이스시ㅂ니다 • 德이 이스시ㄴ 당신

栗谷은 偉人이시니라 • 偉人이시ㄴ 栗谷

先生님은 思想이 노프시오 • 思想 노프시ㄴ 先生님

兄님이 오셔스다 • 오시ㄴ 兄님

어마님이 아이를 어브셔스다 • 아이를 어브시ㄴ 어마님

用言에 다른 助用詞가 먼저 添加된 境遇에는 그 助用詞의 原段에 承接함은 勿論이라

例 어마님이 아이를 자히시오

壁에 偉人의 肖像이 걸리셔人다

第四款 時相

用言의 時相에는 現在、過去、未來가 이슴

現在時相 現在時相은 用言의 基本되는 時相이라 故로 時相을 表示하는 助用詞의 補助를 바듬

이 업시 用言만으로 써 그 意義를 表示함

例 저거 무엇이 이스오 그 말의 빛이 거므이

그것이 말이ㅂ니다 그 말이 걷는다

【註】朝鮮語에는 英語와 같히 進行相(progressive)을 表示하는 組織이 싸로 잇디 아니 하고 現

在時相에 包含되야이슴

現在時相으로 使用되는 言語의 內容은 左와 가틈

(1) 一般的 定理

例 太陽에는 光線이 이스오 불은 쓰겁고 어름은 차ㅂ니다

쇼는 動物이오 해는 東에서 소사서 西으로 너머가ㄴ다

(2) 常習的 事實

例　범은 山에 이스오　　그 사람은 거름이 빼르오

그 사람은 品行이 君子이ㅂ니다　　그 先生은 數學을 가르치ㄴ다

(3) 現在의 狀態(旣存한 狀態)

例　저것 봐라 東便 山우에 무지게가 잇다　　오놀은 째 덥다

오놀이 中伏날이오

(4) 現在 進行하는 動作

例　李君이 自己의 兄님에게 便紙를 쓰ㅂ니다

날이 어둡는다

【註】이 種類의 言語는 動詞에만 잇는 것임　　右 例中 「어둡」은 本來의 形容詞가 自動詞로
使用되는 것임

(5) 未來의 代用　　豫定된 未來의 事實을 說示하는 째에 現在를 使用하는 일이 만흠

例　나는 來日 일이 이서요　그러하야서 學校에 못 오ㅂ니다

來日에는 金氏가 宿直이오

來日 도흔 구경이 만흐오

당신 언제 서울 가오? 、來日 써나오

(6) 過去의 代用　過去에 進行된 事實을 目前에 展開함과 같히 說示하기 爲하야　現在를 使

用하는 일이 만흠

例　네에도 한 사람이 이스오　性質이 매우 착하오、그러나 家勢는 퍽 艱難하오

姓名은 朴興雨이오　興雨가 박을 타ㄴ다

過去時相　過去時相은 用言의 이믜 지나간 意義를 表示하는 것임

過去時相을 表示함에는　用言에 助用詞「쓰」가 添加됨 「쓰」의 略音은「ㅆ=ㅅ」、變動段은「써」

이라

이　助用詞는　用言의　變動段에　承接함

例　數日前에　蹴球大會가 이서쓰오　어느 學校가 優勝하야시나?

審判은 徐丙羲氏가 主審이야쓰ㅂ니다　微新學校가 優勝旗를 바다써요

그날 日氣가 매우 더워시(ㅆ)다

半過去

半過去　過去時相으로　組織된 言語는　境遇에 따라서　半過去의 意義로도 使用됨

半過去는 어떠한 進行된 事實을 說示하야서 그 結果인 現在의 狀態를 表示함을 主眼으로 하는

것임　이러한 言語를 現在完了이라고도 니를

【註】朝鮮語에는　英語와 같히　現在의 完了(過去完了、未來完了도 가틈)의 時相을 表示하는　組織

이 따로 잇디 아니 하고(過去 分詞가 따로 잇디 아니 함)　過去時相의 助用詞「쓰」는 過去

分詞의 內容을 兼하야 이서서 現在完了를 表示함에도 「쓰」가 使用됨 그러하야 英語의 現

在完了는 朝鮮語에서는 過去의 一種이 됨 이를 半過去이라고 니름

例 별서 여섯時가 되야쓰오　해가 소사쓰ㅂ니다　일ㅅ군이 와시다

날이 발가쓰니 電燈을 쓰라 …「발가」는 本來 形容詞가 動詞로 使用된 것임

動詞 以外의 用言은 進行的 意義가 업는 것이라 따라서 進行의 完了가 업스며 그 用言

自體가 旣存의 現狀을 叙述하야 動詞의 半過去 = 現在完了(英語엣 過去分詞에 該當한)에

相對됨 故로 動詞 半過去로 表示함과 同一한 趣旨의 言語를 說示함에 그 現在形을 使用

하야서 現狀을 說示함으로써 足함 左記 例示(上段은 動詞 過去形 = 半過去, 下段은 다

른 用言 現在)엣 言語를 對照하야 그 說示하는 內容의 關係를 吟味하라

(1) 돈이 생겨쓰오 —— 돈이 이스오

(2) 손님이 와쓰오 —— 손님이 이스오

(3) 先生이 되야ㅅ다 —— 先生이다

(4) 날이 저므러ㅅ다 —— 世上이 어듭다

(5) 날이 어드워ㅅ다 —— 世上이 어듭다

右 例示 (5) 上段 「어드워」는 本來 形容詞가 自動詞로 使用되야 半過去로 된 것임

重過去

過去時相의 助用詞 를을 거듭 使用하는 言語가 이슴 이것을 重過去이라고 니름

【註】重過去는 英語 文典의 過去完了와 類似한 組織임 그러나 左記 (1) 은 그 說示된 內意가 過

去完了와 符合되다 아니 함 左記 (2)는 英語 文典의 過去完了에 該當하는 것임

重過去의 組織으로 된 言語의 意義는 두 가지의 內容으로 使用됨

(1) 무슨 事實이 經過되고 그 結果인 狀態가 現在에 存續되야잇디 아니 한 境遇에(又는 그러한
觀念으로) 使用됨 이를 大過去이라고 니름

例 어제 손님이 와써쓰오 　　(도로 간 後엣 말)
　저 나무에 꽃이 푸여써쓰ㅂ니다 (꽃 셔려던 後엣 말)
　뒤ㅅ 山에 나무가 푸르러써ㅅ다 (落葉된 後엣 말)
　뜰에 梅花나무가 이서써ㅅ다 (나무가 업서던 後엣 말)
　朴先生이 校長이야써ㅅ다 (校長 遞任한 後엣 말)

(2) 過去의 한 時期를 標準으로 하고 어떠한 動作의 進行이 그 째에 이믜 完了되야써씀을 設示
함에 使用됨 이러한 言語를 過去完了이라고 니름

例 李氏가 金君을 餞別하랴고 어제 막 車로 仁川에 왓다 그러나 金君이 탄 배는 벌서 써나
써ㅅ다
새로 注文한 스케트가 前月末日에 到着하얏는데 그째 漢江ㅅ 어름은 다 노가써쓰ㅂ니다

動詞 以外의 用言에는 過去完了의 言語가 업슴 그 關係는 前述 半過去엣 論旨에 依함

動詞와 其他의 用言과에 過去 助用詞가 添加됨과 및 그 言語의 意義의 內容을 對照 考察하기 爲
하야 左에 圖解로 써 보힘

動 ── 詞(形 ── 容 ── 動 ── 詞 ── 並) • 詞 ── 容形 ── 또指 ── 在存

가 {으／시ㅁ} ── ㄹ ＝ 用言 ……… 現 在 {單 / 進 行 ……… 純} → 在 現 ……… 用言 ＝ {으ㄹ／가ㄹ}

도드 {으／시ㅁ} ── 쓰 ── {으} ＝ 用言＋쓰 …… 過 去 {單 / 單範過去} → 去 …… 쓰＋用言 ＝ {으／시ㅁ}

도드 {으／시ㅁ} ── ㄹ ＝ 用言＋쓰 …… 過 去 {過去完了} → 去 …… 쓰＋用言 ＝ {으／가ㄹ}

가 {으／시ㅁ} ── ㅆ쓰 ── {으} ＝ 用言＋쓰쓰 … 重過去 {大過去} → 大去過大 …쓰쓰＋用言 ＝ {으쓰쓰／가ㄹ}

【注意】形容詞는 그 單語의 形相에 變更을 加함이 업시 動詞로도 使用되는 따믄에 그것에 過

去時相 助用詞가 添加되는 境遇엣 關係가 매우 眩迷하게 되는 일이 만흠

未來時相　　未來時相은 用言의 장찻 올 意義를 表示하는 것임

未來時相을 表示함에는 　用言에 助用詞「개쓰」가 添加됨 「개쓰」의 略音은 「겠＝갯」、變動段은

「개써」이라

이 助用詞는 用言의 原段에 承接하며 原段의 略音을 使用하는 境遇에는 그 略音에 承接함

例　來日ㅅ 밤에 달이 잇개쓰오 　그러나 日氣가 매우 칩개쓰다

　　눈 우에 달이 발그면 됴흔 景致이개쓰ㅂ니다 　來日은 여러 親友와 글을 짓개써써요

未來時相을 表示하는 助用詞「개쓰」는 有意志 未來 無意志 未來에 通用됨은 勿論이고 可能(可

三二九

能性 未來이라고 니름이 可함)의 意義에도 通用되며 또 推量의 意義를 含有하야이 슴

例

工夫하고 시피서 學校에 가개쓰오

來日은 日曜日이니와 사람들이 다 놀개쓰오 …… 無意志未來

그 사람은 力士이니와 주먹으로 범을 따려잡개쓰ㅂ니다 …… 可能

그 나무는 시믄디가 三年이나 되야쓰니와 올에는 열매가 열개쓰다 …… 推量

未來時相 助用詞의 다음에 過去時相 助用詞가 添加된 組織 「개써 쓰」 는 過去엣 未來時相이 됨

이 組織은 過去의 한 時期를 標準으로 하고 그 때엣 未來時相의 意義를 表示하는 것임

例

그 아이에게 잘 니써써쓰면 이튼날 깃버서 學校에 가개써쓰ㅂ니다 …… 空然히 덕드려서 실

허하야쓰디요

前週 金曜日에 豫定한 일을 다 마쳐서 土曜日에는 일이 업개써쓰다 …… 그러하야서 놀러가

랴고 하야써쓰드니 不意의 일이 생겨서 못 갓다

그 사람 절머쓸 때에는 주먹으로 범도 따려잡개써쓰오

「개쓰」 는 用言의 未來時相을 除한 外의 各 時相의 다음에 添加되야서 그 事實의 推量의 意義를

表示함

例

그 나무가 올에는 열매가 열겟다 …… 現在에 添加

해가 도다ㅅ개쓰ㅂ니다 …… 過去에 添加

어제 손님 두 사람이 와써ㅅ갯다 …… 大過去에 添加

第五款　助用詞添加의 順序

種類의 서루 다른 助用詞 複數가 連用되는 境遇에 그 使用되는 順序는 (一)態、(二)尊敬、(三)時

詞의 部에 論述된 바가 이슴

同種類의 助用詞 即 態나 時相의 助用詞 複數가 使用되는 境遇엣 그 添加되는 關係는 各其 助用

相의 順序로 添加됨

例　당신이 부디 히시리라、　손님이 오시개쓰ㅂ니다

고기가 잡혀ㅅ다、　아기가 안기셔쓰오

第五節　助詞

第一款　助詞의 意義와 任務

助詞는 한 單語(句 又는 節 仝)에 添加하야서 다른 單語(句 又는 節 仝)와의 關係나 又는 그 文

에 對한 關係를 表示하는 單語이라

例　(1) 나뷔와 벌이 꿎을 차자서 金氏의 동산에 오ㅂ니다

(2) 當身이 오싸가시기가 어려우니 山에도 나는 왜 오싸가개쓰오

右例(1)中「와、이、을、서、의、에、ㅂ니다」例(2)中「이、기、가、니、에、도、는、오」는 다 助詞이니

例(1)에 ●「와」는「나뷔、벌」이 連結됨의 關係를 表示함 ●「이」는「나뷔、벌」이 叙述

語「차자」와「오」의 主語됨의 關係를 表示함 ◉「을」은「맞」이 叙述語「차자」의 目的語됨의 關

係를 表示함 ◉「서」는「맞을」차자와「金氏」의 동산의 두 節이 接續됨의 關係를 表示함

◉「의」는「金氏」와「동산」의 所屬되는 關係를 表示함 ◉「에」는「동산」이 叙述語「오」를 修飾하

는 副詞格됨의 關係를 表示함(「金氏의 동산에」가 副詞句로 되는 것임) ◉「ㅂ니다」는 叙述語

「오」가 平叙法의 文으로 終止됨과 兼하야 敬語로 使用됨의 關係를 表示함 例(2)에 ◉「이」는

「當身」이 叙述語「오써가」의 主格됨의 關係를 表示함 ◉「가」는「오써가시기」의 動詞(尊敬 助用詞

添加)를 名詞形으로 變하야서「當身이 오써가시기」의 名詞節됨의 關係를 表示함 ◉「가」는 右

名詞節이 形容詞「어려우」의 主格됨의 關係를 表示함 ◉「ㄴ」은 形容詞「어려우」를 冠形詞形으

로 變하야서 그 우에 잇는 單語 全部로 組成된 節을 引導하야 名詞「山」을 修飾하는 冠形詞節

됨의 關係를 表示함 ◉「에」는「山」이 叙述語「가개쓰」(下段)를 修飾하는 副詞格됨의 關係를 表

示함 ◉「도」는 名詞「山」의 協隨的 關係를 表示함 ◉「ㄴ」은 代名詞「나」의 表別的 關係를 表示

함 ◉「오」는 叙述語「가개쓰」의 動詞(時相 助用詞 添加)의 體法과 待遇의 關係를 表示함이 前

述「ㅂ니다」와 가틈

朝鮮語와 助詞　　朝鮮語엣 助詞는 大端히 重要한 地位를 占有하야이슴　言語의 主成部分인 體

言과 用言이 다 助詞의 操縱에 因하야서 비로소 그 文에 使用되는 機能을 가초게 됨이라

助詞는 (一) 體言의 格에 當한 關係를 表示하며 (二) 體言과 體言과를 連結하고 그 連結되는 關係

(連繫 又는 選擇)를 表示하며 (三) 叙述語가 그 文에 使用되는 體法과 倂하야 對話者에 對한 待遇

의 關係를 表示하며 (四) 文의 中間에 드러서 各 單語、句 又는 節을 接續하며 應用하야 그것을 連絡시김의 關係를 表示하며 (五) 體言 又는 用言의 使用에 그 趣旨가 表別的으로 됨이며 協隨的으로 됨의 關係를 表示하는 等 浩瀚한 任務를 마타이슴

그 狀態를 比喩로 말하면 한 建築物에 助詞 以外의 各 單語는 建築되는 各 材料와 갈고 助詞는 그 材料를 綜合하며 應用하야 一定한 建築物을 造成하는 職工의 作業과 가음이오 또 代數式에 助詞 以外의 各 單語는 各項과 갈고 助詞는 各項을 連結하는 符號와 가틈이라

또 朝鮮語는 言語의 色態(말귀치)가 甚히 多端하며 巧妙하야 비스를한 言語의 組織에도 助詞의 使用으로 여러 가지 各히 다쓴 意趣가 表示되나니 이는 即 助詞의 數가 夥多하며 그 使用의 狀態가 매우 神妙함에 因함이라

例一 金君이 學校에 가 드라......「金君이 學校에 감」의 事實을 叙述하는 同時에 叙述者가 그 事實을 그 進行中에 目擊한 關係가 表示됨

例二 내가 가 마......「내가 가개씀 = 去의 未來相」의 事實을 叙述하는 同時에 對話者의 要望에 叙述者가 約諾함의 關係가 表示됨

右와 가튼 言語를 外國語와 對照하야 朝鮮語 助詞 使用의 狀況을 吟味함이 可함

【附記】助詞의 使用이 右와 갈히 浩煩함으로 以下 助詞의 論述과 及 그 列記한 單語와 用例는 그 中 原則되는 主要한 것을 說示함에 그친 것이오 各 助詞 單語 全部를 記述한 것은 안임

朝鮮語의 助詞 使用의 內容을 外國語에 對照하야보면

英語와 對照　　朝鮮語의 助詞는 英語엣 (1) 名詞의 格을 表示하는 組織의 任務 (2) 接續詞의 任

務 (3) 前置詞의 任務 (4) 文의 種類와 動詞의 法(n.cod)을 操縱하는 法則에 關한 任務를 다 管掌

하야서 거기에 關한 意趣를 細分하야 各種類로 微妙한 意味를 表示함이라

【註】英語는 本來 屈折語族에 屬한 言語인 故로 添加語族에 屬한 朝鮮語와는 言語의 組織 方法

이 根本的으로 서루 다른 故로 直接으로 對照할 수는 업는 바이오 그 內容으로써 對照

한 것임

日本語와 對照　　日本語는 朝鮮語와 같이 添加語族에 屬한 言語인 故로 言語의 組織 方法이 매

우 類似함 그러하야서 얼른 보면 그 組織 方法의 全部가 서루 가틈으로 認識됨 그러나 그것은

皮相的 觀察일 쑨이오 그 內容을 考察하면 用言과 用言助詞의 使用되는 制度가 서루 갓디 아니

함이라 朝鮮語는 用言의 使用에 반드시 助詞가 添加되며 또 用言에 助用詞와 助詞의 添加되는

狀態가 徹底한 理論에 依한 整然한 順序로 各히 自己의 位置를 占有하야이슴이 一見에 明瞭함

日本語는 그러ㄴ다 못 하야 朝鮮語의 制度에 比하야 자못 遜色이 이슴이라 左에 두어 例를 드

러서 對照하야봄

例一　　　　　用言、助詞　　　　　用言、助詞　　　　　用言、助詞

굴을 닐그며　　　　　굴씨를 쓰오　　　　　돈 을 바다 라

書ヲ ヨミ ——　　　　字 ヲ カク ——　　　　カ ネ ヲ ウケ ——

右에 助詞 使用의 有無가 서루 다름

例二

(A) 사람이 가

用言、助用詞、 助詞

가 ──(現在)오
개쓰(未來)니
가쓰(過去)면

(B) 山이 노프

用言、 助用詞、 助詞

노프 ──(現在)ㅂ니다
노프(ㅍ)개쓰(未來)니
노파쓰(過去)면

【註】右 例示中 現在時相에 時相의 助用詞가 添加되 아니 함은 言語 法則上 當然한 條理 이라

右에 助用詞와 助詞를 操縱하야 (A)(B)에 各 아홉 말이 右의 表式과 갈히 規則的으로 活用되는 狀態를 吟味하고 그것을 다시 日本語로 對譯하야보면 두 言語의 制度가 서루 다름을 아을더요 日本語는 朝鮮語처럼 規則이 整然하디 못함을 認識할더라

例三

獅子는 動物이 ──라

獅子ハ 動物 ──ナリ

用言、助用詞、助詞

獅子는 猛獸이 ──오

獅子ハ 猛獸 ──テス

用言、助用詞、助詞

指定詞가 使用되는 境遇에 用言、助用詞 助詞의 使用되는 狀態가 서루 다름 日本語에는 (1) 文에 叙述語가 업슴 (2) 用言는 助用詞가 使用됨의 缺點이 이슴

【注意】이라、이오等을 助用詞 한 單語로 誤解(日本 文典 盲從)하는 說이 만흠은 前에 論辯한 바임

用言助詞와 助用詞의 區別　用言助詞는 前述함과 같히 用言에 添加되야서 그 用言의 다른 單語、句、節 又는 文에 對한 關係를 表示하는 單語인 故로 그 用言 自體의 意味에 무슨 特殊한 意義를 添加하는 使命을 가진 品詞인 助用詞와는 完全히 區別되는 것임(本章第四節第一款 參照)

助詞의 分類　助詞를 大別하야 (一) 體言助詞 (二) 用言助詞 (三) 別働助詞로 分類함

(一) 體言助詞는 體言에 添加되는 助詞이오 (二) 用言助詞는 用言에 添加되는 助詞이오 (三) 別働助詞는 個別的 資格으로 體言에도 添加되며 用言에도 添加되는 助詞임

第二款　體言助詞

體言에 添加되는 助詞를 體言助詞이라고 니름

體言助詞는 左와 같히 分類됨

(一) 表格助詞　體言의 格을 表示함에 使用되는 助詞를 表格助詞이라고 니름　表格助詞는 體言의 格에 依하야 使用되는 것이니 그 種類는 名詞의 格의 種類에 조츰(本章第二節第一款 參照)

(二) 接續助詞　가튼 格으로 使用되는 複數의 體言을 接續함에 使用되는 助詞를 接續助詞이라고 니름

接續助詞에는 連繫的 接續과 選擇的 接續이 이슴

(A) 連繫는 單純히 두 體言을 連結하는 것임

(B) 選擇은 두 體言中의 하나를 選擇하는 意味를 가진 것임

體言助詞의 分類와 各 種類에 使用되는 單語(左表)

體言
- 表格
  - 主格 …… (1) 이、가、께서
  - 目的格 …… (2) 를、을
  - 副叙格
    - 處在 …… (3) 에、에서、서、에게서
    - 向進 …… (4) 에、에게、에게서
    - 指定 …… (5) 에、에다、에다가・에게、에게다가、싸지、더러
    - 由來 …… (6) 에서、에게서、서、에서브터、로브터、브터
    - 使用 …… (7) 으로、로
    - 相對 …… (8) 와、과、하고、써러
    - 比較 …… (9) 와、과、보담、만、처럼、갈히、만큼、만치
    - 理由 …… (10) 으로(又는 로)、으로다、으로다가
    - 資格 …… (11) 에、으로(又는 로)、으로다、으로다가
    - 程度 …… (12) 으로(又는 로)、으로서、으로다가
  - 所持格 …… (13) 의、ㅅ(ㅅ)
  - 補語格
    - 成(됨) …… (14) 이、가
    - 指定 …… (15) 이、가
    - 爲(사믐) …… (16) 를、을
  - 呼格 …… (17) 아、야、이、여、이여
- 接續
  - 連繫 …… (18) 나、와、과、하고
  - 選擇 …… (19) 나、이나

體言助詞의 使用例와 및 그 註記

(1) ●말이 ●소가 ●先生님께서 【註】「이」는 바팀 아래에, 「가」는 中聲音 아래에 씀 元來는 「이」가 中聲音 아래에도 使用되야쓰며 書籍에는 「ㅣ」로 記寫한 것이 만흠 ●「께서」는 副叙格 助詞 「에게서」의 略音이며 本來는 助詞가 안이고 그 本義는 「之處에서=으긔서」인 바 主格을 尊敬하는 境遇에 使用하는 助詞로 轉成된 것임 「께」의 音의 關係는 左와 갈히 進行된 것임

$$
\left.
\begin{array}{l}
\text{께=에게……略三十年前브터 使用} \\
\text{에게=의게……三十年 以前에 使用} \\
\text{의게=으긔……古代 語音}
\end{array}
\right\} \text{發生한 音이라}
$$

(2) ●조희를 ●붓율 【註】「를」은 中聲音 아래에, 「을」은 바팀 아래에 씀

(3) ●房에 잇다 ●房에서 자오 ●서울서 工夫하오 ●金君에게 안잣드라 ●李氏에게서 놀때
【註】「에게」의 語源은 前記 (1) 參照

(4) ●學校에 가오 ●물에다, ●에다가 잡고오 ●李君에게, ●에게다, ●에게다가 보내여라 ●平壤까지 가서 ●李君더러 말하야쓰오

(5) ●집에서 온 ●金君에게서 온 便紙 ●釜山서 온 사람 ●鍾路에서브터 거럿다 ●光州로브터 木浦까지 ●二日브터 七日까지

● 뒤ㅅ 門으로 드러갓다 ● 大路로 가세, 큰길로 가세 【註】「으로」는 바림(ㄹ 以外) 아래에

(6) 씀 「로」는 中聲音과 ㄹ 바림 아래에 씀 中聲音 아래에도 或 「으로」도 使用하는 일이 이슴

(7) ● 李君이 崔氏와 議論하오 ● 崔氏가 李君과 싸홉니다 ● 兄이 아오하고 노으(遊)ㅂ니다 ●

兄弟끼리 싸호네 【註】「와」는 中聲音 아래에, 「과」는 바림 아래에 씀 古書에는 ㄹ 바림 아

래에 「와」가 쓰힌 것이 이슴

(8) ● 소와 가틈 ● 말과 다씀 ● 소보담 크오 ● 소만 못하오 ● 山처럼, ―만큼, ―만치 크다

【註】「만」은 本來의 資格이 이러한 助詞가 안임 쏘 「못」는 本來의 形容詞가 안임 右의 文

句의 本義는 「소(名)만(尾附語)∴소만(名)」으로서 그것이 그 形容詞의 意義를 表示하고 形

容詞 「하」(形容詞의 勢만을 表示하는 것)에 否定詞 「못」이 添加된 「못하」가 連接되야서 成立

된 言語임 그러나 通俗的으로는 말이 化成되야서 「만」이 比較用 助詞, 「못하」가 形容詞의

單語(劣의 쓸)임과 같히 認識하는 觀念으로 使用됨

(9) ● 손으로, ―으로다, ―으로다가 明紬를 싸오 ● 나무로, 칼로, ―로다, ―로다가 冊床

을 만드러요

(10) ● 담이 장마에 문허뎟소 ● 그러한 事情으로, ―으로다, ―으로다가 缺席하얏다

(11) ● 이 말은 會의 代表者로, ―로서, ―로다가 하는 말이오

(12) ● 내가 百里를 거럿다 ● 비가 終日을 온다 ● 밥을 한 사발씩 머그오

(13) ●사람의 생각 ●물ㅅ(ㅅ) 소리

(14) ●고래는 魚族이 안이오, 魚類가 안이오 【註】指定詞의 補語에는 否定의 境遇에만 助詞가

使用됨

(15) ●밥이 논이 되얏다、●學生이 紳士가 되더오

(16) ●愛人을 안해를 사므오、夫人을 사므오

(17) ●甲童아 ●德前야 ●德三이 ●이 紳士여 ●先生이여 【註】「아、이、이여」는 바림 아래에、

「야、여」는 中聲音 아래에 씀

(18) ●너와 나는 ●山과 물이 ●너하고 나를

(19) ●비나 눈이 오갯네 ●눈이나 비를 마즈면 【註】「나」는 中聲音 아래에、「이나」는 바림 아

래에 씀

第三款 用言助詞

用言에 添附되는 助詞를 用言助詞이라고 니름

用言助詞는 左와 같히 分類됨

(一) 終止助詞 文의 終止됨에 文의 體法(對話者에 對한 待遇의 關係 並)을 表示하는 助詞를 終

止助詞이라고 니름

(二) 中間助詞　文의 中間에 使用되야서　單語、句、節 等의 連絡을 管掌하는 助詞를 中間助詞이
라고 니름

(三) 附加助詞　終止助詞 又는 中間助詞를 通하야 다른 한 助詞가 使用되는 境遇에 거기에 附
加的으로 使用거는 助詞를 附加助詞이라고 니름　附加助詞는 다른 助詞가 엽시 獨立으로는 使
用되다 못함

終止助詞　助詞의 使用에 依하야　文의 種類가 左와 갓히 區別됨　終止 助詞의 區別은 文의 種
類에 依함

(一) 平叙文　平凡하게 事實을 述하는 文을 平叙文이라고 니름　平叙文에 使用하는 助詞를 平
叙助詞이라고 니름　平叙文은 添加되는 助詞에 따라서 左의 各種類의 意味로 表示됨

(1) 單純式　單純하게 事實을 叙述하는 것임

(2) 約諾式　對話者에 對하야 自己의 行動을 約諾하는 意味로 叙述하는 것임

(3) 質定式　對話者의 疑念을 解하는 決定的 意味로 陳述하는 것임

(4) 報道式　自己의 實驗한 事項을 報道하는 意味로 陳述하는 것임

(二) 疑問文　疑問을 發하는 文을 疑問文이라고 니름　疑問文에 使用하는 助詞를 疑問助詞이라
고 니름　疑問文은 添加하는 助詞에 따라서 左의 各種類로 表示됨

(1) 單純式　單純하게 發問하는 것임

(2) 求命式　自己의 行動에 當하야 對話者의 指定을 求하기 爲하야 發問하는 것임

(3) 質疑式　不確實한 自己의 認識한 事項을 對話者에게 質疑하는 發問임

(4) 求報道式　對話者의 實驗한 事項을 무러보는 것임

(三) 命令文　對話者의 行爲를 求하는 文을 命令文이라고 니름(命令、禁止、請求、懇願、說喩 等)

命令文은 添加되는 助詞에 따라서 左의 二種이 이슴

命令文에 使用하는 助詞를 命令助詞이라고 니름

(1) 單純式　單純하게 對話者의 行爲를 求하는 命令文임

(2) 共同式　自己와 共同하야서 함을 前提로 하는 命令文임

(四) 感歎文　感歎의 意味로 意思를 發表하는 文을 感歎文이라고 니름　感歎文에 使用하는 助詞를 感歎助詞이라고 니름

以上 各種類의 文의 體法을 構成함은 다 助詞의 作用이라 但 同一한 助詞가 各히 다른 體法으로 使用되는 境遇에는 發音의 調節로써 區別함이 이슴 例로 「가오」가 平叙와 疑問으로 使用되는 境遇에 그 音의 抑揚이 다름과 가름

終止助詞의 分類와 그 使用의 關係를 左에 表로써 開示함

終止		非待	忽待	平凡	禮遇	至恭
		（下待）	（下待）	（敬語）	（敬語）	（敬語）
不叙	單純 …… 다（는다（ㄴ다））	네	이ㄹ세	오、소	ㅂ니다	옵니다
	約諾 …… 마	마	ㅁ세		리다	오리다
	質定 …… 디	디		디요	ㅂ디다	옵디다
	報道 …… 데	데			ㅂ드이다	옵드이다
疑問	單純 …… 느냐、냐	느냐、냐	나、ㄴ가	오、소	ㅂ닛가	옵닛가
	求命 …… 랴	랴	ㄹ가		릿가	오릿가
	質疑 …… 디	디	든가	디요	ㅂ디요	옵디요
	求報道 …… 드냐	드냐			ㅂ드잇가	옵드잇가
命令	單純 …… 라、너라、거라	라、너라、거라	게、소	오、（시）오	（시）ㅂ시오	（시）옵시오
	共同 …… 자	자	세	ㅂ시다	（시）ㅂ시다	（시）옵시다
感歎	…… 는고나、고나、데그려、는고면、고면、는고려、고려 等					

【註】命令助詞「자、세、ㅂ시다」는 自己의 行爲에 當하야 對話者의 同意를 求함에도 使用됨

終止助詞의 使用例와 및 그 註記(例를 보히거나 註記를 할 必要를 認하는 部分에 限하야 記述함)

ㄴ다　例　가ㄴ다……ㄴ다는 「ㄴ는다」의 略音으로브터 成立된 말임　動詞 語尾 中聲音 아래에

使用됨

소(平叙、疑問엣)　例　먹소?……「소」는 흔히 使用되나 正語가 안임　用言 語尾 略音에만 使用

됨　故로 略音을 쓰더 아니 하는 말에는 使用되디 못함 그 音은 「스오」의 音으로브터 成

立된 말임　用言 語尾 略音에 「ㅂ」으로 始作되는 助詞가 添加되는 境遇에는 「스」

가 添加되야서 使用되나니(例로 시므ㅂ니다 십스ㅂ니다) 그 音의 根源이 同一한 것이라

「ㅂ니다」의 「니다」는 「나이다」와 가튼 말임 그 原語는 「ㄴ이다」로서 「ㄴ이」의 音이 「ㄴ이」↓

ㄴ와 「나이」와의 두가지 音으로 通用된 것이라

「옵니다、옵닛가」等은 「ㅂ니다、ㅂ닛가」에 尊敬用 附加助詞 「오」가 添加된 것임

라(命令엣)　例　자바라、자브라……「라」는 用言 變動段에 使用됨이 普通이되 原段에도 使用됨

「너라」는 「오」에、「거라」는 「가」에 使用됨 「거라」는 一種의 變則的 語音으로 여러

用言에 使用되는 例가 이슴

소(命令엣)　例　가소、바드소 「소」는 「시오」로브터 轉成된 말임

終止助詞에 文章體에 專用되는 것이 이슴 그 主要한 것을 左에 列記함

平叙 —— 나이다、ㅁ、다(指定詞에)、노라、다(動詞에)、ㄴ더라、ㄴ더어다、ㄹ더라.

疑問 —— 나잇가。　命令 —— 소서。　感歎 —— 도다、는도다、로다、리로다 等

中間助詞

中間助詞는 그 使用되는 形態에 따라서 左와 같히 分類됨

（一）接續助詞　한 用言에 添加하야서　各立하야잇는　單語、句　又는　節을　文法上으로　接續하는

助詞를　接續助詞이라고　니름

接續助詞에는　接續의　意趣에　依하야　左의　各種이　이슴

（1）連繫　單히　單語、句　又는　節의　둘을　連結함에　使用되는　것을　連繫　接續助詞이라고　니름

（2）選擇　複數의　單語、句　又는　節에서　하나를　選擇하는　意味로　使用되는　것을　選擇　接續助

詞이라고　니름

（3）反意　反對의　意味를　表示함에　使用되는　것을　反意　接續助詞이라고　니름

（4）推論　推論的으로　因果　關係를　表示함에　使用되는　것을　推論　接續助詞이라고　니름

（5）條件　한　事實을　條件으로　하고　다른　한　事實을　陳述함에　使用되는　것을　條件　接續助詞

이라고　니름　單純한　條件　以外에　反意、讓步를　條件으로　하는　叙述도　包含한　것임

（二）應用助詞　한　用言에　添加하야서　그　用言의　資格에　變化를　취（與）서　써　그　用言　又는　그

應用助詞의　應用에　依하야　左記의　各　形態가　構成됨

應用助詞가　屬하야잇는　句　又는　節을　文法上으로　連絡하는　助詞를　應用助詞이라고　니름

（1）名詞形　單語、句　又는　節을　引導하야　名詞의　資格으로　應用하는　形態

（2）冠形詞形　單語、句　又는　節을　引導하야　冠形詞의　資格으로　應用하는　形態

（3）副詞形　單語、句　又는　節을　引導하야　副詞의　資格으로　應用하는　形態

（4）否定連結　用言과　否定詞가　連結되는　形態

【註】否定副詞에　「아니、못」이　이슴　이　副詞가　用言의　우에　使用되는　言語에는　助詞를　要

하디 아니 함 이 副詞가 用言(指定詞 以外)의 다음에 使用되는 言語에는 助詞「디」의
連結을 要함. 그러고 그 否定副詞의 다음에 다시「하」(動詞 又는 形容詞의 勢만 가진
單語)를 使用하야「…다 아니 하」로 됨　動詞「마ᄃ(勿)」가 使用되는 때에도 그 形
態가「아니 하」의 使用되는 예와 가틈

【注意】中間助詞가 使用되는 文에는 반드시 用言의 複數가 이서야 되며 또 한 文에 用言이
複數(用言의 連用形을 除한 外에)가 이스면 반드시 中間助詞의 連絡을 要함 이는 條
理上 當然한 일이라

中間助詞의 分類와 各種類에 使用되는 單語

用言
助詞
(二)　中間

接續
　連繫　(1) 고、며、서、고서、면서、다가
　選擇　(2) 거나
　反意　(3) 나、도、드니、는데、[終止마는(만)]…終止助詞의 다음에 添加됨
　推論　(4) 서、니、니까、드니、ㄴ즉
　修件(讓步·包含·又意)　(5) 면、거든、ㄴ즉、야、드라도、ㄹ디언정、ㄹ만정

應用
　名詞形　(6) 기、ㅁ、[終止고]
　冠形詞形　(7) 는、ㄴ、ㄹ、든
　副詞形　(8) 게、러、도록、며、고、서
　否定連結　(9) 디

(1) ◎나무를 심고 물을 주오 ◎勞働을 하며 工夫를 하오 ◎그집은 다리 것너서 山 너머가오
◎삼을 버이고서 무를 시므오 ◎자면서 우스오 ◎山에 갓다가 비를 맛낫소

(2) ◎冊을 닑거나 글씨를 써라

(3) ◎이 옷이 빗은 고오나 香氣가 저그오 ◎……고와도 香氣…… ◎어제는 덥드니 오늘은 치우
◎兄은 일을 하는데 아오는 잠을 자네 ◎그이가 늘거쓰오마는 아직 健康하오、……어리다

마는 ◎知覺이 잇다

(4) ◎길이 險하야서 거름이 더듸이다 ◎해가 떠러러디니 어둡다 ◎그 사람은 正直하니까 남이
미드오 ◎熱心으로 硏究하드니 쌔다랏다 ◎다섯에 둘을 減하니즉 셋이오

(5) ◎부지런하면 成功하오 ◎비가 오거든 雨傘을 쓰디 ◎나무가 만흐니즉 空氣가 됴흐오 ◎일
을 하야야 밥을 먹디 ◎갑이 비싸드라도 살 터이오 ◎鷄口가 되ㄹ더언정 牛後는 되디 말자

◎굴므ㄹ만정 節義는 지켜야 하디

(6) ◎보기가 됴흐오 ◎愼重히 생각하므이 可하오 ◎吳氏가 來日 運動場에 오ㄴ다고 말하얏소

(7) ◎자는 아이 ◎차니 물 ◎큰 일을 하리 사람 ◎호랑이 담배 먹든 쌔

(이와 갇히 單語、句 又는 節을 引導하야 名詞句 又는 名詞節을 만드름 以下 倣此)

(8) ◎달게 머리것다 ◎朝鮮語 文典을 考査하러 金剛山에 드러왓소 ◎아오가 卒業하도록 兄이 學

費를 주오 ◎눕며 거릅시다 ◎決ᄀ고 아니 가오 ◎깃버서 일을 하오

(9) ◎덥디 아니 하오 ◎범을 잡디 못 하얏다 ◎當身 念慮하디 마르시오

【註】用言에 「디」가 添加한 것을 文의 成分의 當한 考察로 보면 亦是 한 名詞句로 成立되야

서 補語 또는 目的語의 資格으로 使用되는 것임 그러나 「디」는 否定語를 連結함이 本質

的 特徵인 故로 그것을 別로히 「否定連結」로 處理한 것임

接續助詞가 添加된 用言은 그 言語의 境遇에 따라서 副詞形으로 使用되는 일이 마흠 前記

應用助詞 例示中 副詞形에 「며、 고、 서」의 用例를 記한 것이 그 適例를 보힌 것이고 그 以外

의 助詞도 副詞形으로 使用되는 境遇가 이슴

또 接續助詞의 作用으로 文의 두 節이 接續되는 境遇에 言語의 趣意에 따라서는 그 中의 한

節이 다른 한 節의 副詞節 即 그 節을 修飾하는 關係로 解釋될 境遇도 적디 아니 함

應用助詞中 冠形詞形을 構成하는 助詞 「는、 ㄴ、 ㄹ、 든」은 助詞의 使命되는 連絡 作用을 하는

中에 各히 그 時相을 含有되야이슴

用言의 時相을 主로 하고 「는、 ㄴ、 ㄹ、 든」의 使用되는 狀態를 左에 圖式으로써 보힘(助用詞

時相 參照)

動　詞　下	(時相—內　容)	存在詞下	指定詞下	形容詞下	特別動詞下
는	現在 {單純現在……}	ㄴ	ㄴ	[ㅅ]는	
는	進　行……				
ㄴ	過　去 {半過去……[ㅅ]는, 單純過去……[ㅆ]ㄴ, [ㅆ]는}	[ㅅ]ㄴ	[ㅆ]ㄴ	[쳐ㅅ]는	
[ㅆ]ㄴ, [쳐ㅅ]는	過去完了 [ㅆ]ㄴ, [ㅆ]는	ㄹ	[ㅆ]ㄴ	[ㅆ]ㄴ	[쳐ㅅ]는
[ㅆㄴ],[쳐ㅅ]는	重過去 {大過去……[ㅅ]는, 過去完了 [ㅅ]는}	[ㅅ]는	[ㅅ]는	[쳐ㅅ]는	
ㄹ	未　來……ㄹ	ㄹ	ㄹ	ㄹ	

「ㄹ」은 特히 時相의 意思를 含有하다 아니 하고 單純히 連絡 作用만을 表示하는 意味로도 使用됨 이러한 境遇에는 現在 基本相에 該當함 例로 보(見)ㄹ 품、여으(開)ㄹ 쇠、안즈(坐)ㄹ 자리、가(去)ㄹ 거、거ㅁ(黑)ㄹ

「든」은 特殊한 意味를 含有한 一種의 過去를 表示하는 것임 「든」은 過去의 進行 又는 存續의 狀態를 表示하되 現在의 狀態와 違反(反對、變更、中絕)되는 觀念으로써 使用되는 것임 例 오든 사람이 되가오、……더 急히 오오 하든 일을 버리고、……마쳐라 어듭든 房이 밝가디오、……더 어드워딘다

「든」이 過去 助用詞 「ㅅ(쓰의 略音)」에 連用(ㅅ든)되는 때에는 過去엣 進行 又는 存續의 狀態

를 表示하되 그 結果가 反戾 又는 回復되고 現在에 存續되야잇디 아니 한 觀念의 아래에서

使用되는 것임 故로 觀念上 絶對的으로 反戾 又는 回復의 觀念을 容許하디 아니 하는 言語에

는 「ㅅ든」은 使用되디 아니 함

例 와ㅅ든 사람……되 간 사람을 意味함

어드워ㅅ든 房……다시 발가딘 後에ㅅ 말

와ㅅ든 비(雨)……ㅅ 不可

特別動詞　動詞中 「坐 안즈、臥 누우、立 서」等은 普通 動詞와 갓히 助詞가 添加되는 때에는

坐、臥、立 에 進行하는 動作을 表示하는 言語가 되고(例一) 그 動詞에 過去助用詞 「쓰」가 添

加된 것이 半過去.現在(完了相)로 되야 그 半過去形이 存在詞 現在時相과 가튼 資格의 言語가

되야서 그 다음에 다시 助詞의 添加되는 狀態는 存在詞엣 規例와 同一하게 되는 것임(例二)

左記 例示에 就하야 特別動詞와 普通動詞와 存在詞와의 活用되는 形相과 各其 言語의 意味를

對照하야 吟味함이 可함

例一　안[즈]는 사람　서는 집　사람이 서ㄴ다　나무가 눕는다
　　　가는 사람　짓는 집　사람이 가ㄴ다　나무가 너머디ㄴ다

例二　안자ㅅ는 사람　서ㅅ는 집　사람이 서ㅅ다　나무가 누워ㅅ다
　　　잇는 사람　잇는 집　사람이 잇다　나무가 업[스]다

【注意】朝鮮語에 特別動詞의 使用되는 方法은 英語엣 그 同一한 意味를 가진 動詞의 使用되는 方法과 다름 英語엣 The building is still stinding (進行形) 을 朝鮮語ㅅ 現在 (進行形 包含)로 直譯하면 言語의 意味가 成立되다 아니 함ㄱ그 建物이 아직(或 여때)서 ㄴ다ㄴ이러한 말은 上樣式하는 時間에나 쓰는 것임

【附記】以上 論述한 助詞의 時相的 使用에 關한 것을 實際에 使用되는 語音에 徵하면 그 區別이 甚히 不分明하야서 確斷하기 어려운 境遇가 업다 아니 함 故로 比較的 多數로 使用되는 言語를 綜合하고 거기에 條理를 加味하야 右와 같히 區分한 것임

附加助詞

附加助詞에는 左의 二種이 이슴

一 尊敬用
　이 助詞는 對話者에 對하야 一層 더 敬意를 表하기 爲하야 다른 用言 助詞에 附加하는 것임

二 擬動用
　이 助詞는 무슨 動作이 바야흐로 始作되는 狀態에 이슴을 表示하기 爲하야 다른 用言 助詞에 附加하는 것임

附加助詞의 分類와 各種類에 使用되는 單語

用言 助詞 ⎰三　附加助詞 ⎰尊敬 (1) 오、옵
　　　　　 　　　　　　　 ⎱擬動 (2) 야

附加助詞의 使用例와 및 그 註記

(1) ●工夫하오면 ◉오싸가웁기가 어려워서

(2) ◉金君이 가랴오 ◉비도 오랴며 바람도 불래네 ●서울 가랴는 사람 【註】ㄱ가랴오、오랴며、

가랴는은 原語「가랴고 하오、오랴고 하며、가랴고 하는」으로브터 轉成된 것임 그러한데

그 말이 一般的으로 完全히 成立되야잇는 故로 「랴」를 附加助詞로 處理한 것임

第四款　別働助詞

別働助詞는 專屬的으로 體言 又는 用言에 添加되는 것이 안이고 個別的으로 存在한 單語가 投入的으로 文의 가온데에 드러와서 다른 말에 添附하야 그 意義를 나타나히는 것임 別働助詞의 任務는 다른 助詞와 갓히 直接으로 體言 又는 用言의 그 文의 組織에 對한 關係를 나타나히는 作用을 가진 것이 안이고 間接으로 그 助詞의 添附된 말의 다른 句、節 又는 文에 잇는 말이나 或은 當時엣 背景에 對한 關係를 表示하는 作用을 가진 것임

別働助詞는 右와 갓튼 性質을 가진 것인 故로 體言과 用言에 共通하야 添附되며 쏘 副詞에도 添附됨

別働助詞는 英語 文典으로 보면 一種의 副詞의 性質을 가진 것이라

別働助詞에는 左의 二種이 잇슴

一　表別的 意義를 表示하는 것 卽「는(은)、나、야、만」

二　隨的 意義를 表示하는 것 卽「도」

別働助詞의 使用되는 例를 左에 보힘

는……人力車는 가오 (自働車는 格別)、 가는 보세 (맛낡는다는 格別)

빠르히는 쓰오 (잘 씀은 格別)

나……조니 시므오 (콩은 그만 두고)、 배화니 두자 (複習은 못 하드라도)

부지런히나 배화라 (才操는 저그니)

야……茶子는 잇디오 (菓子는 업기 쉽고)、 배화야 밧디오 (잘 알다는 못 하다만)

빠르히야 씁니다 (精하게는 못 써도)

만……말만 가오 (소는 아니 가고)、 그 사람을 부려만 오게 (이야기는 내가 할 터이니)

일직만 오게 (다른 일은 걱정 말고)

도……自働車도 가오 (汽車도 가거니와)、 가르쳐도 밧다 (쑤지처도 밧고)

만히도 썻네 (精하게도 썻고)

【註】「는、나、야、만」은 다른 事物 又는 다른 動作과 表別하기 爲하야 使用됨은 가트나 表別

의 狀態와 程度가 各히 다르며 또 當時엣 背景에 따라서 各別히 使用되는 것임

【注意】「나」는 體言助詞 接續 選擇에、 또 用言助詞 接續 反意에 使用되는 것이 이스며、「야」는

用言助詞 接續 條件에 使用되는 것이 이슴 그러한 것들은 그 語音은 서루 가트나 內容

의 意義는 各히 다른 單語이라

別働助詞는　이것이 쓰히디 아니 한 文에다가 이것을 揷入하야도 그 表別的 又는 協隨的의 意味

가 나타날 쑨이고 그 文의 構造에는 何等 影響이 생기디 아니 함 짜라서 이것이 添加되야 잇는

文에서 이것을 쏘바버리드라도 쏘한 그 表別的 又는 協隨的인 意味가 업서딜 쑨이고 그 文의 構

造에는 何等 影響이 생기다 아니 하는 것임

【注意】別働助詞가 體言에 添加하는 境遇에 그 體言의 格을 表示하는 助詞(이, 를 等)가 省略되

는 일이 만흠 그러나 그것이 文典上 何等 變更이 생기는 것도 안이고 쏘 別働助詞가

表格助詞의 代身되는 任務를 하는 것도 안임

第六節　冠形詞

冠形詞는 事物의 狀態를 表示하야 體言을 修飾하는 單語이라

例 새 집, 외 기러기, 헌 사람

冠形詞와 形容詞　　形容詞는 叙述語로 使用되는 것이오 冠形詞는 叙述語로 使用되디 못함 冠

形詞는 體言의 앞에 노흐혀서 體言을 修飾하는 것이오 形容詞는 形容詞만으로는 體言을 修飾하

디 못하고 修飾語로 使用하랴면 形容詞의 單語에 助詞가 添加하야서 使用됨

例　叙述에　집이 크(形容詞)오　집이 새(冠形詞)오 ‥‥‥‥‥不可

修飾에　새(冠形詞) 집　크(形容詞)ㄴ 집, 크 집‥‥‥不可

英語 對照　冠形詞는 그것이 修飾語로 使用됨은 英語 形容詞(Adjective)와 가트나 英語의

形容詞는 動詞 Be와 合하야 叙述部에 使用되되 冠形詞는 叙述部에는 全然히 使用되디 못함

朝鮮語 形容詞는 叙述語로 使用되며 그 狀態는 英語에 Be와 形容詞가 合한 것과 가틈 또 朝

鮮語 形容詞가 修飾的으로 使用되는 때에는 形容詞에 그 助詞(ㄴ)가 添加한 것이 英語의 形容

詞와 가틈

日本語 對照　日本語의 形容詞는 그대로 叙述語로도 使用되며 修飾語로도 使用됨 故로 叙

述語로 使用되는 狀態는 朝鮮語의 形容詞와 同一한 것이며 修飾語로 使用되는 關係는 朝鮮語

의 冠形詞와 가틈

【註】右에 對照 論述한 英語와 日本語의 形容詞는 普通 形容詞(屬性 及 關係)를 니틈이라 指

示形容詞、冠詞等의 文法上 資格은 朝鮮語의 冠形詞에 該當하는 것이라

冠形詞의 種類　冠形詞를 (一) 普通冠形詞 (二) 表數冠形詞 (三) 指示冠形詞 (四) 疑問及不定冠形

詞로 分類함

一 普通冠形詞　普通으로 事物의 狀態를 表示하는 冠形詞를 普通冠形詞이라고 니틈

例 새 집、풋 나물、암 소、날 고기

漢文字에 狀態를 表示하는 意義를 가진 字는 冠形詞로 使用되는 일이 만흠

例 長 交椅、美 男子、假 刑事、大 都會

固有朝鮮語에 冠形詞의 單語는 그 數가 만□디 아니 함 이제 그 主要한 單語를 左에 列記함

강、날、통、메、풋、새、수、숫、찰、암、올、외、햇、헛、

物質을 表示하는 冠形詞에는 名詞(物質 名詞)가 다 그대로 使用됨

例 쇠 기둥、 銀 時計

【附記】前記 單語中「、풋、숫、햇、헛」의 바탕은 元來의 硬音調로브터「ㅅ」바탐으로 轉成한 것

임 그 語源으로 보면 「풋」은 「풀(草)、푸르므(靑)」와 가튼 語源에 硬音調가 부터서

「풀ㅅ」로 되고 그것이 「푸ㅅ」으로 轉成된 것이며 「숫」은 「수(純의 뜬)ㅅ」、「햇」은

「해(歲의 뜬)ㅅ」、「헛」은 「허(虛의 뜬)ㅅ」으로브터 轉成된 것임으로 推察됨

二 表數冠形詞 事物의 數量을 表示하는 冠形詞를 表數冠形詞이라고 니름

表數冠形詞는 다시 基數詞、序數詞 及 倍數詞로 分類됨

基數冠形詞는 普通의 數를 表示하는 것임

例 한、두、세(석)、네(너)、여덟、百、百열세

序數冠形詞는 順序를 表示하는 것임

例 첫、첫재、열재、끝、第一、第十二

倍數冠形詞는 倍數를 表示하는 것임

例 곱(倍)、牛

【註】表數冠形詞에 「한、두、세、네、첫」은 表數名詞 「하나、둘、셋、넷、처엄」과 區別되야잇

고 그 以外에는 表數名詞가 다 그대로 冠形詞로 使用됨

例一　한 사람이 이스오……한……冠形詞

　　잇는 사람이 하나이오……하나……名詞

例二　아홉 사람이 와쓰오……아홉……冠形詞

　　온 사람이 아홉이오……아홉……名詞

三　指示冠形詞　　事物을 指示하는 冠形詞를 指示冠形詞이라고 니씀

指示冠形詞는 言語의 意義에 따라서 「이、그、저」의 세 가지로 使用함

「이」는 近便、自便을 指示함에 使用함

「그」는 遠便、相對便을 指示함에 使用함

「저」는 遠便、客便을 指示함에 使用함

例　이 物件이 어떠하오……自己便에 잇는 物件

　　그 物件이 됴호오……相對者便에 잇는 物件

　　저 物件도 됴흡니다……客便(第三便)에 잇는 物件

먼저 說話된 事物을 指示하는 때에는 普通 「그」를 使用함

例　나는 地藏庵에서 工夫하얏소 그 절은 아조 종용합드이다

　　李氏가 집에 잇나? 그 사람 시굴 갓네

「이、그、저」의 意義를 더 狹小하게 말할 때에는 「요、고、조」의 單語로 使用함

例　이 洞里　그 洞里　저 洞里
　　요 洞里　고 洞里　조 洞里

四　疑問 及 不定冠形詞　　冠形詞에는 疑問의 意義로 使用되는 것과 不定의 意義로 使用되는 것이 이슴

疑問冠形詞는 不定의 意義로도 使用됨

疑問冠形詞		不定
疑問用	不定用	冠形詞
數量	몇	몇	암만
指示	어느	어느	아모
本色	무슨	무슨	아모
事由	웬	웬	

疑問冠形詞의 使用例를 보함

쌀 몇 섬을 살가? ………數量
어느 사람을 부르나? ……指示
무슨 웃을 너불가? ………本色
웬 사람이 와쓰오? ………事由

疑問冠形詞가 不定의 意義로 使用되는 **例**

쌀 몇 섬을 사노핫다……**數量**

어느 사람을 하나 맛나서……**指示**

무슨 옷을 가져와쓰오……**本色**

웬 사람이 왓드라……**事由**

不定冠形詞의 使用例를 보힘

쌀을 얌만 섬을 사고……**數量**

아모 사람이나 부르게……**指示**

아모 옷이나 니브오……**本色**

【註】疑問冠形詞의 不定用은 事物에 區別이 이슴을 意識하며 그 區別된 事物에 當하야 選擇이나 確定을 하디 아니 하야서 不定한 意義로 使用되는 것이고 不定冠形詞는 當初브터 事物의 區別에 關한 意識이 업시 混合的 意義로 使用되는 것이라 그러나 二者의 使用은 만히 混用됨

各 用言은 그 다음에 添加되는 助詞의 作用에 因하야서 冠形詞形으로 使用됨(各 用言의 部와 助詞의 部엣 論述 參照)

第七節 副詞

副詞는 用言의 意義를 修飾하는 單語이라

例 말이 쌔르히 가오、 꽃이 매우 고오ㅂ니다

副詞는 또 다른 副詞를 修飾하는 일이 이슴 이러한 境遇에는 그 副詞는 다른 副詞를 修飾하고 修飾을 바든 副詞는 用言을 修飾하야 結局 그 副詞는 直接으로 다른 副詞를 修飾하야 間接으로 用言을 修飾하는 結果가 되는 것임

例 말이 퍽 쌔르히 가오、꽃이 매우 잘 푸여쓰ㅂ니다

副詞의 種類   副詞를 普通副詞 指示副詞 存在副詞 및 否定副詞로 난흠

一 普通副詞

(1) 性狀 又는 形便

例 그이가 말을 正直히 하오、 어름이 단단히 어러ㅅ나?、 집을 놉히 지어쓰오 꽃이 잘 푸여쓰ㅂ니다、 香氣가 아마 됴흐르걸、 그것은 果然 珍品이ㅂ니다

(2) 數量 又는 程度

例 비가 만히 오개쓰오、 구룸이 조금 돑혀ㅅ다、 日氣가 매우 덥다 비가 더 만히 오개쓰오、 날이 거진 저무러쓰ㅂ니다

(3) 例（時）

(a) 時期 — 例 沈君은 일즉 느려나오、 가을이 벌서 와쓰ㅂ니다、 더위가 아직 이스오

(b) 期間 — 例 나는 오래 金剛山에 이서쓰오、 중은 終日 念佛을 하오
　　　　　　金氏가 暫間 先生이야써ㅅ다

(c) 反復 — 例 비가 每日 오네、 賭博은 다시 하디 마라라

(d) 順序 — 例 그 親舊를 모처럼 맛나서 반가옵니다
　　　　　　첫재 到着하ㄴ 사람은 누구이냐?、 나종 나ㄴ 쌸이 우뚝하다
　　　　　　록기보담 거북이 먼저 가쓰다

(4) 處所（位置）— 例 故鄕을 멀리 떠나와쓰오、 그 사람은 우리집에 갓가히 사ㅇ는 사람이오、
　　　　　　나무를 멀직멀직 시므시오

二 指示副詞

(1) 例（時）— 例 그이가 只今 와쓰오、 인제 이야기를 始作하ㅂ니다
　　　　　　요새 女子의 斷髮이 流行이야요

(2) 處所 — 例 이리 오시오、 부채가 거긔 이스ㅂ니다

(3) 程度 — 例 잠을 고만 자오、 웬비가 이닥지 만히 오나?

三 疑問副詞 並 不定副詞

(1) 때(時)—例 그대는 언제 金剛山 求景을 하얏소?……疑問

나도 언제 金剛山 가봐ㅅ디……不定

(2) 處所—例 당신 어데 가시오……疑問

그 사람이 어데 가고 업서요……不定

(3) 目的 갓 理由—例 저 나무가 왜 마르오?……疑問

저 나무가 왜 마ㅆ고나……不定

四 否定副詞

否定副詞에는 「아니, 못」두 單語가 이슴

「아니」의 略音은 「안」이라

「아니」는 單純한 否定의 意味로 使用되는 것임 「못」은 不能의 意味를 가진 否定에 使用됨

否定副詞의 使用法은 左와 가틈

(1) 形容詞와 動詞에

(A) 用言의 우에 쓰

例 배가 아니 가오, 말이 못 가오

물이 아니 차오, 불이 못 발가오

배가 못 가오, 배가 가다 못하오

例 배가 아니 가오 안 가오), 배가 가다 아니 하오(안 하오)

(B) 用言의 아래에 씀　이 境遇에는 用言에 助詞 「디」가 添加되고 그 다음에 否定副詞를
쓰고 거긔에 「하」(形容詞 又는 動詞)를 붙혀서 應用함

例 배가 가디 아니 하오,　말이 가디 못 하오
물이 차디 아니 하오、　불이 밝디 못 하오

【註】否定副詞의 다음에 쓰히는 「하」는 우에 잇는 用言을 代表하는 것이며 否定副詞는
直接으로 「하」를 否定하야 間接으로 그 우에 잇는 用言의 意義를 否定하는 것임

(2) 存在詞에
욱 그러함
前記 (1)의 (B)의 方法으로 使用함이 普通이고 (A)의 方法으로 使用함은 稀少함 「업스」에 는 더

例 誠意가 잇다 아니 하다、　誠意가 잇다 못 하다
疑慮가 업다 아니 하다、　疑慮가 업다 못 하다
房에 사람이 아니 잇다

(3) 指定詞에
「아니」의 略音 「안」이 使用되며 前記 (1)의 (A)의 方式으로만 使用됨 「못」음 그 性質上 使
用되디 아니 함

例 그 사람은 凡人이 안이오

【注意】「아니」와 「안이」는 發音은 가트나 文法上으로는 큰 差異가 이슴 前者는 「不」한 單語이오 後者는 「不是」두 單語이라

【附記】
(甲) 만일 副詞 「아니(不)」 以外에 指定詞 「아니(非)」를 한 單語로 認定하면 例로 「凡人이 아니오」로 됨 이와 가치 處理함도 한 方法이라 그러나 그 境遇에는 "이 (是)」에 否定副詞가 부튼 「안이(不是)」와 指定詞 하나만 잇는 「아니(非)」와는 同一한 發音이 됨이라 故로 그 發音은 兩者中 어느 것이라고 解釋하야도 됴흔 同時에 어느 것이라고도 解釋할 수 업는 結果가 됨이라

(乙) 또 右記 「안이(不是)」의 言語를 否認하고 「아니(非)」로 統一함도 쏘한 한 方法이라 만일 이 方法으로 處理하 指定詞에는 否定副詞가 쓰히디 못 하니라고 說明하게 될 것임 그러나 그와 가치 處理함은 한 方便으로 言論함이오 그 言語의 眞相은 안이라

副詞의 組織
一 本來의 副詞　이는 本來의 副詞로 成立된 單語를 니름
例 잘 가시오、果然 올흔 말이다、매우 잘 한다、白鷗가 펄펄 날고 겨우 다섯이다、왜 와 사나?、물이 출렁출렁 흔들리오、漸漸 치워디오

二 轉用 副詞　이는 다른 品詞의 單語가 副詞로 使用되는 것을 니름

(1) 名詞 轉用

例 來日가 개쓰오、 五里 거럿소、 나는 眞情스러요、 그것이 元體됴타

(2) 代名詞 轉用

例 언제 왓나?、 거긔 이스ㅂ니다、 돈을 얼마 바다ㅅ나?

【註】指示代名詞와 疑問及不定代名詞中 時間、處所、數量을 表示하는 單語는 다 副詞로도 使用됨

三 轉成副詞

轉成副詞 이는 다른 品詞의 單語에 組織을 變更하야 副詞의 單語로 轉成되는 것을 니ㄹ슴

(1) 名詞 轉成

名詞 疊語에 「이」音이 添附되야서 副詞되는 것이 이슴

例 아이가 나(날)날이 자라오、 옷이 집집이 푸엿다

用言도 外形上으로 보기에 副詞에 轉用됨과 가튼 言語가 이슴

例 깃버 받는다、 살펴 가시오、 삼가 드룹니다

그러나 右와 가튼 言語는 그 言語의 本體가 안이오 用言助詞 「서」가 省略된 것이라

【注意】名詞에 體言助詞(例로 「로、에、만큼、처럼」等)가 添加하야서 副詞의 意味로 使用되는 言語는 매우 만흠 그러한 것은 그 名詞가 副叙格으로 使用되는 것이니 그 名詞와 助詞를 合하야서(或은 그 우에 連絡되야잇는 單語ᄭᆞ지 合하야서) 副詞句를 形成하는 것이고 그 名詞가 副詞의 單語로 轉成되는 것과는 文法上 關係가 다름

(2)　冠形詞　轉成　冠形詞에「로ㄴ音이 添加되야서 副詞되는 것이 이슴

例　사람이 홀로 안자쓰오　그이가 집을 새로 지엇다

(3)　形容詞　轉成　形容詞는 그 性質上 副詞로 轉成될 密接한 關係를 가진 것임

形容詞로브터 副詞로 轉成되는 語音의 規例(形容詞 語尾에 조츰)는 左表와 가틈

形容詞
- 普通語尾
  - 一般……히……例 싸르히、익히、낫히、갈히、높히
  - ㄹ下……러……例 멀리、슬리
- 特殊우段……우……히……例 쉬우히、무거우히、勇猛스러우히
- 特殊오段……오……히……例 고오히、갓가오히、男子다오히
- 語尾 호(ㅎ併)……호……히……例 도호히、만호히
- 語尾 하(元ㅎ)
  - 一般……하……히……例 환하히、단단하히、正直하히
  - ㅅ下……하……이……例 새웃하이、싸뜻하이　□을 더한 字는 형容詞의

【注意】右는 形容詞가 副詞로 轉成하는 境遇에는 右의 規例로 됨을 說示한 것임　形容詞는

語尾의 音이 音의 埋沒에 因하야 省略되는 音임

• 을 더한 字는 副詞로 되기 爲하야 形容詞에 添加되는 音임　□을 더한 字는 形容詞의

다 右의 規例에 依하야서 副詞로 轉成됨이라는 뜻은 안임　形容詞는

用言에는 다 助詞「게」가 添加하야서 副詞形으로 使用됨　形容詞에「게」가 添加된

(4)

(B)(A)

것은 그 形容詞와 助詞를 合하야서(或은 그 우에 連絡되야 잇는 單語외지 合하야서)

副詞句를 形成하는 것이니 右記 形容詞가 副詞의 單語로 轉成되는 것과는 文法上

關係가 서루 다름

例一 싸르히、 놉히、 갓가오히、 부지런하히……副詞單語

例二 싸르게、 놉게、 갓갑게、 부지런하게……副詞句

故로 例二에는 그 中間에 助用詞 「시」가 添加될 수 이슴……「싸르시게、노프시게、

갓가오시게、 부지런하시게」 例一에는 「시」가 添加되다 못함

存在詞 轉成　存在詞는 그 略音에 「시」가 添附되야서 副詞로 轉成됨

有 이스──略音 잇＋시＝잇시

無 업스──略音 업＋시＝업시

【註】(A)와 (B)는 結果로 보면 그 轉成의 方法이 同一한 規例로 되야이슴 그러나 그 音의

進行된 經路의 眞相을 考察하면 多少 서루 다른 點이 이슴

(A)는 「이스」의 略音 「잇」에 「히」의 添加를 要求하는데 「ㅅ」바람에 「히」가 連絡되는

發音은 表現되기 거북함에 因하야서 「히」의 代身으로 「시」가 發音되는 것임……이

스──잇、 잇히＝잇시

(B)는 「업스」의 原音에 「히」가 添加되고 「히」가 「이」로 되고 「이」의 中聲이 「스」에 添

附되야 「쇠」로 되고 「쇠」가 「시」로 發音되는 것임……업스히＝업스이＝업싀＝업시。

「히」가 「이」로、「스이」가 「쇠」로、「쇠」가 「시」로 됨은 慣行되는 音轉이라

【参考】用言에 助詞「게」가 添加하야 副詞句를 形成함은 우에 論述하야씀

用言은 여러 가지 意味의 助詞(「게」 以外에)의 添加에 因하야 種種의 副詞句를 形成함

参考로 左에 그 主要한 言語의 몇 가지의 例를 보힘

例 도록 가도록 어려우오, 불을 떱도록 써여라

러 자러 드러갓다、 놀러 나갓다

며 놀며 가세……「천천히 가세」의 뜯

고 斷定ㄱ고(斷定하고) 가겟다……「確實히 가겟다 싹 가겟다」의 뜯

서 깃버서 일을 하오……「欣然히 일을 하오」의 뜯

右記中「며、고、서」는 元來 接續助詞이오 그 本質이 副詞形을 맨드는 助詞는 안인데

右記와 가튼 特殊한 言語 又는 特殊한 境遇에는 副詞形의 構成으로도 使用됨을 說示한 것임

用言으로브러 轉成된 副詞는 文의 構成에 助詞의 作用을 바듬이 업시 副詞 自體가 그 우에 잇

는 單語싸지 引導하야 副詞句를 形成하야 다른 用言을 修飾하는 連絡作用을 함

例 石竹花가 빗이 고[오]히 푸엇다、 金氏가 天井이 놉히 집을 지어씁니다

【注意】右記 「고히」를 「곱게」로、「높히」를 「높게」로 밧고면 助詞 「게」의 作用으로 形容詞 「곱、높」을 副詞形으로 맨드는 同時에 「빛이 곱、天井이 높」의 節을 引導하야서 副詞 節로 使用되게 하는 連絡을 取함이니 이러한 것은 朝鮮語엣 應用助詞의 作用에 因한 文의 構成의 原則이라 그러한데 「고히、높히」는 그 意味가 「곱게、높게」와 가른 關係 로(資格은 다름) 右記 例와 가른 言語가 생기게 된 것임 그러나 純正한 語法은 안임

第八節 接續詞

接續詞는 言語의 中間에 介立하야서 單語、句 又는 節을 接續하는 單語이라

例
(1) 별과 밎 나뷔가 옵니다
(2) 먹이나 쏘는 붓을 사시오
(3) 甲童이는 正直하며 쏘 부지런하오
(4) 그 사람이 늙것소 그러나 그이는 健康하오

右記 (1) 「밎(及)」은 主語 「별」、「나뷔」의 두 單語를 接續한 것임 (2) 「쏘는」은 目的語 「먹」、「붓」을 接續한 것임 (3) 「쏘」는 敘述語 「正直하」、「부지런하」를 接續한 것임 (4) 「그러나」는 그 文의 前段의 節과 後段의 節을 接續한 것임

接續詞는 그 意義에 依하야 連繫、選擇、反意、推論 및 條件의 五種으로 分類됨

【註】體言의 接續에는 連繫 接續詞와 選擇 接續詞만이 使用됨

例一　連繫　山과 및 물이 奇麗하오

例二　選擇　甲童이는 正直하며 또(且) 부지런하오
　　　　　나는 山이나 짓는(또는) 물에 놀러 가겠다
　　　　　그이가 글씨를 쓰거나 或은 그림을 그리더요

例三　反意　乙甫는 正直하다 그러나 좀 게으르다
　　　　　비가 오오 그래도 나는 길을 가야 하오

例四　推論　녀름에는 太陽에 對한 緯度가 갓가와디오 故로 日氣가 더위더오
　　　　　A는 B와 같고 B는 C보담 크다 그러니까 C는 A보담 작다

例五　條件　自己가 사람을 사랑하다 그려면 사람도 自己를 사랑하오
　　　　　事物을 잘 處理하야야 하디 그래야 賞金을 받는다

純粹한 朝鮮語의 組織을 考察하야 보면 朝鮮語에는 本來의 接續詞로 成立된 單語가 업고 助詞로써 그 意思를 表示함이 正則이라 그러하야서 言語를 接續하는 境遇에 그 우人 말에 그 意義를 가진 助詞를 使用하거나 그러ㄴ디 아니 하면 그 우人 말을 代表하는 文句를 다시 쓰고 거긔에다가 그 意義를 가진 助詞를 使用하게 되는 制度이라

그러한데 넷 날에 漢文을 輸入하야 崇尙한 結果로 漢文式에 依據한 氣分이 생겻고 近來에 다시 歐米의 言語와 書籍이 流行됨에 因한 그 譯語가 생겻고 또 朝鮮語와 同一한 現象으로 漢文式과

歐米式을 本뜬 日本文이 流行됨에 因하야 드듸여 朝鮮語에 도 接續詞를 使用하는 制度를 認定하

게 되야잇는 바이라 그러나 接續詞의 使用은 그와 갓히 輸入한 方式인 故로 固有한 朝鮮語의

制度와는 適切하게 調合되디 아니 하야서 그 言語의 組織은 恒常 齟齬한 形態를 呈함이라

接續詞의 使用되는 狀態 其一

(1) 벌과 및 나뷔가 오오

(2) 말이나 쏘는 소를 한四 사갯소

(3) 山峽 사람은 조밥이나 감자나 或은 옥수수를 머그오

(4) 저 사람이 그림을 그리고 쏘(又) 글씨를 쓰오

(5) 苦學生은 工夫를 하며 쏘(且) 勞働을 하오

(6) 비가 오거나 쏘는 바람이 불갯다

【註】右 (4)엣「쏘(又)」、(5)엣「쏘(且)」는 境遇에 싸라서 副詞로도 되는 것임

右記 言語의 形態를 考察하면 그 接續詞는 本來의 朝鮮語의 組織에 追加되야서 그 우에 잇는

助詞와 뜻이 重複되는 것이라 故로 그 接續詞를 除去하야도 完全히 그 言語가 構成됨

右記와 갓히 助詞와 接續詞의 意義가 重複되야서 서루 競合되는 境遇에 그 言語의 使用되는

狀態를 考察하야보면 左와 가틈

例一　(a) 벌과 나뷔가 오오　(b) 벌과 및 나뷔가 오오　(c) 벌 및 나뷔가 오오

例二 (a) 비가 오거나 바람이 불겟다 (b) 비가 오거나 또는 바람이 불겟다 (c) 비가 오 또는

바람이 불겟다……(c)는 不可

右 例一엣 接續詞는 體言을 接續한 것이오 例二엣 接續詞는 用言을 接續한 것이라

右記 (a)는 助詞만을 使用하고 接續詞를 使用하디 아니 한 것임——그 語態는 不順함

(b)는 助詞와 接續詞를 거듭 使用한 것임——그 語態는 매우 齟齬한 感이 이슴

(c)는 助詞를 除去하고 接續詞만을 使用한 것임——例一엣 말은 그 語態가 齟齬함 例二

엣 말은 아조 不可함

文章體에는 (a)式으로브터 (b)式으로、(b)式으로브터 (c)式으로 進行되야가는 傾向이 이슴 그러

나 例二엣 말(用言의 接續)에는 (c)式은 容許되디 못 함이라

接續詞의 使用되는 形態 其二

(1) 말은 거름이 싸르오 故로 사람이 타고 단기오

(2) 沙漠에는 植物이 업스오 싸라서 農民이 살디 아니 하오

右記 言語의 形態를 考察하면 그 接續詞는 本來의 朝鮮語의 式과 趣向이 서루 다르고 外語式

의 模倣으로 使用된 것이며 또 다른 單語의 合成된 句이고(故=名、로=助。싸라=動、서

=助。) 獨立한 接續詞 單語가 안이라

接續詞의 使用되는 形態 其三

(1) 그이가 글을 잘 지으오　그러며　그이가 글씨도 잘쓰오……그러며 = 그러하며

(2) 오늘은 日氣가 싸듯하오　그러나　눈이 오개쓰오……그러나 = 그러하나

「그러고(그러하고)、 그러타마는(그러하다마는)、 그러트라도(그러하드라도)」等은 다 이 種類에 屬
그러면(그러하면)、 그러니까(그러하니까)、 그러거나(그러하거나)、 그래서(그러하야서)、
한 言語이라

右記 言語에 使用된 接續詞는 다 한 獨立한 單語가 안이고 다른 單語들의 合成된 句이라 그
內容은 그 우에 잇는 言語를 代表하는 「然 = 그러하、 그러하」에 그 接續詞의 意義를 가진 助詞
가 連結된 것이라 그러한 故로 그 우人 말의 終止助詞와 그 接續詞中에 잇는 「그러하、 그러
하」의 部分을 除去하고 接續詞에 부터 잇는 助詞를 直接으로 그 우人 말(用言)에 連結하면 다
시 同一한 意義의 完全한 文이 構成됨이라

右와 가튼 接續詞는 다른 單語가 合하야서 된 것에 무슨 音이 埋沒되야서 接續詞의 單語
처럼 使用되는 것이라 故로 單語가 안이오 接續詞句이라

例　(a) 本來의 組織　　그러하고、　그러하나、　그러하니까、　그러하야서
　　　　　　　　　　　그러고、　　그러나、　　그러니까、　　그래서
　　(b) 省略된 組織　　그러고、　　그러나、　　요래서、　　그래서
　　　　　　　　　　　요로하야서、　그리하니까、　그래서

右例 (a)欄에 記載된 것을 使用하고 그것을 接續詞句이라고 處理함에는 이는 그 本來의 組
織인 故로 順理로 處理되야버리는 것이라 그러나 使用上 便易에 因한 慣例로 實際에는 (b)

欄·記載의 方式을 使用함이 多數가 되는 故로 그것을 全然히 否定하기는 困難한 狀態이라

(b) 欄 記載의 式을 是認하기로 하면 그것들을 文法上 무슨 名目으로 認定함이 可한가?의 問題가 생길 것이며 이에 對한 考察은 左의 두 가지로 될 것이라

(甲) (b)는 (a)의 省略이라 即 接續句의 省略形이라고 認定함 이 見解에 依하면 (b)는 한 單語가 안임 그 方式은 마치 英語에 don't(돈트, 돈)를 使用함과 가틈이라

(乙) (b)를 한 單語로 認定함 이 見解에 依하면 그 單語의 語源은 (a)로브터 成立된 것이다마는 그 말이 이믜 獨立한 地位를 占有하야 接續詞인 한 單語로 使用됨으로 解釋되는 것이라

甲과 乙의 處理는 다 相當한 理由가 이슴이나 余는 아직 甲說에 依함

第九節　感歎詞

感歎詞는 感歎의 意思를 發表하는 單語이라

例 아 우리가 이겻다, 아차 니저버려쓰오, 에이쇼 크다

感歎詞中에는 다른 品詞가 感歎詞로 轉用되는 것도 이슴

例 무어 火災가 나써요, 참 잘 한다, 아니 이사람아 내가 잘못 하얏다는 말인가

感歎詞中에는 다른 品詞가 合하야 感歎詞의 意義로 轉成되는 感歎詞句 이슴

感歎詞의 主要한 單語를 左에 列記함(波型 傍線을 加한 것은 感歎詞句임을 表示한 것임)

一 驚愕　아、아이고、에크、무어

二 歎賞　아、어、아이고、앗다、에이、에쇼、쑥

三 喜悦　아、만세

四 悲哀　아이고

五 失策　아차、아뿔사、쳇쳇

六 覺惺　참、올ㄱ디、어썬디

七 違意　이런、저런

八 贊成　올ㄱ쇼、그러ㄱ디、히어히어(英語로브터 온 말)

九 承認　네、응

一〇 否定　안이오、아니、웬걸

一一 半承認　글세

一二 決意　자、에이씨

一三 苦痛　아야、아이고

感歎詞는 感歎的 意思의 發表에 그치는 것인 故로 文의 構成에 다른 單語와 連絡의 關係가 업슴」

例　올ㄱ디 인제 아랏다、 뵤ㄱ다 잘 한다、 저런(저러한) 또 셧네

一四 輕蔑 저런、 앗다、 피이、 애개

一五 痛恨 으응、 어어

一六 注意 여보、 여보시오、 쉬

一七 不平 제、 제기

【註】同一한 單語가 各히 다른 여러 가지 感歎에 使用되는 것이 이슴 그러나 그 境遇에 따라서 發音의 抑揚이 다름

第十節 合成語

各 單語는 各히 個別的으로 생겨이슴이 原則이나 言語의 本質上 又는 言語의 應用上 複數의 單語가 結合하야 한 單語의 資格으로 形成되는 것이 이슴

一 不完全 單語의 添附

(1) 接頭語의 添附 獨立하야서 單語로 使用되디 못하고 다른 單語의 머리에 添附되야서 한 單語로 使用되는 것을 接頭語이라고 니름

完全한 單語에 接頭語가 添附된 것은 또한 한 單語로 處理되는 것이니 合成語의 一種임

例 시써머하오、 새썰가하(ㄱ)다

右記 「시、새」는 接頭語임

(2) 接尾語의 添附　獨立하야서 單語로 使用되디 못하고　다른 單語의 뒤리에 添附되야서

한 單語로 使用되는 것을 接尾語이라고 니름

完全한 單語에 接尾語가 添附된 것은 坐한 한 單語로 處理되는 것이니　合成語의 一種임

例　學生들、사람마다、　五圓쯤

右記「들、마다、쯤」은 接尾語임

【注意】「學生보담、사람만큼」과 가른 말은 接尾語의 添附가 안이고　各立한 두 單語임 「보

담、처럼」은 다 體言助詞임

二　完全 單語의 結合　完全한 複數의 單語가 結合하야서　文典上 한 單語의 資格으로 處理되

는 것이 이슴

(1) 熟語　各別한 單語가 結合된 것을 熟語이라고 니름

例　장국밥、電氣燈、田畓………名詞의 結合

자바다리오、부쳐오게、아라보세……用言의 結合

【注意】「다라나(奔)、도라보(顧)」와 가른 말은 語源은 두 單語가 合한 것이다마는　結局

單純한 한 單語로 化成된 것임

(2) 疊語　同一한 單語 둘이 結合된 것을 疊語이라고 니름

例　쌔쌔、집집、버럭버럭

【注意】두 單語의 사이에 助詞가 介在하면 熟語 又는 疊語가 되디 못함 「자바서 다리오、부서서 오게〕、때와 때、집과 집」과 가튼 말은 各立한 單語로 使用되는 것이라

第三章　文

第一節　文의 成分

第一款　任務로본成分

單語가 集合하야서 完結된 意思를 表示하는 것을 文이라고 니름

文의 內容을 構成한 單語를 그 任務에 依하야 區分하면 左와 가틈

一 主語、二 叙述語、三 目的語、四 補語、五 文主、六 修飾語

右記한 各 資格으로 使用되는 單語는 各其 必要에 應하야 助詞의 添加를 바듬

一 主語　그 文으로 叙述되는 意思의 主題되는 單語를 主語이라고 니름

例　말이 가오　쏫이 고웁니다

右의 文엣 「말、쏫」은 主語되는 名詞임

二 叙述語　主語에 當하야 叙述하는 單語를 叙述語이라고 니름

例　(1) 말이 가오、(2) 쏫이 고오ㅂ니다、(3) 뜰에 나무가 이스ㅂ니다、(4) 저이가 金先生이오

右의 文에 (1)「가」는 主語「말」의 動作을 叙述한 叙述語인 動詞、(2)「고오」는 主語「빛」의 狀態를 叙述한 叙述語인 形容詞、(3)「이스」는 主語「나무」의 存在를 叙述한 叙述語인 存在詞、(4)「이」는 主語「저이」의 指定을 叙述한 叙述語인 指定詞임

【註】用言이라야 叙述語가 되며 坐 用言은 다 叙述語가 될 資格이 이슴이라

主語와 叙述語는 文의 成立에 絶對로 必要한 要件임 故로 어떠한 簡單한 文이라도 반드시 一個의 主語와 一個의 叙述語가 이슴을 要함 故로 主語와 叙述語를 文의 絶對的 主要成分이라고 니름

三 目的語 他動詞가 叙述語인 境遇에 其 動作의 目的되는 事物을 表示하는 單語를 目的語이라고 름

例 漁父가 고기를 자브오、 學生이 글을 닐그ᄇ니다

右의 文에「고기」는 叙述語「자브」의 動作의、「글」은 叙述語「닐그」의 動作의 目的되는 目的語인 名詞임

四 補語 叙述語되는 用言의 性質에 依하야 補語가 업시는 文이 完結되디 못하는 것이 이슴 그와 같히 不完全한 叙述語를 補足하기 爲하야 使用되는 單語를 補語이라고 니름

例 (1) 밭이 논이 되얏다、 (2) 그 사람이 會長이오、 (3) 李氏가 그 美人을 안해를 사맛다、

(4) 얼굴이 玉 가트오

右의 文에 (1)「논」은 自動詞「되야」의、(2)「會長」은 指定詞「이」의、(3)「안해」는 他動詞

「사마」의、(4)「玉」은 形容詞「가트」의 補語임

右와 가튼 叙述語의 境遇에는 補語도 그 文의 成立의 要件이 됨

五　文主　言語의 形便에 依하야서는 叙述語의 主題되는 名詞 卽 主語 以外에 그 文의 主題로

使用되는 單語가 存在함이 이슴　이러한 單語를 文主이라고 니름

例　코키리는 코가 길다、　壯士는 머리털이 冠을 씨쁜다

會計事務는 幹事가 此를 處理함

右의 文에「코키리、壯士、會計事務」는 다 各히 그 文의 文主임

普通의 境遇에는 主語가 文主의 資格을 兼함이 原則이나　右記의 例와 가튼 文에는 文의 要件

되는 部分이 다 具備된 外에 文主가 짜로 存在한 것임

六　修飾語　前述한 各 成分에 어떠한 意味를 더하기 爲하야 그것을 修飾하는 單語를 修飾語이

라고 니름

名詞를 修飾하는 單語는 冠形詞이고　用言을 修飾하는 單語는 副詞임

例　새 집이 매우 도흐오、　외 기러기가 놉히 나라가오

右의 文에「새(冠)」는「집(名)」을、「매우(副)」는「도흐(用語)」를、「외(冠)」는「기러기(名)」를、

「놉히(副)」는「나라가(用言)」를 修飾한 것임

修飾語는 獨立하야서 文의 構成에 한 成分이 되는 것이 안이고 다른 單語를 修飾할 쑨인 附屬

的 成分임 故로 文의 成立의 要件이 아니 되는 것이라

感歎詞는 感歎의 意思를 發表함에 그치는 것인 故로 直接으로 다른 單語와 連絡되는 關係가

업스나 그 內意는 結局 叙述語를 修飾하는 一種의 修飾語이라고 니름이 可함

文에 主語가 잇는 部分을 主部 又는 主語部이라고 니름 主部는 主語와 그 修飾語를 總括하야 니

르는 것임 叙述部、補語部、目的語部、文主部의 意義도 쏘한 그러함

主部、目的語部、補語部 及 文主部에는 名詞가 그 中心이 되며 叙述部에는 用言이 그 中心이 됨」

文의 組織上 名詞의 任務에는 名詞의 單語가 使用됨은 勿論이어니와 單語의 集團으로 成立된 名

詞句 又는 名詞節도 名詞와 가튼 資格으로 그 任務에 使用됨이라 冠形詞의 任務에 冠形詞句 又

는 冠形詞節이、副詞의 任務에 副詞句 又는 副詞節이 使用되는 關係等도 쏘한 가틈

文의 成分의 要件을 一括하야 表示하면 左와 가틈

文의 成立의 要件
(一) 主語 叙述語…………絶對的 要件
(二) 主語 目的語 叙述語…………他動詞가 叙述語인 文
(三) 主語 補語 叙述語…………補語를 要하는 用言(他動詞 以外)이 叙述語인 文
(四) 主語 目的語 補語 叙述語……補語를 要하는 他動詞가 叙述語인 文

言語의 境遇에 따라서 主語 以外에 文主가 使用됨

文을 解剖하면 左와 가튼 成分으로 分解됨

解剖
成分의
文의

(一) 文 主 部 ＝ (1) 文 主 (2) 修飾語
(二) 主 語 部 ＝ (1) 主 語 (2) 修飾語
(三) 叙 述 部 ＝ (1) 叙述語 (2) 修飾語
(四) 目的語部 ＝ (1) 目的語 (2) 修飾語
(五) 補 語 部 ＝ (1) 補 語 (2) 修飾語

第二款　構造로본 成分

單語
　單語가 文의 成分이 됨은 原則이라

文은 單語의 集合에 因하야 成立됨은 勿論이나 境遇에 依하야서는 單語가 集合하야서 種種의 中間 組織을 形成하는 것이 이슴 그것을 句 又는 節이라고 니름

句 複數의 單語가 結合된 意義로 一團이 되야서 文의 成分되는 使命을 行하는 (單語의 代身으로) 것으로 그 內容에 主部와 叙述部의 組織 卽 한 文됨의 資格이 具備되디 못한 것을 句 (Phrase)이라고 니름

句를 그 使用된 資格에 依하야 名詞句(名詞와 갈히 使用된 句임 餘皆做此)、冠形詞句、副詞句

用言句 ＝ 叙述語句(난화서 널커드면 動詞句、形容詞句 等)、接續詞句、感歎詞句이라고 니름

例

名詞句 ……… 가기가 어렵다、筆家는 글씨쓰ㅁ을 질기오

冠形詞句 …… 붉그ㄴ 잇이 푸럿다、크ㄴ 일을 處理하는 사람은 信用을 지키오

副詞句 ……… 아이가 房에서 자오、손이 크게 깃버하오、물이 살 같히 흐셔가오

叙述語句 …… 先生이 性나히오、빗이 붉그며 푸르ㅣ드며 하다

接續詞句 …… A는 C와 가틈 故로 A의 三倍는 C의 三倍와 가틈、그 사람이 늘것

感歎詞句 …… 됴ㅣ다 잘 한다、아이고 어머니 여기 배암이 이서요

다 그러하나(그러나) 아직도 健康하오

右記中 傍線을 施한 部分은 句로 使用된 것이라

節

文의 一部로 된 單語의 集團으로서 그 內容에 主部와 叙述部의 組織 卽 文됨의 資格이 具
備한 것을 節이라고 니름

各各 獨立한 두 節이 單히 助詞(又는 接續詞)의 接續에 因하야서 한 文으로 된 境遇에 그 節을
對等節 又는 獨立節이라고 니름 한 節이 그 文의 成分되는 使命을 行하는 境遇에 그 節을 從
屬節 又는 附屬節이라고 니름

從屬節에는 名詞節、冠形詞節、副詞節이 이슴

例 對等節……兄은 아오를 사랑하고 아오는 兄을 恭敬하오、그이가 늘것더요 그러나 그이

가 健康하오

從屬節 名詞節……李君이 돈을 바다쓰ㅁ이 分明하다、 내가 俳優가 춤추ㅁ을 밧다

冠形詞節……키가 크ㄴ 사람이 오오、 아이가 자는 房이 씃씃하다

副詞節……高君이 滋味잇게 이야기하오、 高君 저 달이 더도록 노르시오

右記中 傍線을 施한 部分은 그 尾末에 使用된 助詞에 引導되야서 各其 從屬節로 使用된 것

이라

第二節 文의 種類

第一款 文의 體法에 依한 分類

文의 體法은 文의 用法에 依하야 分類되는 狀態를 니름이니 平叙文、 疑問文、 命令文、 感歎文의

區別이 이슴 文의 體法을 形成함은 다 助詞의 任務임 文의 體法에 關한 事項은 第二章第五節

第三款 「用言助詞」의 部에 이미 論述한 바임

第二款 文의 構造에 依한 分類

文은 그 構造에 依하야 單文、 複合文、 集合文、 混合文의 四種으로 區別함

單文 一個의 主部와 叙述部를 含有한 文을 單文이라고 니름

單文의 가장 簡單한 것은 文의 成立의 要件만을 가쵀서 一個의 主語와 一個의 叙述語만으로

도 成立됨(各히 助詞가 隨從됨은 勿論)

例 소가 가오、 山이 크다

그러나 어떠한 多數의 單語가 使用되야쓸디라도 그 中에 主部와 叙述部와가 各히 一個뿐이면

그 文은 單文이 되는 것임

例 昨年에 집을 지으ㄴ 사람이 門앞에다가 됴흔 나무를 만히 시므오

右文의 가온대에 主語와 叙述語의 關係를 가진 것은 「사람」「시므」뿐이고 「나무」가 叙述
語인 他動詞의 目的語가 되고 그 以外는 다 各히 그것들을 修飾하는 修飾語임

複合文　從屬節을 包含한 文을 複合文이라고 니름

例

(1) 張君이 成功하기는 確實하다

(2) 貌樣이 아릿답고 빛이 고오ㄴ 꽂이 푸엿소

(3) 아바님이 아들 글씨 쓰게 조희를 사오셧다

右文에 (1)「張君이 成功하」는 助詞 「기」가 添加되야서 名詞節이 되야서 叙述語「確實하」의
主語로、(2)「貌樣이 아릿답」과 「빛이 고오」는 接續助詞 「고」에 連結되고 끝에 잇는 助詞 「ㄴ」
의 作用을 바다서 冠形詞節이 되야서 主語 「꽃」의 修飾語로、(3)「아들 글씨 쓰」는 助詞 「게」
의 添加로 副詞節이 되야서 叙述語 「사오」의 修飾語로 使用된 것임

集合文　對等節이 集合된 文을 集合文이라고 니름

例

(1) 山이 놉고、물이 길다

(2) 구름은 龍을 조츠며、바람은 범을 좃는다

(3) 술은 이스나 안주가 업스오

(4) 그 學生이 아직 어리오、그러나 아이가 智慧가 매우 만흐오

右는 各히 獨立한 二個의 文을 接續助詞(1) 고、(2) 며、(3) 나) 又는 接續詞(4) 그러나)의 連結로 一個의 文으로 된 것임

混合文　複合文이 다시 集合文의 節이 된 文을 混合文이라고 니름

例一 (a) 金氏가 늘거쓰ㅁ은 確實하나、그러나 (b) 그이가 아직 健康하다

右(a)는 名詞節을 包含한 複合文이오 (b)는 單文인데 接續詞「그러나」의 連結로 一個의 文이 된 것임

例二 (a) 힘이 만흐ㄴ 소는 밥을 갈고 (b) 거름이 싸르ㄴ 말은 길을 단기느니라

右(a)와 (b)는 다 冠形詞節을 包含한 複合文으로서 助詞「고」의 作用으로 連結되야서 一個의 文이 된 것임

第三節　單語의 配置와 單語의 省略

一　單語의 配置　文을 構成하는 單語의 通常의 境遇엣 位置는 左와 가틈

(1) 主語는 首位에 在함

(2) 叙述語는 末位에 在함

(3) 目的語는 主語와 叙述語의 中間에 在함

(4) 補語는 叙述語의 우에 在함 故로 他動詞의 補語는 目的語의 다음에 在함

(5) 名詞의 修飾語는 그 名詞의 우에 在함

(6) 叙述語의 修飾語는 主語와 叙述語의 中間에 在함 目的語 又는 補語等과의 位置의 先後는 境遇에 따라서 決定됨

(7) 文主는 一常 最初에 表示됨

通常의 境遇엣 單語의 位置는 右와 가트나 言語의 形便에 따라서 그 位置가 밧고히는 일이 만흠 單語의 位置가 顚倒되는 境遇는 大概 左와 가틈

(1) 어느 單語에다가 特히 置重하는 意思가 表示되는 境遇

(2) 單語、句 又는 節 等의 長短에 따라서 語調를 調整하랴는 境遇

(3) 詩的 趣味 又는 感歎的 趣味를 巧妙하게 發表하랴는 境遇

二 單語의 省略 文法上 各 位置에 配置될 單語가 省略되는 일이 만흠 文의 前後의 關係 一般의 慣用 又는 對話 當時엣 背景에 依하야 그 單語에 當하야 미리 覺悟를 가져서 說示할 必要가 업는 境遇에 恒常 그것이 省略됨이라

조금 기은 文에는 大槪 單語의 省略이 이슴이 普通이니 文의 成分에 對한 分析的 觀察을 할

때에는 特히 注意함을 要함

第四節 文의 分析

文의 成分을 考察하기 爲하야 文의 分析의 몇 가지 例를 圖解로써 보함

【凡例】垂直線은 그 左側에 쓰한 말을 代表하는 것임

굴근 線들이 가는 線으로써 縱으로 連絡된 部分은 文의 要件되는 成分의 連絡되는 關係를 表示한 것임

垂直線의 右側 中間에 波形線으로써 連絡된 部分은 그 垂直線으로 代表된 部分을 修飾하는 修飾語임을 表示한 것임 修飾語의 連絡線에 中間 屈折이 잇는 것은 그 修飾語의 左側 下段에 잇는 助詞의 作用으로 連絡이 되는 狀態를 表示한 것임

가튼 種類의 두 垂直線의 下端을 波形線으로 連絡한 것은 그 두 垂直線이 代表한 各部分이 그 波形線 우에 잇는 助詞 又는 接續詞의 作用으로 連結된 關係를 表示한 것임

垂直線의 上端 又는 下端에 接着한 丫、人 線은 그 우의 部分 又는 그 아래의 分과의 連絡 關係(分合의 關係)를 圖式으로 表示하기 爲하야 垂直線을 延長한 것임

( )는 省略되야씀을 表示한 것임 〔〕는 連絡 作用이 업슴(別働助詞)를 表示한 것임

(1) 아이가 자오

아이가 자오

(2) 漁父가 고기를 자브오

漁父가 고기를 자브오

(3) 늘근 漁父가 큰 고기를 만히 자바쓰오

늘그 漁父가 고기를 자바쓰오
늘그 크 만히

(4) 무근 밧이 새 논이 되얏다

무근 밧이 새 논이 되얏다

(5) 아이가 자디 아니 하오

아이가 자디 아니 하오

(6) 漁父가 고기를 잡디 못 하얏다

漁父가 고기를 잡디 못 하얏다

(7) 별과 나뷔가 金氏의 花園에 나라드러간다

별 나뷔
과
가 나라드러가ㄴ다
金氏의
花園에

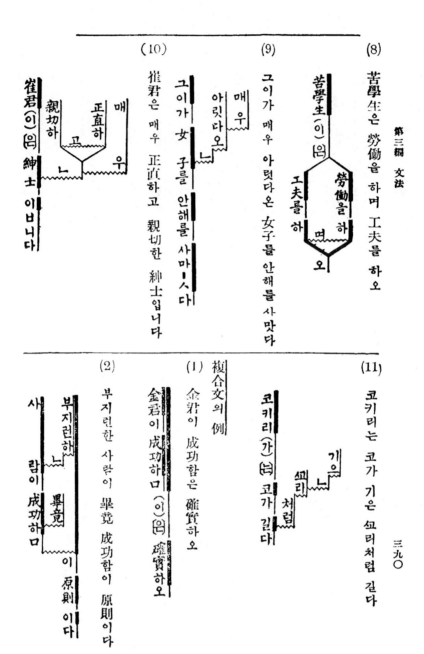

(8) 苦學生은 勞働을 하며 工夫를 하오

苦學生(이)은　勞働을 하며　工夫를 하오

(9) 그이가 매우 아릿다온 女子를 안해를 사맛다

그이가 매우 아릿다온　女子를 안해를 사맛다

매우　아릿다오 ㄴ

(10) 崔君은 매우 正直하고 親切한 紳士입니다

崔君은 매우　正直하고　親切한　紳士입니다

매우　正直하　고　親切하 ㄴ

崔君(이)은　紳士 이ㅂ니다

(11) 코키리는 코가 기은 쇠리처럼 길다

코키리(가)는　코가 길다

기으 ㄴ　쇠리　처럼

複合文의 例

(1) 金君이 成功함은 確實하오

金君이　成功함은　確實하오

金君이 成功하 ㅁ (이)은　確實하오

(2) 부지런한 사람이 畢竟 成功하오

부지런한 사람이　畢竟　成功하오

부지런하 ㄴ　사람이 成功하 ㅁ　畢竟 이 原則 이다

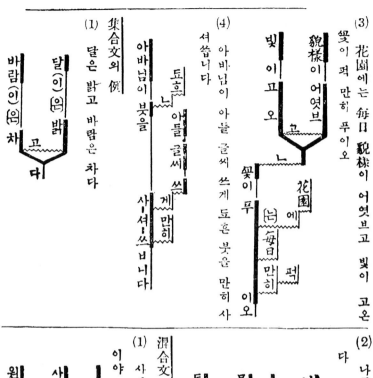

(3) 花園에는 每日 貌樣이 어엿브고 빛이 고온

(2) 나무와 풀은 茂盛하고 물과 돌은 깨끗합되다

集合文의 例

(1) 달은 밝고 바람은 차다

(4) 아바님이 아들 글씨 쓰게 됴흔 붓을 만히 사 셔씁니다

渾合文의 例

(1) 사람이 거기에 오싹가기는 어렵더마는 원숭이야 넉넉히 오싹가갓다

(2)
힘이 만흔 소는 구든 밭을 잘 갈고 거름이

쌔른 말은 머은 길을 날마다 단기오

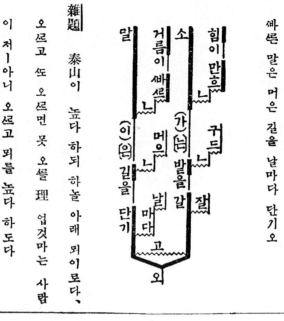

雜題　泰山이 놉다 하되 하놀 아래 뫼이로다、

오르고 쏘 오르면 못 오를 理 업것마는 사람

이 저ㅣ아니 오르고 뫼를 놉다 하도다

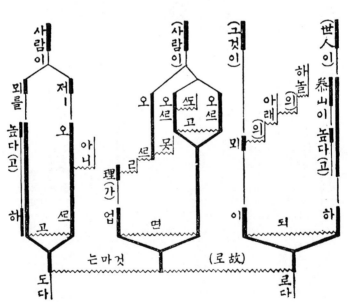

朝鮮語學 終

昭和十年六月三十日 印刷
昭和十年七月 二日 發行

不許複製

定價金貳圓

著作兼發行人　京城府寬勳洞一九七番地　朴勝彬

印刷人　京城府西大門町二丁目一三九番地　金容圭

印刷所　京城府西大門町二丁目一三九番地　株式會社彰文社

發行所　京城府仁寺洞一五二番地　朝鮮語學研究會